本书是教育部重点课题"普通中......
情感德育实践形态的探索"的阶段性研......

# 情感文明学校的理论与操作实务

陈永兵　徐志刚　等◎著

北京师范大学出版集团
BEIJING NORMAL UNIVERSITY PUBLISHING GROUP
北京师范大学出版社

**图书在版编目(CIP)数据**

情感文明学校的理论与操作实务 / 陈永兵等著. —北京：北京师范大学出版社，2020.1(2024.11重印)

ISBN 978-7-303-25206-0

Ⅰ. ①情… Ⅱ. ①陈… Ⅲ. ①中学教育—教育研究 Ⅳ. ①G632.0

中国版本图书馆 CIP 数据核字(2019)第 228704 号

图书意见反馈：gaozhifk@bnupg.com　010-58805079
营销中心电话：010-58802755　58800035
编辑部电话：010-58802786

QINGGAN WENMING XUEXIAO DE LILUN YU CAOZUO SHI-WU

出版发行：北京师范大学出版社　www.bnupg.com
北京市西城区新街口外大街 12-3 号
邮政编码：100088
印　　刷：北京虎彩文化传播有限公司
经　　销：全国新华书店
开　　本：710 mm×1000 mm　1/16
印　　张：18
字　　数：270 千字
版　　次：2020 年 1 月第 1 版
印　　次：2024 年 11 月第 2 次印刷
定　　价：49.00 元

策划编辑：郭　翔　　　　责任编辑：郭　瑜
美术编辑：焦　丽　　　　装帧设计：焦　丽
责任校对：段立超　陶　涛　　责任印制：马　洁

**版权所有　侵权必究**

反盗版、侵权举报电话：010-58800697
北京读者服务部电话：010-58808104
外埠邮购电话：010-58808083
本书如有印装质量问题，请与印制管理部联系调换。
印制管理部电话：010-58806364

# 序

　　江苏省南通田家炳中学出版的《情感文明学校的理论与操作实务》，是该校在参与由我主持的香港田家炳基金会资助的"全球化时代的'道德人'培养——教师情感表达与师生关系构建"项目的过程中，结合学校自身办学历史、特色，基于学校育人实践而自觉投入科研训练，在学校文化育人、环境育人以及情感教育实践等方面取得的又一丰硕成果，也是该校多年以来优良教育传统积淀的集中体现和结晶。我为此感到由衷的高兴，也借此机会向在这一项目研究中收获成长和进步的老师们表示衷心的祝贺！

　　南通田家炳中学是一所上进的学校，最近 10 多年为其发展的又一黄金时期。2007 年南通中学初中部整体移入，2014 年学校正式更名为江苏省南通田家炳中学。学校以"崇德博学"为校训，历来重视对学生的品德培养，其"难忘教育""诚信教育"等以学生整体素质为导向的育人观念在省内外产生了重要影响。近年来，学校在学生德育、课堂教学改革、教师队伍成长等方面取得了很好的成绩，尤其是对情感教育的重视，强调通过校园情感场的建设，为师生成长构建良好的校园情感氛围等理念和做法，为学校教学、科研、管理等营造了良好的文化氛围，为该校持续进行高质量的教育教学科研、持续办好高质量的教育奠定了坚实基础。该校陈永兵校长一直强调的"创设能够给予学生强烈情感撼动的真实而生动的德育情境，给予学生难以忘怀的感受体验，就能获得持久稳定的德育实效""校园情感场生态构建"等办学思想和研究主张非常务实、符合教育规律且具有前瞻性，也是我所赞同、认可的。我曾多次参与该校德育现场活动，常常被其极富感染力和教育性的现场气氛所打动，我也相信，每一个参与活动的孩子都会受到深刻的教育并终身难忘。

　　我一直从事、关注情感教育研究和实践，重视对人的情感的研究。我在博士论文《情感教育论纲》中即提出了情感教育，认为要关注人的情感层面如何在教育的影响下不断产生新质、走向新的高度，关注作为人的生命机制之一的情绪机制，如何与生理机制、思维机制一道协调发挥作用，以达到最佳的功能状态，重视情感在人的品德成长乃至整个生命中的重要价值。我一直关注德育与情感教育之间的关系，陆陆续续产生的研究成果于 2005 年在由人民教育出版社出版的《情感德育论》一书中进行了详细、全面的介绍（2005 年，由我主编的"当代德育新理论丛书"在人民教育出版社出版，我的《情感德育论》也是其中之一）。"情感德育论"认为，情感在个体道德品质的生长方面有着重要的地位。道德教育需要借助外部条件对人施加一定的影响、作用，然而，仅仅依靠说教的效果不仅不够，而且还可能会有相反的作用。情感性道德教育提出要把人的情感作为道德生长的根基，注重情感在个体道德成长和教育中的地位、作用，从"情感"入手，通过对人的基础性情感以及道德情感的培育，助力人的品德的内在生长；通过发挥"情感"这一内在生命元素的特殊机制，形成润物无声、自然而然的道德教育和道德品质的生长过程。

2004 年，在我与苏霍姆林斯基的女儿苏霍姆林斯卡娅的一次对话中，卡娅说，她想用"情感文明"这个词来表达情感教育的宗旨。情感文明的提法让我对情感教育的价值以及坚持研究情感教育的意义的认识提到一个新境界。最近几年，我们进行的研究和关注的重点都在于如何建设具有情感文明的学校、班级。情感教育的指向应该是为了学生、孩子们的道德成长和生命发展，因为如果情感教育让孩子在生活环境中获得了健康的情感支持和丰富的情感体验，提高了情感文明的程度，他们就容易形成健康的自我认识，在社会生活中有更好的沟通交往能力。如卡娅所说，有了自我独立、判断和选择的能力，哪怕在单独的环境里，他们也能做出正确的道德选择。南通田中提出的情感文明学校建设的项目正可以看作这一话题在基础教育学校的一次探索和尝试，它从学校与班级情感环境建设、"情感—交往"型课堂、学校情感德育活动、引领家庭情感教育及教师情感胜任素质提升五个方面，初步展示了南通田中这几年在这方面的思考与实践。

从博士论文算起，我关注情感教育、情感德育，至今已有近三十年，通过多年以来的研究和实践，我越发地认识到这个领域的重要性，当年提出的情感性道德教育在今天看来仍然有着丰富的空间可以继续挖掘、探索。2015年，我本人受香港田家炳基金会委托进行"教师情感表达与师生关系建构"项目的研究和实践。当时要在全国选两所种子校作为该项目的研究基地和项目学校，希望通过邀请项目学校的老师们一起参与项目研究，通过在种子校的研究、实践，带动并逐渐培养出一批教师情感人文素质良好、有自觉意识和行动研究能力的教师队伍，改善学校的师生关系，从而获得真正有质量的学校教育和个体生命的健康成长。因为这样一个契机，在自愿申报的基础上，经过进校考察、遴选，最终确定南通田中为两所种子学校之一，自此，便有了后来经常性的来往、沟通和项目交流。因为这样的机缘，在项目的执行过程中，在陈永兵校长的积极倡导和支持下，该校提出的一项指向中学教育现场的情感教育研究课题："普通中学情感德育实践形态的探索"，于2017年成功获得教育部重点课题资助。

在项目的研究过程中，我和我的学生们曾多次参与其中，深刻地感觉到这样一个人文性质的项目所具有的力量，它带来的不仅仅是学生的改变、教师的改变，也是我们自身的生活、情感不断充盈，情感联结不断增加，获得生命能量和补给的过程。因为和南通的缘分、和南通田中的项目来往，我和我的学生们从南通田中老师那里获得了很多宝贵的材料，与他们建立了深厚的友谊，陈永兵校长多次盛情邀请我们到学校听课、观课、参加互动性研讨活动，给大学和中小学合作研究的项目提供了很大的支持。现在看来，这是一个互相影响、带动的"双赢"的过程，它指向的不仅是学生的成长，我相信江苏省南通田家炳中学的老师们在这个过程中一定收获甚丰。现在呈现给大家的这本书就是一个见证！

情感性道德教育重视情感在人的道德成长以及整个生命、人格发展中的重要地位，设想从更宽阔的视域考虑情感和道德的关系，并且在生活中寻找贴近人的情感实际的教育引导方式。它有两个重要的特征：一是重视将人的情感发展作为道德教育的目标。因为与道德相关的情感并不那么狭窄，人类的很多情感都和道德有关，比如，儿童的兴趣、好奇、秩序感、节奏感等，都是情感性道德教育中重视培育和发展的。二是重视利用人的情绪情感的特殊机制，改革并提升道德教育的影响力和有效性。比如情绪的易感性、同感共受、情感场共鸣等机制，都是道德教育实践中可以加以利用的。江苏省南通田家炳中学过去有很好的这方面的传统，通过这次的研究，将这方面的经验进行系统性的总结和提炼，相信对于基础教育学校在这方面的德育实践也具有一定的启发和借鉴价值。

时下，基础教育学校仍面临着升学、分数等诸多外部压力，身处基础教育一线的教师即便有研究的愿望也未必有充足的研究时间和精力。像江苏省南通田家炳中学这样的一批学校，有那么一群教师一直保持着研究和学习的

4

热情，将优化学生的内在生命成长方式作为办学的最终追求，是非常难得的，也让我和我的学生们倍感钦敬。希望南通田中能够继续将这方面的优势和特色坚持下去，并辐射带动更多的学校认识到情感性德育的价值，参与到实践探索之中。尽管这样一个探索的过程是不容易的，甚至有时候会有冲突、困惑和误解，但是毕竟迈出了这一步。我相信只要我们将学生的健全成长视为教育的目标、将教师职业作为自我生命的一部分，怀抱理想和热情，积极地自我要求、自我探索，坚定一步一个脚印地做事，就一定可以看到学生的进步、教师的进步和学校的进步，就会有越来越多的同路人加入进来！

朱小蔓

# 自 序

南通地处江海之滨，东临黄海，南濒长江，享有教育之乡的美誉。被蔡襄、程颐赞誉为"天下道德君子之首"的著名北宋教育家安定先生胡瑗就是江苏南通人，他开创了"苏湖教法"，并提出了"致天下之治者在人才，成天下之才者在教化，教化之所本者在学校"。

20 世纪初，张謇面对国运日蹙、民生艰难，提出"父教育、母实业"，提出"师范启其塞，小学导其源，中学正其流，专门别其派，大学汇其归"的教育主张。张謇在南通兴办起了包括中小学、师范、特殊教育等一系列学校和博物苑、图书馆、剧场等公共教育机构，形成了比较完整的近代教育体系，在当时处于全国领先地位。

中华人民共和国成立后，尤其是改革开放以来，南通教育有了巨大的发展。其中并称"二李"的李吉林老师与李庾南老师的教育成就，在全国更是闻名遐迩。李吉林老师的情境教育以儿童为中心，珍视儿童的感受，发展儿童的情感；李庾南老师的"自学议论引导"教学为学生的终身学习奠基。

得益于南通良好教育环境的濡染，近些年来，江苏省南通田家炳中学（以下简称"南通田中"）围绕"情感教育、情感德育"开展了系统化的研究。2015 年成功申报了江苏省教育科学规划课题"普通中学校园情感场生态构建研究"，2017 年又成功申报了全国教育科学规划教育部重点课题"普通中学情感德育实践形态的探索"。围绕着这两项课题，我们在情感教育专家朱小蔓教授及其团队的指导下，积极开展理论学习与实践探索，逐渐形成了情感文明学校的办学模式。

近年来，南通田中的情感文明学校建设已逐渐成为新时代南通教育一张亮丽的名片。学校每年都会向全国的兄弟学校、专家学者展示情感文明实践的风采。生活在南通田中的学子、教师时刻徜徉在幸福、快乐的情感氛围中，收获着成长、成功的喜悦。"情感文明"的落地生根，促进了学校的生长，提升了学校的办学品质，学校散发出了独特的文化气质。

为了将研究成果显性化，课题研究团队自 2018 年开展组织本书写作。本书的撰写，不同于纯理论的学术研究，也不同于纯实践的经验总结。我们遵循"顶天立地"的研究理路。所谓"顶天"，指我们最大可能地占有国内外情感、情感教育的相关资料，立足情感教育学术前沿，希冀在理论上具有充分的先进性。"立地"，指的是研究立足于实践，个中观点、论断、方法、策略从实践中归纳总结，研究成果具有扎实的实践基础与应用的普适性。

本书主要由陈永兵、徐志刚进行框架设计、观点凝练与文字撰写，刘晓红、张弛、荣进、葛婷婷、仇彬、陈惠等参与了部分文字的撰写工作，此外，相关老师与学生的写作成果在书中若有使用，均附上了作者的信息。

南通田中课题的研究及本书的撰写，得到了诸多领导、专家及同仁的关怀与指导。首先要特别感谢的是朱小蔓教授，朱教授始终关怀我们学校的课题研究工作，多次到学校指导，为课题的研究及本书的撰写，提供了很多的人文关怀与智力支持。我们还要感谢江苏省教育科学规划领导小组办公室彭钢主任、中国教育科学研究院培训中心副主任兼《教育文摘周报》社长王磊编审、《人民教育》杂志社副总编辑赖配根编审、《中国教育报》"环球周刊"和"教育科学"版主编杨桂青博士、南通市教育局郭毅浩局长、金海清副局长、南通大学丁锦宏教授、南通市教育科学研究院陈杰院长、南京师范大学王平博士后、南京信息工程大学王坤博士等领导专家，感谢他们在课题开题论证或课题实施时所提供的真知灼见。此外，香港田家炳基金会戴大为总干事、甄眉舒干事等也曾参与过本校情感项目的相关活动，并进行了指导，在此对他们亦表达感谢之意。最后，我们要感谢的是江苏省南通田家炳中学的全体同仁。自开展情感项目以来，越来越多的老师将教学研究与科研课题聚焦于情感维度，越来越多的老师在师生交往、课堂教学、亲师沟通等方面更加关注情绪情感，本书凝聚着学校全体同仁的智慧。身在这样一所温馨的学校，我们深感幸福。

目　录
CONTENTS

# 绪　论

　　南通田家炳中学(以下简称"南通田中")自建校以来，始终重视教育科研工作，多次被评为省市级教育科研先进单位。2017 年，学校成功申报了教育部重点课题"普通中学情感德育实践形态的探索"(批准号为 DEA170399)，该课题对于我们这样一所普通中学而言，既是莫大荣幸，亦是巨大挑战。本着强烈的改善学校教育生态的使命感与教育情怀，我们在理论学习的基础上，结合实践行动，探索出学校情感德育、情感教育的新路径与新方法，希冀充分利用情绪、情感的机制引导学生获得更好的发展，并由此改善中学的教育生态。

　　梳理本校教育科研的历程，我们从难忘教育起步，经由诚信教育，逐步深入到情感生态场建设、情感教育、情感德育，最终形成了目前的情感文明学校的模式体系。

## 一、情感文明学校建设的缘起

### (一)学校原有实践具有情感德育基质

　　选择情感德育、情感文明作为学校内涵发展的新路径，对于本校而言，有着内在的历史基础。南通田家炳中学的初中部设置伊始，由原南通中学初中部整体并入。南通田中从"十一五"以来，就形成了以"难忘教育"为核心的学校教育品牌。"难忘教育"的基本机制，就是创设能够给予学生强烈情感撼动的真实而生动的德育情境，给予学生难以忘怀的感受体验。"难忘教育"抓住了德育活动中难忘的场景、难忘的故事，给孩子们留下了深刻的甚至是刻骨铭心的体验。这样的体验之所以难忘，是因为有情感、情结，所以难以磨灭，终生难忘。因此这样的德育效果也是稳定而持久的。

　　在开展难忘教育的基础上，我们开始逐步探索南通田家炳中学自身的德育品牌，于是，诚信教育成为学校的德育主线。围绕诚信教育，学校建立了一套富有时代气息、较为完备的诚信教育制度与诚信教育活动，比如，诚信超市、自由刷卡、无人监考等。在开展诚信教育之初，我们对情感教育、情感德育、情感文明还没有明晰的理论认知，不过我们在诚信教育过程中，始终关注学生的情感体验，因为我们朴素地认为，诚信作为一种道德行为，若没有情感作为动力导引，诚信行为就有可能失真。在研究情感教育时，我们又发现，"情"与"诚"密切相关，最典型的例子在《论语》中。《论语》中"情"字出现了两次，一是《子路》中的："子曰：'小人哉，樊须也！上好礼，则民莫敢不敬；上好义，则民莫敢不服；上好信，则民莫敢不用情。'"二是《子张》中的："曾子曰：'上失其道，民散久矣，如得其情，则哀矜而勿喜。'"《论语》中的这两个"情"，不是我们今天理解的好恶体验，而是真诚、真心之义。"情"字是到了孟子，才开始显露今天的情感之义，如孟子的"若乃其情，则可以为善矣"。

梳理难忘教育、诚信教育，不难发现，这二者都内蕴着情感教育、情感德育的相关规则要求，具有情感教育的逻辑基础。当然，当时我们的难忘教育、诚信教育的探索尚处在一种自然的情感德育模式状态，还没有进入到高度的理论自觉。

**（二）朱小蔓教授与我校之间的特殊因缘**

朱小蔓教授是我国情感教育、情感德育方面的知名学者，她持续耕耘情感教育30年，出版了《情感教育论纲》《情感德育论》《儿童情感发展与教育》等多部情感教育著作，还发表了情感教育相关的论文百余篇。2014年，受田家炳基金会的委托，朱小蔓教授领衔主持了"教师情感表达与师生关系构建"项目。该项目集中关注师生交往中的情感表达，期望借此提高教师的情感素质，改革学校教育教学实践，进而发展注重人文关怀、注重学生健全人格的校园文化，实现教育改善人性的教化功能，促进学生身心健康发展。

"教师情感表达与师生关系构建"项目认为，无论从全球化视野下学校转型的需求视角，还是从当今师生关系的角度，师生关系都必须从原有的以知识传授为唯一目的的施者和受者的关系，转向人与人的交往关系。而人与人的交往关系，核心是情感关系。

该项目立足于基层和教育实际，尤其注重实践性，特别强调指向学校教育的现场。项目操作的基本途径为：首先建立种子学校，以种子学校为基地开展教师情感表达能力的诊断、认知和提升，随后将种子学校获得的成果进行传递和辐射，并使其具有推广性，经由遍布全国的田家炳学校，在全国范围内进行推广和普及。

2014年年底，朱小蔓教授领衔的项目组，在广泛征集意见的基础上，将南通田中列为项目备选种子学校。其间，朱小蔓教授率领其研究团队来我校进行现场调研、考察。对此，南通市教育局高度重视，教育局郭毅浩局长亲自过问和指导我校的相关工作，多次表态将对项目给予各方面大力支持，并将其视作未来南通教育内涵发展的一种新契机、新方向。2015年1月，由陈永兵校长带队前往北京汇报、交流。经朱小蔓教授等专家的仔细论证，2015年5月我校最终被正式确立为该项目的种子学校，且为全国田家炳学校中的唯一一所。①

自成为"教师情感表达与师生关系构建"项目种子学校以来，学校积极开展相关研究工作，不仅关注教师情感，还将情感教育的理念运用于学校环境建设、课堂教学、德育及家校合作，并多次举行相关展示活动和教师培训活动。比如2015年5月11日，香港田家炳中学创校校长、田家炳基金会董事陈建熊先生，田家炳基金会总干事戴大为先生和朱小蔓教授等一行参加了本校面向全国田家炳中学的项目展示活动。再如，2017年3月，我们组织了全国首届"情感—交往"型课堂课例展示活动，戴大为总干事等到会进行指导。自2015年成为项目学校以来，南通田中承办项目组各类活动十余次，各类活动的开展，又进一步促进了学校情感教育、情感德育工作的提升。

**（三）情感教育是改善当前中学教育生态的必由之路**

20世纪80年代以来，教育实践界出现了很多"情感教育"的模式，著名的有"情境教育""愉快教育""爱的教育"等。但是，如果梳理中国当代情感教育的实践模式，比如南通师范学校第二附属小学李吉林老师的"情境教育"、北

---

① "教师情感表达与师生关系构建"项目的另一所种子学校为北京中学，该校不是田家炳系列学校。

京第二实验小学李烈老师的"爱的教育"，会发现，这些实践研究大多数在小学，深耕情感教育的中学尚不多见。

一直以来，人们对中学教育的印象是：中学的孩子特别能吃苦，中学的教师特别能奉献。曾经有一段时间，在中学里，不断升级的加班加点，无休止的作业……很多中学的教育陷入了恶性循环之中，厌学、厌教情绪不断滋长。中学教育也因此饱受社会诟病。

面对着上述的问题，南通田中人一直在思考出路。多年的教学实践经验告诉我们，"带马到河边容易，逼马饮水难"，学生的学习情绪问题若解决不好，一切的学习和发展都会变得困难，学生对学习感兴趣，才是一条通向未来的光明坦途。于是学校开始组织教师阅读激发学生学习兴趣的相关文献，从包含提倡"知之者，不如好之者；好之者，不如乐知者"的《论语》，到王艮的《乐学歌》，从维多里诺的"快乐之家"到苏霍姆林斯基的《帕夫雷什中学》。加入朱小蔓教授的情感项目之后，朱小蔓教授的《情感教育论纲》，以及卢家楣教授的《情感教学心理学原理的实践应用》等情感教育类专业著作成了我们的必读书目。

通过学习和研究，我们发现在教育过程中关注师生的情绪情感，充分发挥情感的价值，是突破当前中学教育困境的不二法门。无论是课堂教学，还是学校的整体办学，如果能够充分思考与发挥情感的教育意蕴，整个中学的教育生态将发生根本性变化。俄罗斯学者巴利辛柯夫就提出，现在学校教育还未能掌握学生的情感资源。同时巴利辛柯夫又指出，如果能够掌握学生的情感资源，学校教育的质量会大大提高。[1] 这不难理解，不少人都知道哈佛大学戈尔曼的研究成果，他认为一个人成功的 80% 在于情商，智商只占 20%。史迪克兰的研究也发现，就任何领域的成功而言，情绪能力比认知能力和技术能力的总和还要重要两倍以上。[2] 因此，充分发挥情感因素，对于学生的认知、道德、身体等方面都将起到积极效应，此方面的例证很多，具体在第一章中详述。

---

[1]　朱小蔓：《情感德育论》，15页，北京，人民教育出版社，2005。
[2]　[加]丹尼尔·沙博、米歇尔·沙博：《情绪教育法》，韦纳、宝家义译，北京，教育科学出版社，2009。

### （四）来自国际社会与情感学习项目计划的启示

社会与情感学习项目（Social and Emotional Learning，SEL）计划，由美国的学术、社会和情感学习联合组织（CASEL）[①]发起。SEL 计划提出，为了让孩子茁壮成长必须把情绪技能和学术课程相结合，促进幸福和健康的社会交往，并提高学术和工作表现。目前该计划已被美国和英国的很多学区广泛采纳。[②] 该计划是一整套完整的方案，包括：讲授如何在学校内外运用 SEL 技能，通过营造充满关怀和勤奋学习的环境来建立和学校之间的联系，通过强调认知、情绪和社交方面的学习来巩固学业表现，鼓励家庭和学校之间建立合作伙伴关系等。[③]

美国 SEL 计划有两大任务：一是引起相关人员对学生的社会和情感能力发展现状和需求的关注；二是促进从幼儿园至高中持续进行社会情感学习项目的实施、评估和改进。英国的"社会和情感方面的学习"（Socialand Emotinonal Aspects of Learning，SEAL）项目，与美国的 SEL 计划类似，该项目鼓励学校采用全校性的方法，创建一种有情感文化修养的学校环境、道德风貌以及人际关系氛围，以促进学生、教职人员以及家长的社会情感学习。在澳大利亚，关于社会情感学习的内容使用的术语是"社会情感健康"（Social and Emotional Well-being，SEWB）。由上可见，美、英、澳等国都将学生的社会和情感学习列为重要的学生素质发展目标。

美国 SEL 计划经过多年的发展，其社会情绪学习在具体应用方面取得了诸多成效，涌现了一批实践类课程，著名的"情绪词汇"课程即是其中之一。该课程通过引导学生准确识别自己和他人的情绪，理解情绪的起因和结果，运用精确的词汇描述情绪，以恰当的方式表达情绪，并且有效调节情绪。该课程实施的结果显示，经过情绪词汇课程的学习，学生的学习技能提高了19%，学业成绩提高了 11%。此外学生的学习动机增强，学习焦虑和沮丧减

---

① 美国的学术、社会和情感学习联合组织（Collaborative for Academic，Social，and Emotional Learning，CASEL），创建于1994年，其创始人是《情绪智力》一书的作者戈尔曼和一位女性企业慈善家格罗沃尔德，同年 2 月，CASEL 在耶鲁儿童学习中心成立。

② ［美］玛西娅·休斯等编：《情商与社交商开发手册：最佳实践案例与策略》，迟毅、徐维婕译，291页，北京，电子工业出版社，2012。

③ 同上书。

少，学生的问题行为减少了 17％。① 开展情感教育，不仅能够提升学生的情绪能力与道德品质，还能帮助学生提高知识的学习水平，更能直接提升考试成绩，这些显然是中学管理者和老师们最希望看到的。

## 二、对几个核心概念的理解

凡是身处教学一线的管理者和老师，一般都会认识到，与知识教育相比，情感教育在实践中的被重视程度仍显不足。情感教育之不彰，除了情感教育的操作比知识教育复杂之外，情感教育自身的理论供给乏力也是一大原因。

一段时间以来，学界对知识的研究水平要远远高于情感。比如很多人都知道皮亚杰关于儿童的认知四阶段的划分理论，但是迄今为止，还没有普遍公认的关于儿童情感发展的阶段划分。学界一度认为情绪和情感异常复杂，无限纷繁，它与人们行为的联系常常使人迷惑不解，如同"盲人摸象"。② 对于情感教育的理解，专家们的立场也经常摇摆，比如，有的认为情感教育能激起右脑的兴奋，认知教育能激起左脑的兴奋。③ 有的认为情感教育是否应被看成是对右脑的需要的一种反应，还有待于进一步研究。④

理论的困顿必然导致实践的无序和盲目，故而卢家楣教授的调查发现，有一半以上的教师认为，情感教育难以开展主要是"无理论、无具体方法、书籍少、资料少"，或直言"不知道怎么运用情感"。⑤

梳理西方哲学的发展历史，不难发现，西方学术界自柏拉图以来，基本上都是重理性、轻情感。这种研究理路一定意义上也阻碍了情感的研究进展。1995 年丹尼尔·戈尔曼因出版《情绪智商》一书，提出了著名的成功 80％靠情商的观点而闻名于世，才由此推动了西方现代情感及情感教育的研究。21 世纪以来，西方学界关于情绪情感的研究更是取得了快速的发展，涌现了一大

---

① 郝篆香、蔡敏：《情绪词汇课程：美国提高中小学生情绪素养的有效途径》，载《比较教育研究》，2013(5)。
② 朱小蔓：《情境教育与人的情感性素质》，载《课程·教材·教法》，1999(1)。
③ 孟昭兰：《情绪心理学》，沈阳，辽宁人民出版社，1986。
④ 鱼霞：《情感教育》，北京，教育科学出版社，1999。
⑤ 卢家楣等：《中学教师在教学中运用情感因素的情况调查》，载《教育研究》，2001(8)。

批的情感心理学、情感社会学著作，也包括情感教育相关的教育类著作。比如，电子工业出版社出版的《情商与社交商开发手册：最佳实践案例与策略》《情商培养与训练：65种活动提高你的情商》等一套情商类丛书，而情商之父丹尼尔·戈尔曼更是出版了六卷本的《情商系列》。尽管本研究不太使用情商这个概念，但是情商研究的丰富成果，还是为我们的研究提供了很多的学术营养。

事实上，朱小蔓教授早在1993年就出版了国内首部系统研究情感教育的学术专著《情感教育论纲》，比《情绪智商》早了两年。其后，朱小蔓教授又出版了《儿童情感发展与教育》《情感德育论》等多部著作。卢家楣教授则出版了《情感教学心理学》《情感教学模式的理论与实证研究》等著作。应该说这些著作极大地丰富了情感、情感教育的理论。我们认为，有了前述丰富理论的支撑，当前开展情感教育、情感德育，将变得更为科学。

"感性无理性则盲，理性无感性则空"，作为普通中学的情感教育、情感德育，必须首先学习理论、依托理论，不能脱离理论闭门造车。尽管有些理论看起来稍微抽象一些，但是如果多看几遍，总是会有收获。黑格尔的《精神现象学》是非常难以看懂的哲学著作。邓晓芒教授认为，如果你看了一遍，似乎没看懂，但是其实跟不看是有区别的。只要看一遍，书籍的观点、思维已经在你脑海中有所着落了。

当前我们的一线老师不缺实践，缺的是理论指导下的实践。当我们掌握了丰富的理论，在进行情感教育实践的时候，就不再是井底之蛙，不会仅用"蚂蚁之眼"去看教育，我们就可以拥有"蜻蜓之眼"与"飞鸟之眼"。"蚂蚁之眼"精细，但是视野狭窄，"蜻蜓之眼"能够看到中观的东西，而"飞鸟之眼"则能够高瞻远瞩。有了理论视野，能够全面、整体地把握教育，这样我们的教育之路才能更具科学性，我们的教育研究之路也才能走得更深、更远。因此，在本书的绪论部分，我们需要对情感教育的相关概念进行厘清。

（一）情感

情感教育领域的首个核心概念是"情感"。西方关于情感内涵的理解集中在心理学、哲学和社会学等领域。心理学将情感视为一种心理体验。众多的心理学论著对于情感的看法大致相同，如认为"情感是一个人对于自己所认识

8

的或所操作的事物所持的态度体验"(捷普洛夫);"情感是一个人对他生活中所发生事情,对他说认识或所作事情的内部态度的不同形式的体验"(彼得罗夫斯基)。在哲学层面,萨特认为情感是被体验过的意识的某种形式,它依据某种魔咒或魔术改造了个体与对象和对象的世界。丹森认为情感就是自我的感受。在舍勒看来,情感不仅仅是喜怒哀乐这些外显的内容,还泛指人的一切感官的、机体的、心理的以及精神的感受。这些理解大大地突破了心理学所划定的情感的范围,扩大到了人的精神层面。社会学视域将情感视为把人们联系在一起的"黏合剂",它可以生成对广义社会与文化结构的承诺。从本质上讲,情感不仅使社会结构和文化系统成为可能,而且情感也能够导致人与人彼此疏离,动员人们打破社会结构,挑战社会文化系统。①

关于"情"字的释义,《说文解字》中解释为:"情,人之阴气有欲者。"这里的"情"即为情欲和情感,包含生物性与社会性;"感,动人心也",即感应、感化等意思。中国文化中的"情"到了战国时代以后才具有"情感"这个含义。以《诗经》和《尚书》为代表,"情"的含义主要是事物的实情。"天畏棐忱,民情大可见",这里的"情"是老百姓的真实情况。《论语》《左传》等中的"情"除了表述客观的事实之外,开始作为人内心的真和实的解释,具有真心、真诚的含义。"上好信,则民莫感不用情。"在《缪称训》中有"凡行戴情,虽过无怨;不戴其情,虽忠来恶"②。《性自命出》《礼记》《荀子》等就开始使用现代意义上的"情感"的含义了。"情出于性。……喜怒哀悲之气,性也,及其见于外,则物取之也。"到今天,我们实际的"情"之运用,仍然没有抛弃古代的用法,仍然有实情、真诚的含义,而不仅仅是心理学上所认为的体验和感受。

国内教育学界关于教育情感的界定,是以其他学科且主要以心理学为理论基础的。如鱼霞的《情感教育》中认为,情感是情的感受方面,即情绪过程的主观体验(情绪体验)。刘长庚认为情感是对"关系"的反应,情感在其现实性上就是"体验"。③ 熊川武教授也提出,教育感情是"教育世界的活动者对教

---

① [美]乔纳森·特纳、简·斯戴兹:《情感社会学》,孙俊才、文军译,上海,上海人民出版社,2007。

② 转引自张立文:《和合哲学论》,北京,人民出版社,2004。

③ 刘长庚:《情感教育的内涵与现状考察》,载《兰州学刊》,2003(2)。

育人事的好恶体验"。① 的确，每种情感的发生，必然伴随着一种或几种心理体验。苏联心理学家统计，仅在俄语中就有 5000～6000 个词来表达人的各种主观体验。② 我国心理学家林传鼎从《说文解字》中找出了 9353 个正篆，发现其中有 354 个是描述人的情绪的。③ 可见人类情感体验是极为丰富的。

但是，如果将教育中的情感仅仅视为一种内部的体验，用心理学的情感定义覆盖了教育学的情感定义，显然忽视了教育情感的特殊性，导致了教育理论的窄化和实践操作的困顿。教育活动中充满了教育情感（主要是教师情感与学生情感）的传递交互，如果仅仅是一种内在体验，而没有外在的形式，那么教育活动就无法有效展开。因而，除了要关注情感的心理层面，更应关注情感的社会性质，关注情感的外显活动及对他人与社会构成的影响。无论是教师还是学生，要想进入对方的心理世界，总是需要一些外在的客观表现（无论是外显的还是内隐的）作为感受对方体验的依靠，而不能毫无根据地臆度。这些客观表现就是人含有情感信息的各种行动。

伊扎德提出，情绪具有生理反应、主观体验和外显表情三种成分。一种情绪、情感的产生，总是会引起机体的某些变化，这些变化便是他人理解自己的依据，也成了与他人交往的途径。人们活动于世界中，目的是使这个世界成为他们自身的一部分，成为他们的情感过程的一部分。在人和人的情感与世界之间不存在任何分裂。④

在交往的过程中，个体一旦采取了某种情感性行为，这种行为就成了一种客观化的社会行动，可以被他人感知、理解和体验，并因此发挥社会价值。当然，人们因为知道情感会外显，为了某种目的会将自己的内在体验隐藏起来或者改造，但是这是非常困难的事情，弗洛伊德就曾经说，尽管人可以保持缄默，但是人的手指却会多嘴多舌，将内心中潜藏的体验流露出来。孟子也说："存乎人者，莫良于眸子，眸子不能掩其恶。胸中正，则眸子了焉；胸中不正，则眸子眊焉。听其言也，观其眸子，人焉廋哉？"（《孟子·离娄上》）

① ［美］舒尔茨等：《教育的感情世界》，赵鑫等译，上海，华东师范大学出版社，2010。
② ［苏］彼得罗夫斯基：《普通心理学》，朱智贤等译，北京，人民教育出版社，1981。
③ 孟昭兰：《普通心理学》，北京，北京大学出版社，1994。
④ ［美］诺尔曼·丹森：《情感论》，魏中军、孙安迹译，沈阳，辽宁人民出版社，1989。

所以人的体验总是会多多少少外露而成为一种他人可以观察到的客观现实，这种客观现实就是人的情感行为反应。

我们将教育中的情感从心理学拓展到社会学时发现，情感是在教育职场中生发的，无论是心理体验，还是行为选择，都受教育职场的影响，都因教育情境中的人与事而起，并指向这些人与事。因而，我们可以把教育视域中的情感界定为：师生在教育职场中产生的对于人与事的心理体验及其行为反应。

"情感"与"情绪""感情"之间的关系性问题，即三者的联系与区别，实践者也是需要厘清的。情绪(Emotion)、情感(Feeling)、感情(Affection)在日常生活中基本上是通用的，在学术研究领域也经常不作区分。孟昭兰教授在综合各种研究后认为，"感情"是一个统合的概念，一般包含"情绪"和"情感"，"感情"既有"情绪"的含义，也有"情感"的含义。"情绪"与"情感"的区别在于，"情绪"这个词，在词源上是用来描述一种"动"的过程，因而情绪主要是指感情性反应的心理过程；而"情感"有一个"感"字，它是对感情性反应方面的"觉知"，情感集中表达了感情的体验和感受的方面。同时，"情绪"与"情感"的关系也是密切的。情感的每次发生都会激发产生情绪，而情绪激起之后，也总会伴随着某些主观的感受。因此，无论情绪、情感或是感情，指的其实是同一过程或同一现象。在不同的场合使用情绪、情感与感情的术语时，指的是这同一过程、同一现象所侧重的不同方面。[1] 本书选择使用"情感"一词作为表述术语，这符合教育学中人们一般的使用习惯。[2] 不过由于表述的需要，当我们强调感情现象的心理过程的时候，也会使用"情绪"这个词。

### (二)情感教育

我国古代就有情感教育的思想与观念。如《论语·雍也》中的"知之者，不如好知者；好之者，不如乐知者"这句话，强调了"快乐"这种情感对于学习的重要性，是关于情感教育的精辟论述。再如《学记》中的"故隐其学而疾其师，苦其难而不知其益也，虽终其业，其去之必速"，从反面指出了那种没有情趣的学习带来的种种弊端。当然，在我国古代，尚未对情感教育有系统的理论阐释。

---

[1]　孟昭兰：《人类情绪》，上海，上海人民出版社，1989。
[2]　卢家楣：《情感教学心理学》，上海，上海教育出版社，2000。

国外关于情感教育的经典定义，由欧洲情感教育研究组提出。他们认为情感教育与认知教育紧密关联，是以促进学生的态度、信念、自尊、情绪等情感素质和人际关系能力、社会适应性技巧发展为依归的教育过程。情感教育的范围是比较广的，不仅包括对学生同情心、爱祖国等社会性情绪情感的教育，也包括态度、信念、毅力等非情感因素的教育。

20世纪90年代，朱小蔓教授出版的《情感教育论纲》是中国教育理论界首次系统阐述情感教育的学术专著，在广大教育研究者、中小学教师中产生了重要影响，对推动素质教育模式建构亦发挥了重要作用。关于情感教育，朱小蔓教授给出了以下定义：情感教育关注人的情感层面如何在教育的影响下不断产生新质、走向新的高度，也关注作为人的生命机制之一的情绪机制，如何与生理机制、思维机制一道协调发挥作用，以达到最佳的功能状态。研究情感教育也就是研究人的情感与人的生存发展的道德关系、认知关系、审美关系、价值关系如何取得最佳状态。

2011年朱小蔓教授又给出了新的定义，认为情感教育是指在学校教育、教学中关注学生的情绪、情感状态，对那些关涉学生身体、智力、道德、审美、精神成长的情绪与情感品质予以正向的引导和培育。本研究运用朱小蔓教授的定义。

**（三）情感德育**

情感德育狭义上是一种德育模式。理查德·哈什等在《道德教育模式》中认为：德育模式是一种考虑教育机构中关心、判断和行动过程的方式。它包括关于人们如何发展道德的理论观点以及促进道德发展的一些原则和方法。为了深刻理解和把握情感德育，有必要对中西方主要德育模式进行基本了解。

西方的主要德育模式包括瑞士学者皮亚杰和美国学者科尔伯格等人创建的道德认知发展模式。该模式认为，人的道德性发展是与人的认知活动及其发展水平密切相关的，它强调道德判断、自律（自我调节、自我控制）等心理成分的作用。它与行为学派、道德相对论及注重灌输的传统道德教育有着显著的区别。

英国学者彼特·麦克菲尔和美国著名女教育家诺丁斯创立的体谅模式。该模式有一套颇具特色的系列教科书《生命线》，并配套编制了教师指导用书

《学会关心》。与认知性道德发展模式强调道德认知不同，体谅模式把道德情感的培养置于中心地位。

社会学习模式的代表是心理学家班杜拉。社会学习的原理认为：人类的许多学习都是认知性的，反应的结果是人类学习的主要来源，反应结果具有信息功能、动机功能和强化功能；观察是学习的另一个主要来源，展现一个榜样可能会产生不同的效应。观察学习是规则和创造性行为的主要来源。

改革开放以来，在继承传统德育和学习国外德育模式的基础上，结合当代我国的德育实践，一批德育实践者进行了积极的探索，涌现出了情感德育、生活德育、欣赏性德育和生命德育等多种德育改革的实践样态。比如，针对之前过分强调道德认知，忽视学生的生活本身的情况，鲁洁教授、高德胜教授等提出了生活德育的主张。该实践模式强调：德育内容要联系生活，突出其生活性；方法上要贴近生活，注重体验与实践；评价方面指向学生生活，侧重学生的发展；德育领域要覆盖社会，加强学校与校外的资源整合；师生关系方面要走向生活，强调主体间对话。

北京师范大学的檀传宝教授基于德育美学观的思想，提出了欣赏型德育模式的实践，并在上海枫泾中学等学校开展了实践探索。该理论希望通过自己的探索找寻到解决"世界性德育矛盾或难题"的答案——一种既要避免强制灌输，又要坚持正面价值教育的可操作的德育方案。

主体性德育理论则认为，道德行为本质上是一种自主、自觉、自愿、自律的行为。[1] 只有通过主体性道德教育，培养出来的学生才可能具有独立人格，而无视学生个体主体性的道德教育培养出来的人大多数表现为缺乏独立性、主动性和创造性。[2]

情感德育是朱小蔓教授提出的德育模式。她认为道德情感是一个人道德发展的基石，"道德情感在个体道德的大厦中，直接参与道德认识、行为、品质、评价、信念的活动，它本身就是个体道德的主要存在方式，是全部道德

---

[1] 王如才：《主体体验：创新教育的德育原理》，济南，山东教育出版社，2004。
[2] 肖川：《主体性道德人格教育》，北京，北京师范大学出版社，2002。

现实化的根本环节"①。所以，该模式认为，一旦道德情感这座大厦不牢固，那么，个体的道德发展也就失去了稳固的根基。正是基于此，情感德育理论主张，学校德育应以培养学生的道德情感为出发点，通过情感陶冶、情感关怀、情感体验等方式来进行道德教育，促进学生道德品质的生成和发展。

基于以上认知，情感德育模式强调在德育过程中促进情感目标的实践。其操作的路径是：首先，将德育过程作为人的情感交往的过程；其次，把德育过程作为导向情感的过程。该过程又包括三种机制：第一，在指导、调整行为中导向情感；第二，在提高人的认知能力中导向情感；第三，在情绪唤起状态中导向情感。

### （四）情感文明教育

2015 年 11 月，由江苏省南通市教育局主办、南通大学情感教育研究所协办的第六届全国情感教育年会，在南通田中召开。会上，中国陶行知研究会教育与情感文明专业委员会成立，标志着我国的情感教育研究达到了情感文明教育研究的新高度。

在这次会议上，中国陶行知研究会会长朱小蔓教授发表了主旨报告。她提出，学校是孩子们成长的地方，也是教师实现人生价值的舞台。现代学校制度、学校文化建设最重要的是用心去为师生创造出情感环境。"秉持德本管理、情感性领导等管理理念，用心灵的力量、用精神性的力量和条件去进行学校管理，其结果必然创造出或最有可能创造出情感文明。"②引领人迈向情感文明是教育的使命，是学校教育应当发挥的功能。

情感文明既是整体的，也是个体的。朱小蔓教授认为，整体的情感文明是指富有情感文化的情感环境、情感氛围，是相对于物质环境、制度环境而言的精神环境。个体的情感文明是指个人的情感修养。苏霍姆林斯基的情感教育既指向培养个体的情感修养，同时也要求教育者为个体创造出好的情感环境，因为情感是不能命令的，只能在一定的情感环境中形成。由于情感文明、情感文化具有相对的稳固性、恒常性，同时又具有弥散性、裹胁力，所

---

① 朱小蔓：《情感德育论》，北京，人民教育出版社，2005。
② 杨桂青：《情感文明：情感教育研究的新境界 —— 来自第六届全国情感教育年会的思考》，载《中国教育报》，2015-12-23。

以情感文明和文化对深处其中的个体是重要的生活微环境，具有很强的感染力和深刻的影响力。①

行文至此，我们可以对"情感教育""情感德育""情感文明教育"的关系加以阐释。一般而言，情感教育是整体性的，情感德育归属于情感教育，它是情感教育的下位概念，或者说情感德育是情感教育的一个具体路径。就当前的整个学校教育而言，情感德育其实具有全域性特征，因为道德教育是统领学校的首要工作，即便是智育、体育等中也蕴含很多的德育因子。而彰显情感德育特征的情感教育，已不再是传统意义上的情感教育，已经达到了情感文明教育的高度，或者说广义的情感德育，便是情感文明教育。

认知与情感的高度统一是情感文明教育的一个显著特征。朱小蔓教授认为，长期以来，人们认为理性高于情感，认为有情感的人是不够理性的，太"感性"了。感性和理性不是线性的层级关系、对立关系，它需要经过反复的圆环运动，认知发展与情感发展相互促进，反复地回到更为扩展的认知、更为深刻的情感，这样才能形成个人的情感文明。台湾大学哲学系教授、生命教育研发育成中心主任孙效智也认为，情感教育并不是只关心情感而不关心认知的教育。他反对以认知发展为名，忽略和牺牲人的情感。因此在朱小蔓教授看来，情感文明这个概念使情感跨出了心理学、社会学的域限，而进入了人类学的视野，它提高了情感教育在教育体系以及在人类文明进步中的地位和作用。②

### （五）情感文明学校

在开展教育部重点课题"普通中学情感德育实践形态的探索"研究的时候，我们发现，作为普通中学的教育研究，不同于大学学者的学术研究，更突出其实践性，其研究成果需要以体系化的实践形态呈示。

所谓实践形态，指的是一套包含实践目标、实践内容、实践路径和实践方法的系统。这一系统在学校层面的整体呈现，便形成了我们的情感文明学校模式，也可以说情感文明学校是情感文明教育在学校中的实践形态的标识。

---

① 杨桂青：《情感文明：情感教育研究的新境界——来自第六届全国情感教育年会的思考》，载《中国教育报》，2015-12-23。

② 同上书。

所谓情感文明学校，指的是学校所有人员(学校管理者、教师、学生及家长等)认同情感文明及其教育的价值，具有较高的情感素养，学校生态中的各种人际关系和谐，构建了具有温度的情感生态场。在此环境中，学生生命的健康成长与教师的职业幸福得以保障。

在朱小蔓教授及其团队的指导下，近两年来围绕课题《普通中学情感德育实践形态的探索》，我们初步形成情感文明学校的基本模式，其包含了学校与班级情感环境建设、"情感—交往"型课堂改革、学校情感德育课程化实践、引导家庭情感教育及教师情感胜任素质提升这五大架构。

## 三、研究的基本思路与方法

围绕"普通中学情感德育实践形态的探索"，我们首先梳理出研究的内容建构，然后依据五项内容或者五个子项目的不同特征再展开精细的研究。五个子项目的研究思路与方法如下。

### （一）学校与班级情感文化建设研究

**1. 研究目标**

(1)学校(班级)物质环境的情感性特征及其建设方法：案例及其理论阐释。

(2)学校(班级)制度环境的情感性特征及其建设方法：案例及其理论阐释。

(3)学校(班级)人际环境的情感性特征及其建设方法：案例及其理论阐释。

**2. 研究步骤与方法**

(1)建立子项目研究小组。

(2)学习《情感德育论》《SEL 操作手册》等学校与班级情感文化建设、情感管理方面的图书、论文。

(3)运用理论视角透视学校整体及班级物质情感环境、制度情感环境、人际情感环境已有的优秀做法——提取案例→写作案例→理论分析。

(4)运用理论视角探索学校及班级情感文化建设的新路径与方法——探索案例→写作案例→理论分析。

**3. 成果形式**

(1)初级成果：本著作中以专章呈现。

(2)终级成果：著作《学校与班级情感文化建设操作手册》(含建设指标、路径与方法，每个操作点有案例和理论分析)。

### (二)"情感—交往"型课堂改革研究

将"情感—交往"型课堂作为情感德育的研究内容，需要加以特别说明。道德教育不仅可以是独立形态的，也可以贯穿于各科教学之中。现在不少的课堂教学，除了知识获取的目标取向外，越来越强调观照人的生命意义、价值、尊严、独特性等维度，毕竟教学实质上是一种灵魂的唤醒与交流。这实际上就涉及教学的道德性问题。因此，课堂教学考虑德性，回归到对人的生存论意义上的情感关怀，即体现了情感德育的特征。从这个意义上说，统摄全校各项工作的情感德育，作为一种广义的情感德育，亦称情感文明教育，属于情感教育的高级形态。总之，"情感—交往"型课堂是实现立德树人指向的学校课堂教学，同时也符合核心素养通过学科达成的要求。

**1. 研究目标**

(1)统合式的"情感—交往"型课堂的实施目标、路径与方法：案例及其理论阐释。

(2)分学科的"情感—交往"型课堂的实施目标、路径与方法：案例及其理论阐释。

**2. 研究步骤与方法**

(1)组建各学科的研究小组。

(2)进行统合式的"情感—交往"型课堂教学培训，包括《"情感—交往"型课堂观课指南》《情感教学心理学》《情感教学模式的理论与实证研究》等专业书籍的阅读研讨，进而掌握"情感—交往"型课堂的研究框架——厘清阻碍交往的原因，找出解决方法。

(3)按照研究框架分学科进行研讨，找出阻碍本学科情感—交往的原因、分析解决的方法，以案例的方式呈现，并进行理论阐释。

**3. 成果形式**

(1)初级成果：本著作中以专章呈现。

（2）终级成果：著作《中学"情感—交往"型课堂操作手册》。

（三）学校情感德育活动课程化研究

**1. 研究目标**

（1）学校原有情感德育活动(诚信仪式、青春仪式、班会课程等)的案例归纳及理论透视。

（2）学校情感德育活动的进一步深化与拓展，最终实现德育课程的体系化。

**2. 研究步骤与方法**

（1）组建研究团队。

（2）组织学习《情感德育论》《体验式活动》等情感活动课程开发理论。

（3）从情感德育的视角，展现本校已有各德育课程(比如仪式课程)的设计初衷、设计过程、实施情况、效果调查。

（4）从情感德育的视角，继续拓展德育活动课程，形成德育课程体系，比如以中学生情绪问题为研究对象，通过书籍、音乐、影视等帮助学生走出情绪困扰，促进情感发展。

**3. 成果形式**

（1）初级成果：本著作中以专章呈现。

（2）终级成果：著作《中学情感德育课程设计与实施：案例及理论阐释》《读出好心情：中学生情绪问题阅读疗愈实践》。

（四）家校合作与家庭情感教育引导研究

**1. 研究目标**

(1)研讨当前家校合作存在的问题及加强家校合作的意义。

(2)系统学习亲师沟通(尤其是亲师情感沟通)的技巧与策略。

(3)研究指导家庭情感教育的系统方法。

**2. 研究步骤与方法**

(1)组建研究团队。

(2)组织系统学习家庭教育指导师课程，比如青春期冲突解决课程。

(3)各成员撰写家校合作及家庭教育指导的优秀案例，并进行理论阐释。

### 3. 成果形式

(1)初级成果：本著作中以专章呈现。

(2)终级成果：著作《中学家庭情感教育指导手册》。

## （五）教师情感胜任素质提升课程研究

### 1. 研究目标

通过系统工作坊，提升教师情感胜任素质，改善师生关系，增进教师职业幸福。

### 2. 研究步骤与方法

(1)设计教师情感胜任素质提升课程。

(2)选拔参训教师，安排培训时间与地点。

(3)开展系统培训(培训形式为互动式、体验式活动和案例分析，切实提高实践能力)。

(4)每次培训后将培训内容运用于实践，下一次培训开始交流实践心得。

(5)及时记录自己学习的心得和实践案例，并进行理论阐释。

### 3. 成果形式

(1)初级成果：本著作中以专章呈现。

(2)终级成果：著作《教师情感素养培训手册》。

# 第一章　情感文明重塑学校教育生态

　　春日里的一缕阳光是你。怀揣浅浅花香和温润气息的你，带我们进入知识的殿堂。"数风流人物，还看今朝"，讲台上你深情的朗读如那缕缕阳光，除去了我们心中的迷惘。"嗒嗒嗒嗒"，您讲台上行走的步伐，是我见到的最美妙的舞蹈。岁月苍老了您的容颜，是粉笔染白了您的两鬓。

　　夏日里那抹朝阳是您。怀揣缕缕清风，您在讲台上抒写篇章。汗水沿着您略有皱纹的额头滑过，您来不及停下片刻擦一擦，沉浸在抒写一块又一块的板书之中，我多想拿一方纸巾给您，但又想到认真听课才是对您最好的回报。

　　秋月里的一缕清风是您。风淡云清的您，带领我们领略古今中外哲人的智慧，高亢的声音如同秋夜里的一阵阵蝉鸣，略带沙哑的声音并不影响您讲课的热情，我多么想给您倒一杯水，说一声"谢谢"。

　　冬日的那一缕梅香是您。"明天降温了，多穿点"，是您一声声体贴的叮咛；"把窗子打开透透气"，是您一遍遍温暖的关心。您用炙热的情怀，染红了蜡梅的枝头，给了我们春的向往；您将书砌的冰山，飘做了雪花，花白了头发，却给了我们寒风中坚强的翅膀。

　　蓦回首，春夏秋冬串起的脚步中因有您的陪伴而变得更加充实，愿在之后短短的时间里，共度静好时光。①

　　阅读这段短文，我们可以深切地感受到教师给予学生的智慧支持和舐犊情深的关爱。马克思在《1844 年经济学哲学手稿》中有一段优美的话："我们现在假定人就是人，而人对世界的关系是一种合乎人性的关系，那么你就只能用爱来交换爱，只能用信任交换信任……如果你在恋爱，但没有引起对方的

19

---

① 撰写者：高二(4)班葛浠。指导教师：田晓梅。

20

爱，也就是说，如果你的爱作为爱没有使对方产生相应的爱，如果你作为恋爱者通过你的生命表现没有使你成为被爱的人，那么你的爱就是无力的，就是不幸。"①我们的学校教育，就是旨在通过教师的爱以及其他类的情感给予，让孩子去体验诸如交往、信念、尊敬、同情、悲哀、快乐、爱与互助，这样的教育将人的情绪、情感汇合在一起便会促成一种情感的美丽，也就是形成一种情感文明。② 如果我们的孩子感受到所在的学校生活空间里充满着爱与关怀的滋润、流淌着尊重和信任的芳香，便构成了崭新的教育生态。而这正是我们努力的方向。

## ▶ 第一节　情感文明学校：情感德育的实践形态

学校是学生成长的地方，也是教师度过重要职业人生的场所。无论是学生还是教师，在这样一个空间视域中，不仅需要物质需求的满足，更需要精神、情感维度的关怀。通过管理者、教师的关怀，最终让学生成为一个具有情感关怀意识和关怀能力的人。管理者、教师亦从中获得职业幸福。这样的学校，不仅仅是通过物质、制度来构建的场域，更是用心灵的力量、用精神性的力量和条件来支持的空间，在这样的过程中，就可能创造出或者说最有可能创造出情感文明。

在朱小蔓教授的指导之下，我们通过实践探索，确立了构建情感文明学校的基本理念。我们通过引导学校内外的所有相关人员，不仅包括学校的管理者、教师与学生，也包括学校的厨师、保安等员工，甚至学生家长，让这些人员建立起对情感文明及其教育的价值认同，提升他们的情感素养，进而改善学校内外的生态中的各种人际关系，促进学生生命的健康成长与教师的职业幸福。

### 一、情感文明学校的初级形态：校园情感场

我们情感教育、情感德育的研究，初始时尚未使用"情感文明学校"这一

---

① 《1844 年经济学哲学手稿》，142 页，北京，人民出版社，2018。
② 杨桂青：《情感文明：情感教育研究的新境界 —— 来自第六届全国情感教育年会的思考》，载《中国教育报》，2015-12-23。

概念，我们使用的是"情感生态校园""具有温度的校园情感场"的概念。在深入开展校园情感场研究的基础上，情感文明学校的概念才逐渐形成。

**（一）校园与育人场**

毫无疑问，校园是一个育人的场所，又因与"场"概念结合而被称作、喻作"育人场"，当然，我们不能把"育人场"单纯看作"育人的场所"的简称。

场有两个基本含义，一是场所，二是作用，育人场是一个被赋予了丰富内涵的专有名词。场若作场所讲，的确是一个日常生活概念，如此，育人场便只是表面意义上的"育人的场所"；而场原本还是一个物理学概念，物理场包括了电场、磁场、引力场等，这种场更是指一种相互的作用方式，当然也包括作用所处的时空。爱因斯坦认为，场是相互依存事实的整体，相互依存其实就是彼此间有着相互作用。受物理学启发，场也有哲学主张：存有即场有，万物依场而有，没有能够孤立存在的实体。这种对场的理解，更注重于"作用"的含义，这是相对于"孤立"而言的。所以，无论从物理学还是哲学角度看，校园这个育人场都不仅仅是一般意义上的地理学空间概念，其中更包含着实体间的相互作用及其方式。

此外，社会学中也出现了"场域理论"，它是关于人类行为的一种概念模式，同样起源于物理学。它要表达的是人的每一个行动均被行动所发生的场域所影响，而场域并非单指物理环境而言，也包括他人的行为以及与此相连的许多因素。考夫卡认为，世界是心物的，经验世界与物理世界不一样。观察者知觉现实的观念称作心理场，被知觉的现实称作物理场。显然，校园既是物理场，又是心理场；既是一种空间上的场所，又是各种实体之间的相互作用的集合体，其中的作用包括了物质的和心理的作用。所以，从社会学角度来看，校园这个"育人场"还是一个复合概念，除了表明"场所"，它更能凸显两种世界中不同个体、群体之间的相互作用——心理世界与物质世界，这些作用是相互叠加的，是复合的。

**（二）校园情感场与富有情感特质的教育生态**

生态原本是一个生物学名词，是指生命体在一定条件下存在、发展的状态、样子。伴随着人们对美好生存状态的求索，生态一词被赋予了更多健康、美好、和谐的意义、内涵，并被引入了教育领域，教育的现状与发展样子就

21

是一种教育生态。

在学校中，每一个个体都是具有情感的个体，人与人之间的交往总是伴随着情感的表达与接收、反馈，离开情感谈教育、"做"教育既是不现实的，也是不可能的。忽视情感的作用，并不意味着情感不存在、不产生作用，它只会使得对情感的认知更加缺失，情感的表达更加盲目、随性，情感的相互作用更加不可预知、不可控，本该起到积极作用的，却达不到预期甚至出现负面性。现实中，这种状况是或多或少存在的，从当前来看，基础教育的教育生态并不十分理想，师生关系淡漠，校园中人情味不足等问题比较突出，这并不符合人们对于"生态"的美好期许与向往。究现象之根源，从师范教育开始，直到后期的教师继续教育，就一直缺乏情感教育方面的专业课程、培训，师范生、新教师、成熟教师，都普遍缺少教师情感方面的专业知识、技能。事实上，朱小蔓教授所提倡和从事的情感教育的现实意义就在于此，尤其是她近期领衔的"教师情感表达与师生关系构建"项目，更是要从师范教育开始，就要给予现在和未来的教师们以足够的教师情感方面的专业知识、技能，同时更要借助该项目引起教育者对于情感表达的重视，使得他们愿意并学会通过良好、正确的情感表达来构建和谐、融洽的师生关系，最终有效提高其教育教学质量，最终深层次地改变中国基础教育的生态，这正是该项目的核心思想与宏远目标。其实，新一轮基础教育课程改革之所以提出三维目标，并且显著突出其中的"情感态度价值观"维度，其初衷也应该就是要改变基础教育的"无情"生态。

既然校园是个场所，其中充满着来自不同个体的种种情感以及又无时无刻不存在的相互间情感作用，所以，毫无疑问，校园就是一个"情感场"，我们称之为"校园情感场"。"校园情感场"是一个以校园为基本存在和作用范围的情感场，情感主要生成于校园，主要存在于校园，作用的主客体（至少有一方）也离不开校园。须指出，由于场的辐射性特点，其在空间上也可延伸至校园外乃至社会所有场所，在时间上可持续到长久的未来，在作用对象上可涵盖各种身份的人。即它是一个广义概念，大到校园及校园所依存的社会，小到班级、小组都是场、都存在场，乃至每个个体也能自发或"受感"而产生场，校园中的一切存在（从制度建设至一草一木及所有的人、事、文化氛围等）都是校园情感场的直接反映。

　　人们身处的空间看似是一个物理的场，但是由于这种物理场中的主体是能动的人，校园中即便是花草树木，由于注入了教育者的情怀，也就带有了情感意蕴，即带有激发更大情感场的可能性。人的主体性又会互相激发，从而产生更强大的场，这种被激发的场是无法用量来衡量的，它具有无限性的特征。就这种情感场而言，一个很小的情感因子，都可能产生几何级的威力。它不同于在水面丢下一粒石子，石子可以激起水面的涟漪并向四周扩散，但是由于石子冲击力的有限性，越往外力量越弱，在某个范围就会消失了。人存在的情感场则不同，由于每个个体都是有生命的情感主体，情感之间的相关感染、相互激起，会让这种泛起的情感涟漪无限放大及至无穷。

　　我们有一个典型的例子，出现在我们的一次学校运动会的入场式上。一般情况下，入场式时，各个班作为领队举着班牌的同学，都是班级中个子高或者长得漂亮的孩子，而那天，高一(1)班的举着班牌出场的领队却是一位坐在轮椅上的女生。当她出场的瞬间，全场学生、家长和老师不约而同地向她报以热烈的掌声。在那一刻，这位女生的出场，激发了人性中最柔弱、最纯美的情感。

　　每个情感因子激起的情感场，是不可以用物理的手段来衡量的，它具有无限性。因为其具有无限性，也就意味着其具有了更大的教育可能性以及更强的教育感染力。就教育应有的诉求而言，在我们所期待的校园情感场中，每个个体都是参与者、构成者，成为激起情感波澜的因子，同时，在这个场中的每个个体，又因为他者的激起而成为受益者。这正是我们所期待的教育生态，一种富有情感特质的教育生态。

### （三）校园情感场生态与具有情感"温"度的育人场

基于上述内容，我们所诉求的校园情感场是具有温度的，当然，这种温度是一种情感"温"度，身处其中受"正向作用"的人会自觉、自律、要好起来，如同铁质在磁场中被磁化一般。

温度原本是一个基本物理量，它表示物体的冷热程度，被广泛应用于自然科学领域，其实质是微观粒子的热运动（平均动能），运动程度越剧烈温度越高。任何环境下都有温度，只是高低不同。人体对温度有较敏锐的感知与感受，当温度过低时，人会感到寒冷，当温度过高时又会感到炎热、炽烫。人们之所以把春天而非夏天描述为温暖的，就是因为他们对于此时的环境温度感到舒适，这种温暖是一种不冷也不热的感受，是恰到好处，乃至心情愉悦。人们对于冷暖的感知和表述不仅仅局限于触觉，也往往转移或反映在心理上。例如，当春风拂面时，人们发自内心地感叹："春天真温暖啊！"这种温暖，显然是从触觉转移到了心理，而冬天时寒风瑟瑟，身处其中的人又会情不自禁地感叹："冬天太寒冷！"这种寒冷，当然也有心里的感受。再如，当人受到冷落、误解、欺凌时，心里会油然产生一种凄凉、冰冷的感觉，而当人受到他人的帮助、关怀、爱护、鼓励时，又会由衷感到心中是暖暖的。

由此，不难看出，情感也是有温度的。从方向性来讲，情感有两类，一类是向内的，是人内心中的情感，一类是向外的，是表达出来可被他人感知的情感，但无论是哪一类，都可用温度来衡量。尤其是外向的这一类，能让人感到舒适、愉悦的，就是一种温暖的情感，也可以说就是"温情"，如果让人感到恐惧、失望、压力、疯狂等，就是寒冷或炽烧的情感。我们所期望的校园显然是一个温情校园，而场本身就是一种生态，换言之，我们所试图建立的校园情感场生态应该是一个具有情感"温"度的育人场，需强调的是，这里是"温"度而不是"温度"。"温度"是任何情形下都存在的，绝对零度也是温度，正向、负向情感都有"温度"，而我们这里所说的"温"度，是特指情感的，主要是指那些正向的情感，如爱、信任感、尊重感、宽容心等。其中，爱是核心，即便有时表现为负向，但必须是让接受者内心生起温暖。例如，教师对于学生的某些表现虽然流露的是失望或担忧，但学生感受到的却是老师真真切切的关爱，知道是真心为他着想的，于是，他的心中依然是暖暖的。

此外，情感还具有发展性，它伴随、引领、促进人的成长。学生能感知到情感的"温"度，他自然就会做出正面、积极的回应，渐渐实现心理、人格以及学业的成长。在这里关键的问题就是要让学生可以感知，这种感知一是要靠适当的培训、引导，以帮助他们加深情感接收的敏感性，二是需要外界所表达的情感具有足够的"温"度，让人可以感知到，好比人只有触摸到高于自己皮肤温度的物体才能感觉到暖意。而这高出自身原有温度的温度，好比是情感的"最近发展区"，而这种发展的结果不仅仅是情感的提升，更是人的正面成长。

于是，我们在校园里所要构建的具有情感"温"度的育人场最终指向的就是人的正面成长，是以人为本的，是以人的发展为根本目的的。

总之，这样一种"校园情感场生态"是具有场特质和场作用、具有正向情感作用的理想生态，在这个生态体系中，一切都是自然的（在不知不觉中受教育、受启发、获得成长），一切都是有"温"度的（人、事、物都表达着积极的情感），一切都是活的、在生长的（正面成长）。处于这样的生态中，犹如沐浴着冬日的暖阳，浸润着和煦的春风，吸吮着甘甜的乳汁，但偶尔也如同拂过一阵夏日里的清风般惬意！它将改变校园面貌、教师形象、课堂形式，更将改变教育的生态以及教师、学生、家长的理念，实现校园中所有个体的健康生活、愉悦生长、和谐共处！

## 二、情感文明学校的基本架构

随着研究的深入我们发现"校园情感场"这个概念尚不能将我们的思想观念与教育诉求完全纳入其中。因为，校园情感场系统并不容易深入展开，如果要将课堂教学、家校合作等纳入其中，校园情感场这个概念的包容性还略显不够，于是"情感文明学校"这个概念，便被擎举了出来。

经过对情感教育、情感德育的持续探索，目前我们已经初步形成了学校情感文明建设的基本模式，包括五大架构：学校与班级情感环境建设、"情感—交往"型课堂教学改革、学校情感德育课程化实践、引导家庭情感教育及教师情感胜任素质提升。

营造以信任与关怀为核心的情感场是学校环境建设的重点。师生之间、

25

生生之间的关系尽管可以有各种规定性，但能否建立起彼此之间的信任关系是首要指标，自付款超市、敞开式图书借阅等无不体现着教育者的信任。在信任的基础上则需要达成关怀，为每位学生准备的雨披、类酒吧式的餐厅等是对于师生关怀的物质与制度显现。学校物质、制度以及人与人之间的信任与关怀，形成了具有温度的校园情感场，其他的诸如尊重、爱等各类情感才能充裕。

学校情感文明建设的中心环节是"情感—交往"型课堂实践。"情感—交往"型课堂并不忽视认知和技能对于课堂学习的价值，该课堂只是更凸显了情绪情感的重要性，以及更重视情绪情感与认知之间的互动关系。"情感—交往"型课堂提取了影响学生与他者（含学习内容、他人与自我）情绪交往、认知交往和情感交往的敏感因子，并分别提出了相应的教学策略。

学校德育实践课程中的学生情感素养课程，是专门指向学生情绪情感发展的独立式课程体系，该课程体系从两个维度展开，一是丰富与提升学生的同情心、尊重感等情感品质与种类，二是提升学生情感觉察、情感管理与情感表达的能力。该课程由情感教育理论研究者与一线老师共同设计研发，具有操作性、体验性、系统性等特征，每节课除了教学方案和PPT，还有工作纸、视频等丰富的材料供教师选择使用。

家庭是个体情感的生长点，如果学生在其家庭中无法获得归属感、悦纳感等情感满足，自然会表现出各种情绪与心理问题。吊诡的是现在不少家庭的教育喧宾夺主，放弃其最首要的情感教育而只重知识与技能教育。引导家庭教育改革，重点是引导家庭回归其情感教育的应有轨道。我们组织了研发团队，分年级研发系列的家庭情感教育课程，并利用家长学校讲座、千聊直播、分年级家长成长微信群等形式进行引导。

前四类子项目的实践成败，主要取决于教师情感胜任素质的高低。教师情感素养提升工作坊便是旨在推动教师情感胜任素质提升的重要路径。情感是关系中的体验，工作坊摒弃了说教和机械训练，通过视频、体验式活动等方式，激发教师产生相应的情感体验，丰富情感品质，提升情感能力。

## 三、情感文明学校的基本特点

在实践探索的过程中，学校情感文明建设运行的基本原则也逐渐明晰，对这些原则的理解与遵守，是学校情感文明建设得以实现的有效保障。

**（一）受教育者与教育者共同观照：情感文明学校的逻辑基点**

过去的情感教育，更多指向学生的情感发展，对于作为教育者的教师、家长、学校管理者及后勤人员等的情感素养关注与指导不够。事实上，情感具有强大的感染性，凡是对学生构成教育影响的成人，都有可能成为学生情感发展的促进者或者阻碍者。比如某食堂师傅打菜时对教师的恶劣态度有可能会让教师产生坏心情，进而传导给学生，进而学生又波及家长，家长的负面情绪再次反向传导给学生，学生又带着负面情绪来到学校。这或许就是情绪的蝴蝶效应——一种恶性循环。可见，学校的情感氛围是一个复杂的生态系统，只有提高学校内外所有相关人员对情感的价值认同，提升所有相关人员尤其是教育者的情感素养，才能真正构建起具有温度的学校情感场。

**（二）认知与情感和谐共生：情感文明学校的应然使命**

学校自加入朱小蔓教授情感教育研究项目之后，对教师做了摸底调查，发现教师面对情感教育存在三类看法：第一，一些教师认为情感教育尽管有道理，但是考试中很少考核情感目标，进行情感教育会减少认知教学的时间，担心会对考试成绩造成负面影响；第二，能够认识到情感教育的重要性，认同情感对认知的促进或者阻碍作用，但是他们只是将情感作为知识学习的工具，忽视了情感自身也是要发展的目标之一；第三，教师不仅承认情感对认知的促进作用，也试图将情感作为学生发展的重要目标，但是如何处理认知与情感的关系却成了问题，要么为情感而教，要么为认知而教，很难达到认知教育与情感教育的融合。

以上三类问题并非我们学校的特例。通过调查发现，此类现象在其他中

28

小学也普遍存在。厘清了问题才好解决问题，我们的解决之法，是以情感文明建构统领全校工作，通过情感生态课堂教学改革、教师情感工作坊等多种路径，引导教师提升对情感教育的价值认知及实践能力。尤其是通过"情感—交往"型课堂教学改革，有效地处理了情感信息流与认知信息流之间的交互关系，促进了知识和情感的和谐发展。

我们的努力获得了上海师范大学刘次林教授等的积极评价。刘教授对情感教育在南通地区尤其是田家炳中学的发展历程进行了一个概括，将其分为三个层次：教情感；通过学科知识完成情感；看似不教情感，但整个课堂的形式和内容充盈着情感化。第三个层次应该是达到了比较高级形态的情感教育——情感文明教育的形态，即情感教育镶嵌在认知教育中，与认识教育达到了共生状态。

**（三）理论与实践相携共契：情感文明学校的机制保障**

由于情绪和情感异常复杂，无限纷繁，它与人们行为之间的联系，常常使人迷惑不解，故而人们对情感的价值、效应以及如何开展往往缺乏有效的把握。一段时期以来的情感教育实践，更多地停留在非教学性的师生交往方面，比如，关爱学生、宽容学生等，但若不抵及课堂中师生的教学性交往，不关注教学中的认知与情感如何互动，则达不到情感文明教育的层次。

为了将学校教育水平提升到情感文明教育的层次，学校管理者摒弃了传统的单纯请专家来学校做理论讲座，或者同事之间的同质化交流等方式，依托朱小蔓教授研究团队，通过专家系统化指导和教师行为跟进及全过程反思相结合的"行动研究"的方式，保障了该研究的持续有效性。

**朱小蔓教授等指导学校课堂教学**

我们学校情感文明教育的"行动研究"，大致包括这样几个环节：①选择种子教师，加入到朱小蔓教授领衔的情感文明教育研究团队；②专家进入学校了解教师授课现状；③专家对种子教师进行情感文明教育的系统化培训（比如学习团队研发的《"情感—交往"型教学观课指南及教学策略》，开展"教师情感素养提升"工作坊）；④种子教师反思自己的教育教学实践，在专家指导下设计基于情感文明理念的教学活动和教育活动；⑤对相关实践活动进行录像或现场观察，教师自身进行反思，专家进行评价指导；⑥教师重新调整自己的教育教学活动。

### （四）人化与自然共同濡染：情感文明学校的影响路径

从情感教育实施路径的发展历史看，情感教育经历了从通过入学仪式、感恩教育等主题活动式的单独教情感，到进入课堂教学通过学科知识教情感，再到看似不教情感但课堂的形式与内容处处充盈着情感这三个过程。单独教情感或者通过学科知识教情感，尽管有效，但是毕竟人化的成分太多。文明的情感教育更多靠自然浸润而非人化冲击。如何做到自然滋长，首先拟以看似不易开展情感教育的数学课堂为例，教师通过精巧的知识设计，一个题目生发出另一题目，题题相扣，层层递进。少一题则难度太大，多一题则重复拖沓。最后不仅知识技能目标巧妙达成，学生的探索感充分展开，学生更感受到了知识点相互勾连的逻辑之美，以及教师对于教学的热情与高超的教学艺术之美。

濡染的方式运用于文科，更显其魅力，在教师精心设计的教学活动中，巧妙地将指向了学生的问题，并非刻意为之，却处处打动心灵，启迪生命。下面的一则案例便是一个比较典型的例子。

**【案例背景】**

"别和我说话，我正在叛逆期！"办公室里，凯凯（化名）倔强地横着头，脸色暗沉，眼中透着不屑，嘴角紧锁，他用尽全力地宣告着自己强烈的存在感……

"这孩子，怎么就这样了呢？我和他妈妈恨不得掏出心给他，但凡他有一点点良心，都应当体谅父母的艰辛，是吧，老师？"凯凯的父亲痛苦得无法自拔。

我倒上两杯茶递给了剑拔弩张的父子俩。对凯凯的嘀咕——"说得好听，什么时候把我放在心上了，只知道对我提要求，只认识分数！"故作未闻。

我说："这样吧，上课时间到了，孩子先跟我上课去吧！回头我们再聊，好吗？"僵持着的父子俩都没有反对。

【案例过程】

今天学习《散步》这篇文章，文章虽短，却可以引发深刻的思考。凯凯坐在前排，脸绷得紧紧的，貌似无心于课堂。"同学们，现在看看顾老师家近年的两张全家福，说说，你们都发现了些什么？"学生对老师的敬畏感是长久的师道尊严思想的沉淀，但每个孩子的内心都渴望每天陪伴着自己的老师能够成为启发他们精神的媒介，渴望老师的共鸣。与孩子们分享自己的生活的导语瞬间打开了他们的心扉。

凯凯不由自主地说出了他的发现："多了！少了！"

"多了谁？少了谁？"我趁热打铁。

"多了一个小孩，少了三个老人！"

"是的，你很细心。多的是我的幸福，少的同样是家中的宝贝。"我沉重地说，"所以，我会抓住一切机会，在他们还能走动的时候，带着他们享受生活之乐，留下幸福的瞬间，提醒后人，生活的真谛是使家中的每个人都能满足快乐！如果爱是左右手，我们把一只递给了孩子，一只递给了老人。"我悄悄用眼神去提示凯凯，他，若有所思！

"都说带孩子越带越快乐，老人越带越无趣。因为孩子会成长，越看越有意思；老人只会愈发衰老，越来越麻烦。但是，文中的'我'却决定委屈儿子，坚持照顾母亲走大路，这个决定容易做吗？"一个需要孩子全面思考的问题产生啦！学生们七嘴八舌地讨论起来了："不容易，要得罪人！""得罪谁？""妻子！妻子爱儿子！""儿子！""母亲也会得罪，奶奶也是爱孙子的！爸爸吃力不讨好！"我笑了，这些机灵鬼，看来，平时没少观察家庭关系。

"凯凯，你觉得这个决定做得好吗？"凯凯愣怔了，他在思考，答案让人吃惊："决定做得不好，不能两全，但似乎没有更好的方案！"

"那么，这是目前最好的方案？委屈儿子的方案也是最好的？"接连的追问迫使凯凯权衡……

"是的，最好！"

"看来，基于爱的委屈也能令人甘之如饴？"我倾下身子，亲切地询问他。

"当然！"他肯定地回答。

培根说过一句话："哺育子女是动物也有的本能，赡养父母才是人类的文明之举。"《尔雅》中说："善父母曰孝。"《说文解字》解释"孝"为"善事父母者"，善事即为"顺从"。"请具体解释'顺从'！"孩子们沉默了，凯凯低下了倔强的头。我心中暗叹口气。播放了视频短片《感恩父母》，一段短片下来，女生们已经眼眶浸湿，男生们也肃然沉思。"那么，请再次朗读'走大路'的决定！""走大路！""走大路！""走大路！"坚定的朗读声中已经有了凯凯的铿锵。

……

课堂在情感的浸润中逐渐走向尾声，学生们在本课中已经基本体悟到中年人对于家庭历经早晚、坚守四季的担当和浓浓的家庭责任。凯凯在我的要求下声情并茂地朗读了"我的肩上和他的肩上就是整个世界"！

我的目的有二：赏析语句的含义；暗示凯凯父母的不易，唤醒孩子善良的本性。此时，凯凯的眼睛中已经再现清纯，笑容平和……我能察觉，孩子的情感已经悄悄发生了变化。

最后，我为本课设计了这样的结尾："以屋顶盖心的图案作为'国际家庭年'的标志，昭示人们用生命和爱心去建立温暖的家庭。PPT《全家福》讲我家的家庭日的故事。说说你要把哪天作为你家的家庭日，为什么？"

凯凯的回答令全班动容："今天吧，今天将是全新的开始！"

"孩子，真棒！如果爱是左右手，就该一只递给历史，一只递给未来。我期待有爱的未来！"我在他面前竖起了大拇指……①

### （五）学校与家庭砥砺共进：情感文明学校的行动旨趣

我们充分认识到，与认知教育相比，学校情感文明教育的成败受家庭教育的影响更大，因为，父母的情感特质、教养方式、家庭生活氛围等直接塑造了学生的情绪模式与情感基调。因此，学校必须肩负起引导家长进行情感文明教育的责任，否则，如果家庭进行的是非文明的情感教育，呈现为一种

---

① 撰写者：顾雪梅。

32

强迫式的、以负性情绪体验居多的家庭教育活动，那么学校的情感文明教育就很难获得成功。

为加强对家庭的引导，学校除了密切平时的家校合作、正常召开家长会之外，还邀请家长参加青春仪式、诚信宣誓、远足等多种活动，尤其是邀请家长进入"共创成长路"的班会课堂听课。① 这些实践活动，目的是引导家长加强对学生的情感关怀，营造具有温度的家庭情感场，进而促进家庭情感文明程度的提升。

## 四、情感文明学校的实践原则

情感与认知差异很大，根据情感形成的独特性，以及当前情感教育存在的问题，我们提出情感文明学校实践的基本原则，以保证情感文明教育的顺利实施，提升情感文明教育的实效性。

### （一）非强制性原则

外在的强制方式，对教育并非一无是处。一定的强制方式，可以促进学生某种认知和技能的形成，因为人们可以观测到强制教育之后学生认知和技能的改变。不过情感的生发却无法采用强制的方式，情感本质上是非常自由的，比如无法强迫一个人爱上另一个人，情感一旦成了一种礼法规范、一项必须完成的义务，它就不再是情感。②

情感生发之所以无法强制，源于情感过程的特殊性。情感包含着主观体验、生理反应和表情行为三种基本的成分，其形成是一个关涉神经生理、心理倾向和行为表现等成分的复杂过程。在神经生理学上，情感与人的先天程序基础上的神经激发相联系；在心理倾向上，情感是经需要、期待和认知评价而获得的主观体验；在行为表现上，情感基本属于面部的表情或动作姿态。要真正形成一种情感，主观体验、生理反应和表情行为三者缺一不可，"三者的结合才能构成一个完整的情感过程"③。

你可以强制学生做出一种表情行为，却无法让学生形成某种内在的主观

---

① 《共创成长路》是田家炳系列学校选用的班会课程，其具体介绍见本书第四章第二节。

② 邓晓芒：《灵之舞——中西人格的表演性》，北京，东方出版社，1995。

③ 卢家楣：《情感教学心理学》，上海，上海教育出版社，2000。

体验，更难以强制其产生某种生理反应。因此戏剧活动家、表演理论大师斯坦尼斯拉夫斯基说：要获得情感靠下命令是不行的，而应采取其他办法。[1] 不能命令和强制，那只能引导。引导的方式有两种："以情生情"与"以境生情"。情感具有感染功能，当一个人感受到他人的情感体验时，也会引起自身相应的情绪反应，即"以情生情"。所谓"以境生情"，指的客观环境作用于某人时，该环境与人的经验、需要、预期等相互碰撞，诱导人产生某种情绪情感。

### （二）序列化原则

与认知发展一样，情感的发展也具有阶段性的特征，在某一年龄阶段有其发展的重点，人生的某个时期是某种发展的关键期，这样情感教育就有一个目标序列化的问题。但是目前很多实践者对此并不关注，比如小学、大学都可以将责任感作为重点来培养，也都可以将信任感作为重点，这种情感教育的无序化倾向，自然导致情感教育的低效甚至无效。

认知教育之所以有序，因为有皮亚杰儿童认知发展阶段论等非常经典的研究，而目前儿童情感发展阶段的经典研究还很少，许多实践者并不熟知。朱小蔓教授和梅仲荪研究员曾经对不同年龄儿童情感发展的重点进行了梳理，认为儿童生命发展的各个阶段，其情感发展都有独特的主题与节律，情感教育如果可以遵循这些发展的脉络，按照"教学走在发展的前面"的原则，可以起到较好的教育效果。[2]

不同年龄儿童情感发展要点及其教育策略

| 年龄特点 | 关注要点 | 教育策略 |
|---|---|---|
| 依恋的 0 岁 | 依恋感 | 重视关注性的满足 |
| 好动的 1 岁 | 安全感 | 重视安全性的保护 |
| 可爱又"可怕"的 2 岁 | 信任感 | 重视支持性的参与 |
| "听话"的 3 岁 | 秩序感 | 重视尊重性的引导 |
| 模仿的 4 岁 | 自主感 | 重视榜样的示范 |

① ［苏］雅科布松：《情感心理学》，王玉琴等译，哈尔滨，黑龙江人民出版社，1997。
② 朱小蔓：《情感德育论》，北京，人民教育出版社，2005。

续表

| 年龄特点 | 关注要点 | 教育策略 |
|---|---|---|
| 好问的 5 岁 | 探求感 | 重视积极的鼓励 |
| 合群的 6 岁 | 认同感 | 重视合作性的互动 |
| 规范的 7 岁 | 成长感 | 当一名小学生自豪感的教育 |
| 好学的 8 岁 | 勤奋感 | 培养学习兴趣、鼓励刻苦学习，进行磨砺教育 |
| 友谊的 9 岁 | 友爱感 | 培养相互交往中的友爱感 |
| 上进的 10 岁 | 进取感 | 培养天天向上的进取感 |
| 迷惘的 11 岁 | 自爱感 | 培养自我认同的自爱感 |
| 冲突的 12 岁 | 自尊感 | 培养自我肯定的自尊感 |
| 闭锁的 13 岁 | 自立感 | 培养自我要求的自立感 |
| 重义气的 14 岁 | 自强感 | 培养自我激励的自强感 |
| 幻想的 15 岁 | 美感 | 培养自我欣赏的美感，进行追求真善美的教育 |
| 花季的 16 岁 | 责任感 | 培养学会负责的责任感，进行自我要求教育 |
| 憧憬的 17 岁 | 成人感 | 培养学会关心的成人感，进行追求理想的教育 |
| 成熟的 18 岁 | 使命感 | 培养学会反思的使命感，进行崇高的使命教育 |

### （三）生命统整原则

一个完整的人，其生命既有物质形态的需要，也有形而上的精神追求，既有理性的向往，也有情感的祈望。基于这种认知，情感教育的实践必须与认知教育等结合起来，促进人生命的整体发展。

之所以课程标准中规定了情感目标，但是实施起来却大打折扣，一个很重要的原因在于，实践者们常常将情感教育与认知教育割裂开来，没有在发展学生情感的同时，发掘出情感教育对于认知教育的巨大促进效应。2011 年，朱小蔓教授在江苏如东举办的第二届情感教育国际论坛上，结合教育的新发展，提出了一个新的定义，认为情感教育是指在学校教育、教学中关注学生的情绪、情感状态，对那些关涉学生身体、智力、道德、审美、精神成长的情绪与情感品质予以正向的引导和培育。这一定义强调了对于学生整体生命的关注，突出了情感教育与认知教育、道德教育等的相互关联性。如果一所学校的情感教育如火如荼，但是认知教育、考试质量却比较糟糕，最终的结果基本上是两种情况：要么情感教育仅仅是学校的外在包装，要么情感教育被学校抛弃。

基于生命统整的原则，情感教育者在学生情感领域耕耘的同时，必须要能够促进学生认知、技能等各个层面素质的发展，尤其是把握好情感与认知的互动性关系，唯此情感教育才能够获得健康而持久的发展。

## 第二节　情感文明教育改善学校生态的机理分析

自 20 世纪 90 年代以来，国内情感教育的理论与实践研究开始起步，2001 年国家基础课程改革提出情感目标后更是广受关注。但是迄今为止，实践中对于情感教育，仍然存在着误解甚至错误认知，归纳起来至少有以下四种情况。

第一，干扰论或者无用论。这一类教育者仍受认知主义的禁锢，认为考试中情感目标很少考核或者根本就不考核，进行情感教育会减少认知教育的时间，进而对考试成绩造成负面影响。这种观点的本质是情感教育无用论，即没有看到情感对认知或者说对考试成绩的促进价值。

第二，标贴论。该观点认为，知识与情感是不可分割的，只要处理好了知识教学，就等于实现了情感教育。持此观点的人认为，只要是好的课堂，一定可以说成是情感教育的课堂，发表文章和课题研究就可以贴上情感教育的标签。在这些论者的眼里，情感教育是个虚空的东西，根本算不上一个学科，认为情感不可逻辑化，很难形成一套完整的策略体系。

第三，工具论。该观点持有者认识到了情感教育的重要性，但是他们只是将情感作为促进知识学习的工具，忽视了情感自身也是发展的目标。诚如叶澜教授所说，不少教学论著作也强调教育过程中注意调动学生的情感，对情感的重视，实际上是把它作为服务于学习的手段，情感教育成了认知教育的奴仆。

第四，割裂论。此种类型在实践中表现为一种跷跷板的样态，平时授课时仍是认知为先，而在公开课、研究课时则特别强调情感，导致认知教学却被无意中矮化了。应该说这一类老师的问题不在于轻视情感教育，而是在实

35

36

践中不能够有效地处理情感教育与认知教育之间的关系，无法有效统整知识教育与情感教育。

上述四类问题尽管表现不一，但引起这些问题的根源是类似的，即这些观点持有者，对于情感教育的价值及内在运行机理都缺乏必要的认识。本节将对此详加阐述。

情感教育在实践中有两种基本目标——本体性目标与工具性目标。本体性目标，是指将学生的情感发展作为教育活动的直接目的，情感的发展与认知发展，对学生的生命发展而言，同样重要。工具性目标，指的是将学生的情感作为手段，以之促进学生的认知、技能等诸方面的发展。

## 一、情感对于学生生命成长的价值意蕴

齐美尔对体验与表达的生命特征分别给予了说明，他认为："我们在自身的生活中体验到生命的内容。这种体验实际上是心灵把握生命的活动……生命根据包括在体验中的形式的原则来创造对象。它为世界创造了艺术、知识、宗教等对象，而这些对象都有自身的逻辑一致性和意义，独立于创造它们的生命。生命在这些形式中把自身表达出来，这些对象则是生命的审美、理智、实践或宗教的能动性的产物，它们也是生命的可理解性的必要条件。"[1]

参照齐美尔的观点，我们可以把情感分为两个层级：一个是生命体验层级，一个是生命创造层级。所谓生命体验过程是齐美尔所认为的"生活内化生命阶段"，就是学生把生活感受转化为情感体验；所谓生命创造层级，就是学生把生命体验借助表情、言语、动作等形式展现出来，相当于齐美尔的"生命根据包括在体验中的形式的原则来创造对象"。体验是一种内化的过程，创造是一种外化的过程。无论是内化还是外化，情感对于生命本身，都具有强烈的价值性，具体言之，情感对于学生的生命发展的作用表现为以下三个方面。

### （一）指向学生情感发展，体现对学生生命整体性的关怀

在上个世纪的末叶，瑞士有一位名叫尤金·布勒尔的心理学家以精神分

---

[1] 刘放桐：《现代西方哲学》，202页，北京，人民出版社，1981。

裂症研究而闻名于世。他的学生们在医院中曾遇到一位严重的精神分裂症患者。无论采取何种方法他们都无法使病人作出回应。因此，他们向布勒尔博士求助。博士走进诊室，学生们在外守候，他们幸灾乐祸心中窃喜，以为这一次博士也会失手。不料大约 20 分钟以后，门开了，博士和病人手挽着手走了出来。病人脸上布满了泪痕。显然，他刚刚经历了一次真情反应和情感发泄。当目瞪口呆的学生们向博士讨教，究竟他采用了什么高超的科学方法时，博士淡然一笑，"我哭了一场，他也哭了一场。情况就是这样"。①

上面的案例反映出，人的心理问题主要体现为情绪问题。当人的负性情绪累积过多便会造成心理问题。事实上，当前中小学生存在的心理与行为问题，也与这些学生情绪觉察与调控能力不足相关，更与其情感满足缺失，负面情绪积蓄过多相关。而造成这些问题之根由，便在于学校、家庭、社会过多地关注学生的认知、能力，而忽视情绪情感，换言之，就是忽视了学生生命的整体性。

马克思指出："人以一种全面的方式，就是说，作为一个完整的人，占有自己的全面的本质。人对世界的任何一种人的关系——视觉、听觉、嗅觉、味觉、触觉、思维、直观、情感、愿望、活动、爱，——总之，他的个体的一切器官，正像在形式上直接是社会的器官的那些器官一样，是通过自己的对象性关系，即通过自己同对象的关系而对对象的占有"②。学生的个体生命既有物质形态的需要，也有形而上的精神追求，既包括理性的追求，也包括非理性的祈望，既包括认识的需要，也包括情感的欲求。但是长期以来，教育忽视了学生情感层面的发展，过分崇尚唯理性的教育，无限放大知识教育，从而扭曲了学生的生命发展，人成了"单向度"的人。

面对着教育中对学生情感层面的忽视，基础教育课程改革、学生核心素养培养等都提出了情感层面的目标要求，体现的正是对学生生命的全面性与生命教育的认可，这与情感文明教育的宗旨是不谋而合的。

① ［美］艾伦·弗罗姆：《爱的力量》，赵文丽译，176～177 页，北京，光明日报出版社，2002。
② 马克思：《1844 年经济学哲学手稿》，81～82 页，北京，人民出版社，2018。

## （二）促进学生情感发展，彰显了学生生命个体性的尊重

### 标点的故事①

在这个平凡而又美好的世界里，生活如同一串又一串的文字。是一个个标点，将我们的人生划为几个部分，让它们在回忆的长河中是那么的工整与清晰。

#### 标点到来之初——故事刚开始，一片黑暗

在您出现之前，我的生命里没有标点，只有满眼的文字，满桌的作业。过于被动的学习，占据了我整个生命。我整天神游在自己的世界里，被骂也无所谓，考砸也无所谓……

#### 标点就在我最无助时降临了——故事转向好的一面，接近清晨

这一年，我的成绩下滑得很厉害，尤其是数学。您是我们的新老师，我想您本会把眼光放在所谓的学霸身上。但是，您却没有这样，您注意到了我。您找我谈心，您有一句话被我记得很深："就算所有的人都放弃了你，你自己也不可以放弃自己！"您给我上了一堂思考启蒙课。此外，您还分外注意着我的习惯与正确率。在这一点一滴下，我的数学竟从82分升到98分。老师，谢谢您！在我最无助的时候，"标点"降临，让我本来混沌的学习清晰了起来。

#### 标点在我最迷茫时发光了——故事走向高潮，天快亮了

在您的辛勤付出下，我逐渐变成了班级中数学的佼佼者。正当我沉浸在进步的喜悦中，打击却降临了——期末失利了。无奈的我又一次想放弃，这时，您否定了我的选择："我觉得，考得真实，就是最棒的！"您抚摸着我的头，对我说，"加油，你可以！"这天晚上，我望着星空，发现：即便是夜晚，星星们却闪烁着，路灯们也亮着，其实黑夜并不是没有希望。这一刻，我懂了您的话，当时，我好感动，心里感激不尽，嘴里却如塞满了棉花。感谢的话始终没有说出口，却永恒地存在于我心，我决定发奋与努力。

果真，我想放弃的念头错了：在第二学期中，我竟连夺了几个满分。那一刻，您看着激动的我，笑了；我也笑了，傻傻的，而感谢的话依然没有说出口。

---

① 撰写者：刘子禾。

标点在我想说谢谢时离开了——故事结束了，此时已是明媚的早晨

天下没有不散的筵席，与您相处了 3 年，毕业大考在不觉间来临。因为过得毫无知觉，所以标点在不觉中走出了我的世界，当我怀抱累累硕果想道一声"谢谢"时，才猛然发现，您离开了，这个陪着我走过 4 年数学路，给我鼓励与帮助的"标点"已默默离开了我的世界。天，亮了，可在夜晚为我照明的标点呢？从此，我心中对您除了感激，还有几分歉意。

回首标点——回眸这个故事

有人说："数学用不着标点。"不，数学比语文更需要标点，这 3 年，我体会了它是多么重要，正因为他给了我太多，我才明白——标点您不会永远拥有，感谢要说出口。

就让我带着怀念、感激及几分歉意，回首这个故事吧！这之后，我便要自己去划分人生的段落，点上人生的标点。只是，不管之后有多少美丽的标点，第一个，却只剩下了躯壳……

以"标点"透视人生，透视与教师的交往关系，不能说不是一种特殊的个性化理解。生命是个性化的，是独特的。世界上没有两片完全相同的树叶，也没有完全相同的学生，高矮胖瘦、聪明迟钝、热情冷漠、勤奋懒惰……学生之间存在着很大的差异。因为，世界本身就是一个丰富的差异化存在的场域，教师不可以用"铁床主义"的方式去磨平学生的自我，教师要做的恰恰是保护学生的这种个性。因而，教育学要求教师在课堂上直面的是一个个具有差异的个体生命，而不是一个群体的抽象存在，抽象的"全体"是要被剔除于教育学之外的。诚如日本著名学者佐藤学所说："在教室里并不存在'大家'，存在的只是有自己名字和容貌的一个一个学生。即使在以教室中的全体学生为对象讲话时，也必须从心底里意识到，存在的是与每个学生个体的关系。"[1]

情感交流是最容易实现这种个性化互动的。在《对他人及其生命表现的理解》一文中，狄尔泰把一切生命表达从简单到复杂分为了三个等级：第一，概念、判断和较大的思想结构。从特征上来说，这类生命表达具有始终如一的同一性。它们对某些思想内容的表达，不论时间、地点和所针对的人，自始

---

① ［日］佐藤学：《静悄悄的革命》，李季湄译，39 页，长春，长春出版社，2003。

**陈永兵校长（左）与佐藤学教授合影**

至终都是不变的。以判断为例，对于同一个判断的表达者和理解者来说，该判断具有同一性。① "仿佛通过搬运，判断毫无改变地从作出判断的人的所有物转变为理解判断的人的所有物。"② 第二，行动。这是第二级生命表达。一般而言，在日常生活中某种行为都表达了某种相对稳定的心理状态，这就使得我们有可能通过推断去理解行为中相对稳定的心理状态。第三，体验表达。体验表达指一些下意识的言语和行为，如姿势、面部表情、感叹、惊叫等。体验表达不仅可以显示人们的自觉的思想和情感，而且可以显示他们自己意识不到的心理状态。③

田方林认为，狄尔泰区分的三类生命表达实质上分别就是对个体认知、意志和感受三方面内在精神状态的外在体现。比较而言，第一类表达对内部理智思想状态的揭示最为充分，第二类表达对目的等意志倾向的展示则要隐蔽得多，第三类对内心情感的彰显则最为复杂，因为体验表达中所包含的"潜意识"成分比其他两类都要多。④

情感的内蕴最具丰富性，比如教师在课堂上展现出的淡淡微笑，不同的学生感受到的信息是不一样的，优秀的学生感觉到被赞赏或被鼓励，正在做小动作的学生感受到的则是提醒，犯了错误却隐瞒老师的学生体验到的是忐忑……可见，教师同一种情感表达，对于不同的学生就构成了不同的理解与

---

① 田方林：《狄尔泰生命解释学与西方解释学本体论转向》，成都，西南交通大学出版社，2009。

② 洪汉鼎：《理解与解释——诠释学经典文选》，94 页，北京，东方出版社，2001。

③ 参见李超杰：《理解生命：狄尔泰哲学引论》，95 页，北京，中央编译出版社，1994。

④ 田方林：《狄尔泰生命解释学与西方解释学本体论转向》，成都，西南交通大学出版社，2009。

体验，每个学生都可以用自己的方式去解读这种情感，从而利于自我的个性完成。

**（三）保护学生的情感体验，助力学生达成生命的创造性**

生命是个性化的，因而也是创造的、自由的。人只有创造，才能保有生命、发展生命。"生命就是运动，不间断的运动。一切静止就是死亡。但生命比单纯的持续运动更为丰富。生命乃是在其基础上不断产生新内容的创造性运动。生命的基本特点就是创造性……因为生命富有创造性的特点，它是不断喷涌的源泉，是始终产生新形态的力量所在。"①个体生命的创造性培养，需要有合适创造因子生长的环境。马斯洛提出，"环境的作用，最终只是容许或帮助他使他自己的潜能现实化"②。教育即是给学生提供的创造性实现的环境，而艺术化是这一环境的典型特征。刘小枫在《诗化哲学》中面对当代人理性过分张扬所导致的生存论危机，提出："人应当把自己的灵性彰显出来，使其广被世界，让整个生活罩上一个虔敬的、负有柔情的、充满韵味的光环。只有在这样的环境中，人才能居住下去。这一点大概是诗的本体论的现实根据。无论是浪漫派诗哲强调神话也好，还是后来海德格尔反复吟咏荷尔德林的名句'人诗意地栖居于这片大地'，以及马尔库塞提出要把现实生活艺术化也好，都是竭力要向让人摆脱那没有情感的冷冰冰的金属世界。"③教育应该有这样的理想，尤其是道德教育，应是愉悦的教育，应该是诗化的教育。

如何实现这种诗化的德育？有一个重要的路径，就是以教师情感为引导的真善美的世界，即教师理智感、道德感、美感等所引导而生成的情感教育氛围。当学生在一个不紧张、充满安全感、舒心惬意的环境中，各种情感体验都能获得，创造性才能展现出来。

作品《青涩岁月里的蝴蝶胸针》叙写老师呵护学生的典型案例，它展现了教师的宽容之心和处理学生问题的机智，借由这一教育，案例中的学生成为一名作曲家。

通常我们把教师的这一举动作为教师爱的一种体现，但是爱无法涵盖教

① ［德］博尔诺夫：《教育人类学》，李其龙译，3页，上海，华东师范大学出版社，1999。
② ［美］马斯洛等著，林方主编：《人的潜能和价值》，80页，北京，华夏出版社，1987。
③ 刘小枫：《诗化哲学》，44页，上海，华东师范大学出版社，2007。

师这一行动的所有内蕴，准确地讲这就是一种难得的"教师宽容"。在那尴尬的瞬间，教师的这种宽容已经超越了人的自然性，它不仅仅是一种教师职业道德的显现，而是一种教师的世界观，一种处理与学生关系的行为机智，一种理性的关怀与体谅。在我们的身边，也有很多相类似的宽容的案例，比如，学生上课在写情书时，被教师发现，教师拿起这份情书，读出来的却是这位学生对家长的感恩。教育的宽容，不是一种息事宁人的溺爱，而是一种教育机智，一种教育情怀。

人类不能保证不犯错误，但人类也应该可以被宽容，因为人类心灵具有一种品质，即作为有智慧的或有道德的存在的人类中一切可贵事物的根源，那就是，人的错误是能够修正的。借着讨论和经验能够纠正他的错误。① 相信每个学生都有积极向上和自我调整的能力，给予学生更多受教育的机会，这就是教师宽容的合理性所在。当然，宽容有其限度，否则就变成了无原则的放任，何时采用宽容，以何种方式表达宽容，考验着教师的智慧。

## 二、情感对于学生认知与道德学习的价值

### （一）情感促进认知学习的功能分析

让更多的学生获得知识学习上的进步，是中学教育的主要任务。如何让学生获得更好的成绩，如何提高学校的教育教学质量，是摆在每个中学管理者和教师面前的重大命题。而情感教育，则是促进学生学习成绩提升的重要条件。

我们发现，江苏南通地区之所以高考质量在江苏省乃至全国都具有较高的水平，与南通地区教育的情感性特征密切相关。南通地区素有情感教育的传统。北宋的理学大家、教育家胡瑗，即是情感教育、情感德育的践行者。"以保宁节度推官教授湖州。瑗教人有法，科条纤悉备具，以身先之。虽盛暑，必公服坐堂上，严师弟子之礼。视诸生如其子弟，诸生亦信爱如其父兄，从之游者常数百人。"胡瑗关爱学生的传统，在南通地区迄今仍然广为流传。亲其师信其道，教师对学生给予充分的情感关怀，就能促进学生的学习进步。

---

① ［英］约翰·密尔：《论自由》，许宝骙译，北京，商务印书馆，1959。

南通师范学校第二附属小学李吉林老师的情境教育，也是情感教育的一种实践模式。新中国成立以来全国基础教育特等奖仅有两个，情境教育是其一，这是相当不易的。南通地区的中学老师对情境教育也并不陌生，故其教育思想在中学教学中亦有运用。

情感对于知识学习的重要性，事实上我们都会有这种体会：情绪好时，学习的效率很高，情绪低落时则学不进去，尤其是在紧张状态下，大脑的理性思维活动就会受阻。为什么？因为学生的情感发展可以促进其认知的发展。原因主要有两点：第一，学习的过程首先是情绪情感的活动过程。学习要展开，首先学习者愿意睁开自己的双眼，不仅觉察到对象的存在，还有进一步深入下去认识对象的兴趣和欲望，否则学习就是一种机械的训练。第二，情感促进认知活动的展开。情绪情感像是一种侦察机构，监视着认知信息的流动，它能促进或阻止工作记忆、推理操作和问题解决。相关研究表明，中度的正向情绪有助于提高认知活动的效率，如洛扎洛夫的"暗示教学法"，使用巴洛克音乐进行积极的暗示，使学生产生这种中度的正情绪，从而达到了好的教学效果。当前美国和欧洲教育界和企业界流行的 NLP 等也是通过调节学员的情绪，来激发学习潜能的。相反，有研究发现，在紧张状态下，大脑的感情中心控制认知功能，因而大脑的理性思维活动不充分，这可能使得学习受阻。如果学生整天担心被嘲弄或欺侮，他们就不可能充分注意学习。[1]

我们还可以通过数据来证实这一点。卢家楣教授在教育实验中发现，实验班（情感教学模式）学生的学习兴趣和课堂学习气氛与对照班（传统教学模式）相比有明显改善，两个班的学生在这方面的得分差异均达到非常显著的水平（$p < 0.01$），而实验班学生注意力集中的状况和动脑筋思考的积极性比对照班好得多，两者在这两方面的得分差异达到显著水平（$p < 0.01$）。此外关于某课文认知学习的检测发现，实验班在知识掌握方面比对照班好，存在非常显著的差异（$p < 0.01$）。[2]

**（二）情感对于学生道德发展的价值阐释**

关于情感是否对道德具有价值，在中国的语境中基本上不存在争议。郭

① ［美］舒尔茨等：《教育的感情世界》，赵鑫等译，上海，华东师范大学出版社，2010。
② 卢家楣：《以情优教——理论与实证研究》，上海，上海人民出版社，2002。

店楚简《性自命出》中就有："性自命出，命自天降。道始于情，情生于性。"李泽厚先生也认为，西方的"道"始于"理"，中国的"道"始于"情"。

西方人心性结构的基础不是情感，而是理性。古希腊哲学发端之时，理性始终占据着主导地位，西方哲学的含义是"爱智慧"，这种"爱"与中国古代的"仁爱"是不同的，"爱智慧"之"爱"是把智慧作为一个爱的对象，这就决定了需要不断地反思，不断超越，这就是理性的精神。亚里士多德的"吾爱吾师，吾尤爱真理"就是理性精神的典型表现。

与西方人不同，中国人的思维重直觉、体悟，与西方重推理和分析是不一样的，即便儒家追求"以礼节情""灭人欲"，也绝不是要求人寡情、绝情乃至无情，仍然追求仁爱的道德情感的建构。辜鸿铭先生说："中国人的全部生活是一种情感的生活——这种情感既不是源自身体器官感觉意义上的，也不是来源于你们会说的那种神经系统奔流的情欲意义上的，而是一种产生于我们人性的深处——心灵或灵魂的激情或人类之爱那种意义上的情感。"中国人总是长于诉诸直接在场的情感体验，形成了中国人特有的随处都能引发情感、情绪的民族特色，乃至于导致情大于法，情义胜过原则的诟病。

在我国，从学理上以情感作为道德建构的基础，将情感确立为个人心性建立的第一原则的首倡者是孔子。孔子将"情"之含义从客观引入主观，从外在引入到内在，这种对于"情"之含义的理解是一种人的主体性发挥的结果。在孔子之前，周人相信天命的存在，但也产生了"天命靡常"的观念。"修德配命""敬德配天"就是对应于"天命靡常"提出来的。"修德配命"是说只有"修德"，才能取得并保持政权，这反映了人对自身之力量的觉悟。孔子强调"知命""立命"，即个性的自我建立，个体主体性的探索追求。孔子认为，命不是必然性的"命定"，而是一种偶然性，即每个个体要努力去了解和掌握专属自己的偶然性的生存和命运，从而建立自己，这就是"知命""立命"。在对于天命的怀疑和敬畏中发现人自身的道德力量，凭借此道德力量，人可以摆脱命运的摆布，确立自主的生活。而人若要去建立自己的道德，那就必须依靠情感。

道德何以可能？孔子找到了一种普遍性的原则，这就是从孝、悌这种真实可感的家庭情感为出发点，建立起来的稳定的道德人格。人从出生到死亡，从家庭到社会，无处无时不处在父母、兄弟、朋友等五伦的情感互动中。从有限的亲情到无限的爱人（即仁爱），使社会生活得以展开，社会并因此获得了稳定与发展。

当然，理性在西方并非是一言堂，情感主义伦理学家就非常看重情感在道德建构中的意义，代表人物之一的休谟在其《道德原理探究》一书中明确提出，道德上的善恶不是事物本身固有的性质，而是判断主体通过情感表达赋予对象的。道德判断与事实判断所依据的力量不同，事实判断是凭理性而进行的。道德判断仅仅用理性不能推导出道德上的善恶，必须诉诸人们的情感，只有情感才能体验人们的需要是否得到满足。[①]

在对中西方情感与道德的关系进行简要回顾后，我们来论述情感对于学生道德发展的促进效用。

**1. 人对道德信息的接受以情绪为初始线索**

最新的神经科学研究认为，人感受外界的技能首先是情绪，其次是感受，最后才是感受的感受（意识），这是有机体连续统一体的三个加工阶段。[②] 海德格尔也认为主体和客体乃是从原初的、人与世界打交道的一体化中分化和分裂出来的。他还认为，这种人与世界一体的原始存在方式是"情绪"，因此海德格尔断言，"情绪"先于认知、思维和意志。[③] 为什么呢？人一出生就需要与这个世界打交道，必须对世界"有所作为"，人在这种活动中首先要与世界保持着活生生的关系，而不是如同后来形成的理性、认识一样，只看到抽象的、现成的某物的某种特质，这时，人（"此在"）必然在与世界整体的关联中对自己有所"指引"，有所"筹划"，也就是对从无到有的可能性做出反应。海德格尔把这种处于可能性中的状态称为"领会"，即"能够领受某事""能够做某事"，而"领会"总是带有"情绪"的"领会"，"情绪"和"领会"同样原始，"情绪"是"此在"的"原始存在方式"。[④]

基于以上认识，不难得出这样的结论：道德学习的过程首先是情绪情感

① 宋希仁：《西方伦理思想史》，北京，中国人民大学出版社，2004。
② ［美］安东尼奥·R. 达马西奥：《感受发生的一切——意识产生中的身体和情绪》，杨韶刚译，北京，教育科学出版社，2007。
③ 张世英：《哲学导论》，北京，北京大学出版社，2005。
④ 同上书。

的活动过程。道德学习要展开，首先，学习者愿意睁开自己的双眼，不仅觉察到道德信息的存在，还有进一步深入下去认识道德信息的兴趣和欲望，否则道德学习就成为一种机械的训练。

### 2. 道德学习以情感体验为基本特征

道德形成有着不同于知识学习、技能学习的特殊性。知识学习指向于人类活动的对象，主要解决"懂不懂"的问题；技能学习来自活动的主体，主要解决"会不会"的问题；道德形成是个体交往经验的习得，主要解决"信不信"的问题，强调潜移默化、个体觉悟和行为实践。它需要以体验的方式去感受，只有这样才能真正理解、感悟，情感体验是道德学习的重要方式。

传统的灌输式道德教育，过分注重道德认知的传授，忽视学生的主体情感体验。当然，道德认知教育也是需要的，但即使是道德知识的教育，也需要情感的参与。苏霍姆林斯基强调：在什么条件下知识才能触动学生个人的精神世界，就是在知识活的身体里要有情感的血液在畅流。如果在教师的讲课里没有真正的、由衷的情感，如果他掌握教材的程度只能供学生体验他所知道的那一点东西，那么学生的心灵对知识的感触就是迟钝的，而在心灵没有参与到精神生活里去的地方，也就没有信念。[1]

### 3. 道德教育的时机选择要考虑学生的情感状态

从心理学的角度看，人的情感状态是呈现出一定的层次的，依据情感状态强度及持续实践，可以将情感分为情调、心境、激情、应激、热情。有的状态比较微弱而持续的时间长，如心境；有的猛烈而短暂，如激情。在同一时间，每个学生的情感状态存在很大的差异，选择在学生情感合适的状态进行道德教育，常常能取得好的效果。我们平常讲"晓之以理，动之以情"，"动之以情"的关键在于了解学生是什么样的情感状态，此时适不适合道德教育，适合怎样的情感促发和引导，这的确是一门艺术。教师德育工作做得好，很重要的一点就是细腻地了解每个学生的情感世界，达到与学生心灵的沟通，只有这样，才能以情传情、以情传道、以情育德。

---

[1] ［苏］苏霍姆林斯基：《给教师的建议》，杜殿坤译，北京，教育科学出版社，2006。

### 三、情感对于教师职业幸福的意义

在讨论了情感教育对于学生发展的价值之后，我们也非常有必要提出情感教育对于教师的价值问题。很多教育改革遭到教师的抵制，就在于这些改革会让教师认为是增加了他们的负担，而情感文明教育其实是帮助教师改善教学，包括帮助教师改善自身的生存状态。即是说，情感文明学校建设，对教师而言是希冀而不是麻烦。

教师的身心健康状况不容乐观。北京市教科院的一项调查显示，北京市50％的中小学教师希望改行，只有17％的教师愿意终身执教。为什么？教师尤其是中学教师，"压力山大"。一项研究表明，"近年来，精神紧张、过度焦虑、抑郁症、强迫症、偏执甚至精神分裂在这个群体中出现"[1]。另一项研究表明，中小学教师心理健康水平偏低，心理障碍发生率高达52.23％。其中，32.12％的教师属于轻度心理障碍；16.56％的教师属于中度心理障碍；2.49％的教师已构成心理疾病。[2]

中学教师比小学教师和大学教师压力更大一些，其压力主要来自两个方面，一是担忧学生的学业成绩，毋庸讳言，学生的考试成绩对于中学教师构成的压力是比较大的；另一方面，中学生的身心特点到了叛逆期或者心理学上称之为"发展的危险期"，相比较而言，小学生比较听话，大学生可以自我管理，而管理中学生的难度是最大的。中学生自残与自伤事件的出现频次远大于小学与大学，亦说明中学教育之复杂性。

安顿与因应自身的情绪情感，是教师走向心理健康的主要方式。《黄帝内经》中提出"喜伤心、怒伤肝、思伤脾、忧伤肺、恐伤肾"的观点。心是情志思维活动的中枢，超乎常态的"喜"，会促使心神不安；当人发怒时，破坏了正常舒畅的心理环境，肝气就会横逆；过思则伤脾，导致吃饭不香、睡眠不佳，时间长了就容易气结不畅；悲伤的人，气闭塞而不行，容易伤肺；无故恐惧害怕的人，大都肾气虚，气血不足。

美国生理学家艾尔马，有一个比较著名的关于情绪的实验。他将人在不

---

[1]　牛利华：《教师职业压力与教师的生命关怀》，载《东北师大学报（哲学社会科学版）》，2005(2)。
[2]　王加绵：《辽宁省中小学教师心理健康状况的检测报告》，载《辽宁教育》，2000(9)。

同情绪状态下呼出的气体收集在玻璃试管中，冷却后变成水，他发现，人在心平气和的状态下呼出的气体冷却成水后，水是澄清透明的；在悲痛状态下呼出的气体冷却成水后，水中有白色沉淀。

**艾尔马情绪汽水实验**

| 情绪状态 | 表情 | 呼出汽水的颜色 |
|---|---|---|
| 心平气和 | | 澄清透明，无杂色 |
| 悲痛 | | 浑浊，有白色沉淀 |
| 悔恨 | | 浑浊，有淡绿色沉淀 |
| 生气 | | 浑浊，有紫色沉淀 |

在悔恨、生气状态下呼出的气体冷却成水后，将其注射到大白鼠身上，几分钟后大白鼠死亡。可见，负性情绪具有一定的毒性，对人的身体状况是有害的。

## 四、情感对于学校管理的价值

在论述了情感教育对于学生及教师的价值之后，有必要讨论情感教育对于学校管理的价值性，因为这是学校领导选择情感教育作为学校工作方向的重要动力。

上文已述，通过情感教育提升学生的学业成绩和道德水平，这显然是学校管理者所乐见的。这里仍有必要再从学校管理的维度来论述。其实我们身边的很多事实都告诉我们，一些情绪能力强的学生，或者说情商高的学生，往往会积极发展。这些人有更良好的人际关系，不太可能出现危险的行为。此外，教师们普遍感到，情绪能力较强的学生有更强的社交能力，不会过度亢奋或者抑郁、焦虑。总之，当学生的情绪状态以正向为主，情绪弹性强，就不容易出现心理问题和行为问题，这样，学校的管理成本就会大大降低。

从教师层面看，如果学生身边的教师，甚至食堂的师傅、传达室的保安，也有一定程度的觉察、表达和调节情绪的能力，他们就能为学生树立积极的模范榜样，并为学生提供苗壮成长所需要的资源。例如，情绪能力强的教师能够表现出富有同理心的行为，鼓励良性沟通，并且创造出更开放、更有效的学习环境，在这样的环境里，学生能有安全和受重视的感觉。教师的情绪技能也会影响学生的行为和他们对校园生活的参与、依赖，以及学习成绩。若如此，学校管理就转变为教师的自觉行为了，管理者需要投入的心力就大大减轻。

当学生、教师的情感得到充分尊重与满足，这样的学校管理就不再是一种依靠制度的外源性管理，而成为一种内源性管理。管理当然需要一定的外部机制，一些外源性的东西，比如纪律、规章、奖惩、榜样、戒律等。这些诉诸外部的管理，也能起到促进个体生命成长的作用。不过，在实践当中，部分管理者把这种外源性的管理当成了教育本身，用管理代替了教育。他们认为只要能够严格遵守这些纪律、规章、戒律的学生，就是具有良好的道德品质的人。把这种外源性的管理当成教育，很早以前就受到了一些教育家的批判。比如赫尔巴特就提出，如果满足于管理本身而不顾及教育，这种管理乃是对心灵的压迫。

应该说，外源性的管理不是没有必要，但若过于依助便束缚了被管理者的主体性发展。道德的形成最终是个体的自我建构，教育管理的德育价值最终需要通过个体内在的努力才能实现，因此，德育工作、教育工作更多要靠内源性的机制。对于管理而言，就是管理者通过创造、培育一种管理文化，进而通过文化氛围来促进学生的生命生长，或者有助于学生道德种子的萌芽。形成这样的一种机制，是学校管理的工作重点。而走向情感文明的学校德育，就能观照到人的感受、体验以及人与物、人与人、人与群体、人与自然等之间积极的、具有情感正能量的关系建构。因此，情感文明的学校氛围，不仅有助于学校的管理实现，也有助于通过管理实现学校的教育功能。

我们发现，凡是学校里的教师是积极的，学生是活泼的，那都是因为学校里师生关系比较顺畅，校长与教师、教师与教师、学校与家长之间的情感关系比较良好，在这几层关系中没有很多的紧张或冲突。反之就是两种不正常的现象，要么大家都不说话，不交流，要么就是情感冲突甚至斗争。总而言之，充盈情感文明的学校，是管理者理想的学校样态，未来必将成为更多学校的理性选择。

# 第二章 学校与班级情感环境建设

## ▶ 第一节 借由环境育成学生情感的操作性目标

### 爱，润物无声①

坐在窗前，一本《爱的教育》摊在桌上。窗外，雨声淅淅沥沥。我忽然想起你。

初一时，我睁大好奇的眼睛，望着陌生的校园。那时最渴望的事情就是和严老师来一次"思想的碰撞"。

"今天放学后，有哪位同学愿意和我谈人生、谈理想呀？"

"我！""我！"……

同学们高高地举起手，满怀期待地看着严老师。

"你哦！"严老师点了我的名。我便欢快地跟着老师来到教室外的走廊。那天，严老师拿出一本《爱的教育》，语重心长地说："老师向你推荐这本好书，每个人都要学会爱自己，爱别人，爱社会……"严老师的眼睛，那么真诚，那么动情，我的心仿佛洒满阳光，温暖而澄净。

在生命的跋涉中，总有一个为你的精神世界引路的人，严老师就是我的引路人。

初二军训时，严老师为我们这群"小猴子"忙前忙后。趣味活动课上，我们随手丢的衣服，严老师一一给我们整理好，就像是保姆。晚上就寝时，"哎呀，怎么被子没有盖呀？"严老师走到我床边，轻轻地给我盖好被子，严老师

---

① 撰写者：初二(2)班顾小与。指导教师：宋花艳。

像妈妈。"这组陶艺做得真好，让我来学习学习！"严老师微笑着赞美，像我们真诚的朋友。"咔嚓！咔嚓！"看，严老师正选取不同的角度，给我们拍照片呢，严老师是我们的专业摄影师。"气候干燥，大家要多喝点水，不然鼻子容易冒血。"严老师一遍一遍叮咛着，又化身为医生。严老师每时每刻变换着角色。一个细心的动作，一句亲切的问候，一个关切的眼神，温暖着我们的心灵。

严老师，我想对您说：在生命的旅程中，您是太阳，一路相伴一路照耀。我享受着您无私的关爱，快乐成长。

严老师，我想对您说：在生命的拔节中，您用自己的生命演绎着精彩的课堂。我感受着您精神的魅力，不断成熟。

窗外，小雨仍淅淅沥沥。严老师，此刻，您在干什么呢？是在批改我们的作业，还是在精心备课？望着手中的《爱的教育》，我忽然觉得：严老师，您给予我们的爱，不就像那淅沥的春雨，滋养我心，润物无声；不就像那空气，弥漫身边，融入生命。这，才是爱的教育！

杜威指出："成人有意识地控制未成熟者所受教育的唯一方法，是控制他们的环境。……我们从来不是直接地进行教育，而是间接地通过环境进行教育。"[①]从这个意义上说，学校的情感文明建设，就是环境建设。就环境而言，一般包括三个层面：物质环境、制度环境与精神或心理环境。上述案例中教师为学生营造了一种如"淅沥的春雨"的心理环境。除了心理环境可充盈丰富的情感互动外，物质环境与制度环境，与情感也有着或近或远的联系。

无论何种环境，都不能让理性独霸，否则那将是冷冰冰的金属世界，学校的道德教育就成了无水的池，任你四方形也罢，圆形也罢，总逃不了一个空虚。作为生存于"教育水池中的鱼"的学生有着强烈地对师爱之类情感之水的渴望。美国心理学家詹姆斯在《天赋成功》中引用了一位儿童所写的诗，这首诗充分表明了孩子小小的心中对成人爱的渴望——"若你轻柔而文雅地抚摸我/若你望着我并对我微笑/ 若你开口前先倾听我的话语/我便可以长大，真的长大。"

情感教育所孕育的世界，充满柔情、富有韵味，流淌着关爱的奶和蜜的

① ［美］约翰·杜威：《民主主义与教育》，王承绪译，21页，北京，人民教育出版社，1990。

52

芳香。师爱之类的情感给予，则是学生成长的营养。学生对爱的饥渴就如同缺乏盐或者维生素，如果无法满足，所带来的挫折感、孤独和焦虑，也会和身体上的匮乏一样，甚至造成生不如死的感觉。下面的案例表达了许多学生对教师情感的一种诉求。

敬爱的老师，请您笑一笑。终日不见您的笑脸，是不是因为我们太顽皮，或是考试的成绩太糟糕了，还是……

您可知道，课间欢腾的教室由于您的到来，突然好像变成空房子的原因？您可知道，正当同学们争论到高潮的时候，由于您的出现，空气骤然凝结了的原因吗？这是因为您脸上绷得紧紧的肌肉，使我们的心收缩到无法再收缩的程度。

…………

笑一笑，老师。在家里，我们的爸爸总是那么威严，妈妈总是那样忙碌，只有收音机以及电视能同我们交流心曲！沉闷的家、紧张的学习、呆板的课文、台灯下的作业本等等，这就是我们的生活——无奈与单调。

老师，请笑一笑，您的笑，和你传授给我们知识的意义一样大。

老师，请笑一笑，这就是我及同学们的一个心愿。[①]

教师的微笑所展现的积极情感是学生鸟语花香的天堂。相反，倘使我们的教育仅仅满足于提供冷冰冰的知识，仅仅是型塑外在化的形式，那么这样的教育就不具有吸引人的魅力，就变成了一种强制。

情感文明的环境建设，旨在改变这种强制化教育的弊端，希冀通过物质、制度与心理环境的建设，让学生感受到学校教育者向他们付出的信任、尊重、爱和关心。当然，情感文明学校的环境建设，不仅仅只是培养一个接受情感教育的人，更重要的是要获得学生的积极反馈与响应，最终将学生培养成具有关怀能力的人，具有爱的情怀和爱的能力的人。

基于这种认知，我们将学校与班级情感教育的目标分为两个层次四个内容，以便实践者们可以清晰把握。两个层次指的是表现层次和操作层次。表现层次包括两类内容：①正向情感的形成与发展；②负向情感的认识与安顿。

---

① 徐加洋：《笑一笑，老师》，载《广西教育》，2004(18)。

操作层次包括两个内容：①情感需求的满足与调节；②情感能力的获得与提升。

## 一、正向情感的形成与发展

情感教育是指在学校教育、教学中关注学生的情绪、情感状态，对那些关涉学生身体、智力、道德、审美、精神成长的情绪与情感品质予以正向的引导和培育。因此，积极的情感状态是情感教育的基本指向。

具有积极心态的人并非不会感受苦痛，因为每个人都会体验快乐与悲苦，但是具有积极心态的人，会秉持一种乐观的生活态度。乐观主义者并非比其他人更少地遭受磨难和打击，只是他们即使面对磨难和打击，仍能以更为乐观的心态去应对。

现行课程标准中所呈现的情感目标，基本上都是正向的情感，比如，对于学科的兴趣、对于祖国的热爱等。因而此类情感教育的任务，就是通过设置相应的情境，激发学生产生新的正向情感，或者提高已有正向情感的品质。

卢家楣教授从青少年情感素质的角度将正向情感发展目标划分为五大类高级情感：道德情感（爱国感、同情感等）、理智情感（乐学感、探究感等）、审美情感（自然美感、科学美感等）、生活情感（生活热爱感、生命珍爱感、自强感、人生幸福感等）、人际情感（乐群感、合作感等）。① 这五大类情感目标的划分，为学生情感发展指出了具体的操作方向，尤其是其关注到了个体生活情感和人际情感这两大范畴，对于实践者的操作具有重要意义。因为，我国的传统文化普遍重视社会性情感，对于个体生活、生命的感受与体验，比如生活幸福感、自强感等的关怀显得不够。同时，作为现代人，交往和合作是一种重要的存在方式，人际情感则是人与人之间克服彼此疏离，形成有效交往的心理机制。因此，加强学生的人际情感与生活情感培养，非常必要。

上述的青少年情感素质因其以高级情感作为表征，故而属于一种高标准。

---

① 卢家楣：《论青少年情感素质》，载《教育研究》，2009(10)。

而这些高级情感不是一蹴而就的，它们往往由基础性情感发展而来，比如人的爱国感之培养，往往要从对于家人、同伴的爱、家乡的爱开始。此外兴趣、好奇、快乐、惬意、依恋感等基础性的情感，对于个体生存与发展同样具有重要的意义。简言之，在培养学生形成正向情感的过程中，既要关注到高级的情感样态，也要关注到这些基础性的正向情感。

**【案例】** 啦啦操比赛中师生情感共融促成长①

2018年暑期结束刚开学不久，就接到10月底参加啦啦操锦标赛的通知。根据此次啦啦操锦标赛的竞赛规程和啦啦操社团的学生情况，老师要进行编排组合，选择相应的项目参加比赛。同时，还要带领学生利用休息和业余时间进行短期的强化训练，时间紧、任务重，要想在这样的全国性比赛中取得好成绩也是不容易的。而在长期的训练和比赛中，我发现师生情感共融是确保比赛顺利进行的"催化剂"，同时，这样的活动更易和同学们打成一片，同甘苦共患难，形成一个团结协作、积极向上的集体，有事半功倍的效果。

首先，我把学生召集起来，告知有一次外出学习、开阔视野、共同比赛和生活的机会，学生们听后很兴奋；接下来，我讲述了这次训练和比赛中所面临的诸多的困难以及克服的方法，学生们摩拳擦掌，跃跃欲试；然后，宣布了比赛的日程、参加比赛的项目、规则要求及目标，使学生了解这次活动的要求和意义。在这基础上，我和同学们共商并制定了这次活动的方案，并以事态的发展进行补充和完善，如训练、比赛和日常事务及自我管理等。根据比赛所报的项目，学生分成了三个小组，组内分工负责，组间互促提高。在训练中，有老师的指导、学生的创编、组内合作学习、组间的展示评价、休息时师生生活中各种趣事交流、学生文化作业的讨论、食品的分享等，音乐声、口号声、口令声、掌声、笑声此起彼伏，声声入耳，浸润心田，同学们排除和克服了各种困难，热情高涨地完成了赛前训练任务。

10月26日早晨7:00我和学生一起从学校出发，乘着汽车来到比赛现场。当学生们看到来自全国各地啦啦操队伍的良好行为举止、饱满的精神风貌和

---

① 案例撰写者：陆晓蔚。

具有个性特征的着装时，学生们既兴奋又紧张、好奇又胆怯，近30位学生很想从老师那里找到自信和依托。于是，我立即召集学生，进行赛前动员、日常事务的安排和注意事项的提醒。而学生最期盼的是能在老师的带领下，进行赛前的更进一步的强化训练，取得好成绩。但大会提供的训练场地不能满足这么多支队伍的赛前练习需要，各支队伍都需自己克服各种困难和干扰。我校的队伍同样也好不容易找到一块宾馆前面的空地。

　　终于找到了适合的地点，我将学生分成三组。老师训练、学生自练和自我调整轮流进行。老师在训练时，学生表现得格外认真投入，尽管学生们已满头是汗，气喘吁吁，但没有一位叫苦叫累；学生在分组自练时，不仅对老师指出的问题进行强化练习，还能及时找出一些练习中不足，如走队形有人走慢了，动作配合的不协调和不一致等；休息调整组，一边休息看衣物，一边还帮助自练组同学找问题。

　　不但如此，学生在吃饭时仍在互相协商、相互提醒，有些学生回到房间仍在对不到位的动作进行练习。在比赛中，一组学生比赛，其他学生在观众席中观看我校其他和兄弟单位的组别比赛，互相学习鼓劲。台上，比赛的队伍秩序井然，激情四射，技艺精湛；台下，大家坐在规定的区域，跟随着音乐节奏和动作的起伏，情绪不断高涨、惊呼、雀跃。所有在场的人都忘我地沉浸在其中。

　　在紧张而艰苦的两天比赛中，我校啦啦操社团获得中学组花球自选一级第一名、技巧一级规定套路第二名、花球规定套路第八名的好成绩。经过这次活动的洗礼，我从学生们的眼神中看出了坚毅和对自己的肯定，师生们情感更深，学生们更加"懂事"，在以后社团活动中表现得更加自觉，充满着对啦啦操社团和学校生活的热爱。

56

啦啦操运动以欢快、节奏较为强劲的音乐为依托，所有组合动作必须在沟通、协作的前提下完成，非常强调动作的一致性、对比性、队形的变换及视觉的冲击力。整个啦啦操队伍，不管在台上或台下都表现出朝气蓬勃、团结互动、主动积极的精神风貌。啦啦操比赛前后的整个过程，学生们既有惊奇、兴奋等基础性情感的体验，亦有集体配合、协力奋战的团结感以及胜利后的自强感、自豪感等较为高级的情感体验。

## 二、负向情感的认识与安顿

情感文明教育，既包括学生正向情感的发展，也包括负向情感的安顿。因为，无论是教师还是学生，只要是人，都会不时地和负向情感相遇，都会展现出即发性的负向情感。研究者在调查中发现，学生中有委屈忧伤者，因为家长未调查清楚情况就对其发火；有义愤填膺者，原因是同学对其"恶毒"的人身攻击；有自怜自哀者，源于自己的考试屡屡失败；更有因单亲家庭、留守家庭、贫困家庭等造成了学生的孤寂与抑郁……包括学生在内，人人都会经常与负向情感不期而遇，甚至深陷其中。

由于负向情感是一种不愉悦的主观体验，往往会给人带来痛苦、压抑与迷惘，进而给个体身心健康造成伤害，甚至它还会使个体产生自伤、自残或者伤害他人的行为，因此，负向情感的消极面非常明显。

但是，事物总有两面性，负向情感对于个体存在与发展的价值也是不可忽视的。可以说，没有负向情感的生活是一种悲哀的生活。"忧愁和悲痛是人类生活中不可缺少的部分。缺少这类情感，人的精神面貌就有缺陷。K. 帕乌斯托夫斯基认为，丧失悲伤情感的人，如同不懂得什么是高兴或失去诙谐感觉的人一样可悲。"[1]没有对比的体验，就连最愉快的情感多半也会失去其本身的价值。

目前的学校教育中，学生们很少被引领以积极的方式来处理和表达负向情感，相反，学生们大多是被告知负向情感的破坏性，被告知不应产生这种负向情感并表达出来，由于负向情感的积压，反而产生了很多的心理与行为问题。

---

[1] ［苏］A·H. 鲁克:《情绪与个性》，李师钊译，31页，上海，上海人民出版社，1987。

教育者需要省思的是，当学生遭遇愤怒、痛苦、烦躁、恐惧等情感状态时，是不断地压抑还是自然地发泄？如果压抑，怎样压抑才是适切的？如果是发泄，对何种对象发泄，如何发泄？

根据我们的经验，教师需要在以下几方面做出努力：①让学生适当体验某些负向情感，丰富个人的情感世界。比如，让学生体验到落难者的悲苦，激起对于自身错误的羞耻感、产生对于故事中叛徒的愤怒等。②让学生学会正确看待负向情感，认识到负向情感存在的必然性与合理性。③让学生学会安顿自己负向情感的方式方法，能够有效调节自我情感，学会在正确的时间、为了正确的目的、以正确的方式、对正确的对象表达自己的负向情感。

班上的女生小丽（化名）初一时品学兼优，活泼好动。上初二以来突然变得沉默寡言，成绩也越来越差，上课精神不集中，总爱打瞌睡。和家长联系后发现原来孩子最近迷恋上网。

孩子生活在单亲家庭。原本就不爱多说话的孩子，在进入青春期后更显沉默了。爸爸是电厂工人，三班倒的工作让他没有太多精力照顾孩子，也没有注意到孩子上网对学习的负面影响。爸爸发现孩子上网后粗暴地把家里网络断了，也进行了一番教育。但由于平时与孩子沟通较少，不了解孩子现在的青春期心理状况，家庭教育的效果并不理想。不让孩子上网，孩子每天总是焦躁不安，乱发脾气。不久，孩子又想到了新招。晚上乘父亲上夜班后，偷偷用父亲的旧手机上网。孩子的爸爸电话反映，有时早上回来发现手机还是滚烫的，孩子竟然彻夜在上网。事发后父亲气得把手机摔了个粉碎。女儿却大吵大嚷地要"离家出走"，威胁父亲不得干涉她的爱好。

一天，我发现小丽的作业完成质量非常差。放学时，我找来了她，并让孩子的父亲晚上来办公室接孩子。希望抓住今天的机会对孩子进行教育。

我在办公室开着电脑，小丽战战兢兢地走到我的面前。我面带微笑地对她说："你们对电脑都挺了解的，帮我看看吧。我想搜索Fashion方面的资料，用于上课。你能帮我找找吗？"小丽心里知道昨晚的作业没做好，以为见到我就会挨到一顿骂。没想到我竟然笑眯眯地向她咨询上网问题。她开始有点反应不过来，还有点小紧张。之后我们在对课件所需资料的查找搜索中，不断地沟通，她也慢慢放松下来。

我让她搜索图片时，网页跳出了不少网络游戏的广告链接。于是我看似无意地聊到："小丽，你们平时都喜欢玩什么游戏啊？这个游戏你玩儿过吗？"这时的小丽已经没有了刚才的紧张，她随口就告诉我："老师，这游戏不好玩儿，费钱又费时间。我都是玩儿炉石传奇。"我故作惊讶地说到："你也玩炉石吗？我也玩啊。"小丽好像找到知音一样，激动地问我要了账号，互加了好友。

我乘机又问："你怎么也喜欢玩这个游戏啊？它还挺耗时间的。"小丽诚恳地告诉我："平时爸爸不在家，就算在家大家也没什么话说。他总是自己看电视，或者和朋友出去喝酒。每天就我一个人在家，冷冷清清的。网络就不一样啦。大家一起打游戏，说说笑笑的。多好玩儿啊，多热闹啊。同学们总是在课间讨论家里的趣事，我也插不上嘴。还是网络里的朋友比较聊得来。"

听完她的诉苦，我想到这孩子原来是太孤独了。于是我对她说："小丽，其实你想找人说说话，找人陪陪，是吗？"小丽一听，眼睛就红了。她点了点头，哽咽地说："老师，我好孤独。"

接着，我对她实施教育。首先从网络的优点，说到网络的弊端。指出中学生网络成瘾弊大于利。教育她要控制上网时间，把主要的精力放在学习上。上课要认真听讲，作业要认真完成，晚上要保证休息睡眠时间。其次，教会她与同学相处的沟通技巧，多交流，多发觉兴趣点是关键。告诉她朋友不是生来就有的，需要自己主动交友。

刚说完，小丽爸爸就来接她了。小丽爸爸一脸着急，满脸大汗。我趁机又对小丽进行了教育。从家庭的特殊性，爸爸一人抚养孩子的艰难，教育她要体谅父亲，要学会照顾自己、照顾父亲。小丽和爸爸当场交谈一番，坦陈心结。

最后小丽开心地笑了。她保证要戒掉网瘾，好好学习。父亲也保证多和孩子交流，多花点时间和孩子相处。

在之后的学习中，我又看到了那个活泼好动、品学兼优的小丽。

案例中的学生遭遇的是孤独这种负向情感。孤独是一种人类发展中必然遭遇的情感，其对于生命具有独特意义。婴儿努力地脱离母体，获得自由，同时他又必须直面这个世界，需要独自面对孤独和恐惧。

对于个体的孤独，邓晓芒教授认为，孤独并不意味着个体与世隔绝，而是个人作为精神主体的存在，对自己的孤独性、唯一性的意识，是将自己与别人区别、划分开来的意识。[1] 内心的孤独感是个人独立意识的必要前提，对人的成长具有积极意义。但是，这种脱离在给予人一种自由的感觉和人的自我意识之后，也带来了人的安全感的失去。

人不能完全独立地生活，他必须与他人联系，必须生活于社会生活之中，在马克思看来，"个体是社会存在物。因此，他的生命表现，即使不采取共同的、同他人一起完成的生命表现这种直接形式，也是社会生活的表现和确证"[2]。只有在社会中与他人结为群体，个体才能生存下去，才可获得安全感与相与感。一种机械的联系并没有克服这种安全感的缺失，因为与自己联系的他人的一切都是没有完全向我敞开的，即使敞开的部分也不能确信是否真实。与他人的共在将"我"置身于无所寄托、无所依赖的离散状态，使"我"茫然不知所措，感到非常焦虑和不安。人孑然独立之时对外界的不安和恐惧源于对外界的不信任，只有人与人之间的相互信任才能使人们跨越这一个体独立与人际交往之间的鸿沟，从而获得内心的安宁。案例中的老师，正是通过建立与小丽彼此的信任关系，帮助小丽走出了孤独。

### 三、情感需求的满足与调节

学校运动会，女子长跑比赛开始，运动员们争先恐后地冲了出去。这时，我班的运动员张璐同学突然脚下一绊，重重地摔倒在地上。她立刻爬起来，继续比赛，不断地超越前面的对手，最终取得了第四名。到达终点时，我才发现她膝部衣服磨破，手掌也破了，而且还有小石子嵌入。

当天放学前，我对这一天的班级情况做总结，我说："虽然我们今天的成绩不是很理想，但是我们应该骄傲，因为我们拥有像张璐这样为了班级荣誉而不顾自己摔伤、坚持到底的同学，让我们把最响亮的掌声送给她。"掌声雷

① 邓晓芒：《灵之舞——中西人格的表演性》，北京，东方出版社，1995。
② 《1844 年经济学哲学手稿》，80 页，北京，人民出版社，2018。

动。她，哭了，在自己摔伤的时候没有流一滴泪，在此时却流了很多。

第二天的比赛中，我很欣慰地看到了我班为运动员加油的啦啦队，给运动员端茶送水的后勤服务队，给每一个运动员留下精彩瞬间的宣传报道队……我笑了。我们没有获得好的成绩，但我还是很满足。我对同学们说："我们努力了，坚持到了最后，没有什么值得遗憾的。我们学到了很多东西，比如坚持不懈、坚强、友爱互助、热爱集体、珍惜荣誉等，让我们把掌声送给在赛场上努力拼搏的运动员们，也送给我们自己。"

掌声再一次在班上响起，还是那样的热烈。[①]

马斯洛、奥德费等人认为，人的发展是需要得到满足的积极成果。鲍尔比研究认为，婴儿及儿童时期的母爱对于儿童的心理健康，犹如维生素和蛋白质对于儿童的身体健康那么重要。"父爱缺失症儿童"的研究也发现，由于父爱的缺失，导致儿童人际交往能力低下，移情能力较差、性别发展、自我认同困难等问题。

在学校，教师是学生的替代父母，也承载着满足学生情感需要的责任，情感教育应该关注到学生情感满足这个层面。不过当前这方面的现状不容乐观。有这样一个典型的案例：一堂公开课上，学生在地上捡起了老师实验用的铅笔递给老师。这时这位学生多么希望得到教师的感谢乃至于赞赏啊，但是教师的语言和眼神都没有一丝这样的表达。更关键的是在评课的时候，其他教师都没有意识到这个问题。现象学家马克斯·范梅南教授敏锐地发现了这一问题，他在与朱小蔓教授的对话中说："在中国可能有一种现象，有很多好老师课上得很好，但实际上他和学生之间的关系不是很亲近，他不能够敞开自己。"[②]所谓"敞开"，在这里就是把情感之类的主观精神表达出来。

中国的教师不能够敞开自己，这与中国传统文化的影响密切相关。传统文化崇尚的是"热水瓶"性格，不大提倡通过姿态、表情尤其是情感性词汇展现情感。邓晓芒教授认为："中国人的表情，特别是在正式场合下的表情，往

---

① 案例撰写者：仇彬。

② 朱小蔓、其东：《教育现象学：走向教师的教育研究》，载《中国教育报》，2004-10-21。

往是遮蔽性、防范性的，而不是表达性的，不是为了'表情'，而是为了'隐情'。"①习惯了这种人与人之间情感隐匿的教师，不仅仅在与成人的交往中缺乏表达意识，在师生的交往活动和教育活动中，也会自觉不自觉地"隐情"，这样学生的情感需求自然也就很难得到满足。

由于小学基础薄弱，陈同学在初一进班时就在班级的最后几名。听任课老师反映他上课开小差，作业质量较差。我也找他谈过几次心，对他说过："老师不在意你在小学的表现，进入初中，你可以为自己的人生翻开新的一页，你可以用自己的行动为自己树立你所想要的形象。我不在意你的成绩，但老师在意的是你是否努力的状态。因为在我们班没有差生，所谓的差生是不肯努力的学生。"

后来，因为他有好几次作业未交，我还利用中午时间找他家长进行三方谈心，想帮他树立学习目标，但效果也是微乎其微。有一次在周记中，平日里只能写两三行的他竟然洋洋洒洒将整面纸写得满满的。在诧异的同时，我认真地看了他的周记，他的周记中透露出来他感知到父母老师对他学习的失望，周边同学对他的不屑，所以他现在什么都不想，只想回家吃完饭，就自己在家练习俯卧撑等，因为他想当一名特种兵。

我在他的周记里写了一段这样的评语："老师为你想当一名特种兵而感到骄傲。但作为现代特种兵，怎能没有知识作为坚强的后盾呢？"后来，我又就他的这篇周记找过他，鼓励他说，每个人要实现自己的理想关键是行动，希望他能用行动为自己的理想插上翅膀。虽说现在他依旧处在班级的后方，但每一次都在进步，虽说他在学习上也会有松懈，但只要我偶尔提醒，还是能较快地矫正过来。

学生都是有思想、不断发展的个体，没有谁是一块天生的顽石，在他们的内心深处，都有一块最柔软的地方，只要我们细心摸索，触摸到这块地方，打开它，就能打开学生的心灵。②

当一个学生偶尔感受来自父母的负面评价时，他会努力改善自身，但是

---

① 邓晓芒：《灵之舞——中西人格的表演性》，北京，东方出版社，1995。

② 案例撰写者：周云。

第二章　学校与班级情感环境建设

父母经常性的负面评价，会让学生感觉到父母对自己缺乏爱与关怀。当中学生感觉到缺乏爱的时候，与小学生不同，他们会更多地表现出极端的行为。例如，当取得好成绩时非常高兴，表现为唯我独尊；一旦失败，又陷入极端苦恼的情感状态。又如，他们往往具有为真理献身的热情，盼望实现惊人的业绩；但也常常由于盲目的狂热而做蠢事或坏事。所以，霍尔就把青春期说成是疾风怒涛期（或狂飙期）。中学生很容易动感情，也就是说，他们的情绪和情感比较强烈，带有明显的两极性。而这，就需要教师具有敏锐的观察力和应对能力。

满足学生情感的同时需要考虑另一个问题，就是延迟情感满足的问题。过多的情感满足有可能成为溺爱，这样做反而对学生未来的发展造成伤害。下面的"延迟满足"实验，就充分地证明了这一点。

**【知识链接】**

20 世纪 60 年代，美国斯坦福大学附属幼儿园基地内进行了著名的"延迟满足"实验。实验人员给每个 4 岁的孩子一颗好吃的软糖，并告诉孩子可以吃糖。但是如果马上吃掉的话，那么只能吃一颗软糖；如果等 20 分钟后再吃的话，就能吃到两颗。然后，实验人员离开，留下孩子和极具诱惑的软糖。实验人员通过单面镜对实验室中的幼儿进行观察，发现：有些孩子只等了一会儿就不耐烦了，迫不及待地吃掉了软糖，是"不等者"；有些孩子却很有耐心，还想出各种办法拖延时间，比如闭上眼睛不看糖，或头枕双臂，或自言自语，或唱歌、讲故事……成功地转移了自己的注意力，顺利等待了 20 分钟后再吃软糖，是"延迟者"。后来，研究人员在参加实验的孩子到了青少年时期，对他们的家长及教师进行了调查，发现："不等者"在个性方面，更多地显示出孤僻、易固执、易受挫、优柔寡断的倾向；"延迟者"较多地成为适应性强、具有冒险精神、受人欢迎、自信、独立的少年。两者学业能力的测试结果也显示，"延迟者"比"不等者"在数学和语文成绩上平均高出 20 分。

延迟满足是个体有效地自我调节和成功适应社会行为发展的重要特征，是指一种为了更有价值的长远结果而主动放弃即时满足的抉择取向，属于人格中自我控制的一个部分，是心理成熟的表现。

仔细分析这个案例，不难发现，延迟满足是一种情绪情感的体验，它需要克服自己的欲望，需要体验"等待"的难过与压抑。一旦个体能够在没有外界监督的情况下适当地控制、调节自己的行为，抑制冲动，抵制诱惑，那么我们说这个个体就具有了较成熟的心理素质。因此，延迟学生的情感满足，也是教师工作中不可忽视的一项工作。

这是一个纷繁喧嚣、钢筋水泥铸就的世界，金钱反射出的光芒刺伤了人们贪婪的双眼，人们再也看不到春日的桃红柳绿、秋天的金黄大地，气喘吁吁地攀权附势、气急败坏地赚钱捞钱成为生命的主题。而我，为什么要做教师呢？因为这世界上再也没有比一口气就能让一团泥土开始呼吸更加美妙的事了；因为这人间再也没有比花朵绽放、枝叶伸展更加动听的声音了。每年总会有学生在我的身边，用他们最美丽的花样年华，向我演绎一幕幕真情故事。

她，是一个拥有洋娃娃般脸的女孩，至今我的脑海里仍然浮现着她那忽闪忽闪的大眼睛。那是一双多么清澈的眼睛，然而总是笼罩着与她年龄不相称的忧郁。有时候，她总爱坐在窗口发呆。在语文课上，她的目光几乎没有离开过老师一步。她开始给我写信，称呼从班主任到老师再到晓慧，落款从连名带姓，到名再到姓，我渐渐明白了这个小姑娘，她爱上了我们年轻的语文老师。是的，用她的话说不是喜欢是爱，爱他的才华横溢，爱他的认真敬业，爱他的人品学识。她诉说着她所有点点滴滴、细细碎碎的感觉。女孩长大了，她的花季只想为他——她的语文老师绽放，这是一份多么纯美的情愫。

渐渐地，我从最初的惊愕到为之感动。但我明白，这是一枚带刺的玫瑰花啊，会刺得她遍体鳞伤，会使得她的天空布满愁云。我郑重地为她一一回信，说明这是我们两人间的秘密，以保持她对我的信任。我的每一封信看似若无其事，其实都经历了深思熟虑。我和她谈人生的理想与现实，谈花季的可贵与迷惘，谈父辈的艰辛与无奈，谈爱情的美丽与忧伤。对她说爱他就好好学他的语文，要学得很好很好，比语文科代表还好。对她说她还会遇到比他更才华横溢、更认真敬业、更有人品学识的人。在一封封书信的春风化雨下，成长的烦恼缓缓地随着岁月的流逝而消散，她那清澈的眼

64

中少了忧郁，多了明朗。原来爱情珍藏于心中的感觉会如此美好，只有我有幸欣赏到那过早到来的爱情之花含苞欲放的姿态，已成为她生命中别样的风景。①

以上案例是教师引导学生放弃低层级的情感，逐步趋向更高层级情感的教育引导实例，体现了对情感理性的价值认知。情感现象学家马克斯·舍勒认为人类的理性有两种新形态和表现形式，即逻辑理性和情感理性。逻辑理性之"理"是归纳、推理、演绎的逻辑公理，而情感理性是各自不同一的意向体验和情感感受之间的奠基关系和顺序，它遵循的是价值公理，是"感性的价值偏好的理性秩序"。②

舍勒从先验的感受关系出发，将情感感受分为感官感受、生命感受、心灵感受和纯粹的宗教形而上学的精神感受四类。这四类情感感受，越往后其深度和层次越高，但同时克服自我本能的努力也越多。因此，教育不仅仅要满足学生感官感受等低层需要所带来的快乐体验，更要调节学生克服本能，让他们趋向于选择具有更高层次的情感需要，让他们更多地去追求精神层面的东西，这样，才能提升学生的情感品质。

## 四、情感能力的获得与提升

情感能力也称情感智商、情感智力。关于情感能力的认识，可大致归纳为两种基本观点。萨洛维和梅耶认为，情感能力是知觉情绪、浸入和引导情绪促进思维，理解情绪和情绪的意义，成熟调节情绪，促进情绪和思维向更积极方面发展的能力。③ 另一观点以戈尔曼和巴昂为代表，他们认为情感能力是影响人应付环境需要和压力的一系列情绪的、人格的和人际能力的总和。④后者显然将情感能力扩大化了。

关于情感能力的价值，许多人并不陌生。《情感智商》的作者戈尔曼认为人的发展过程中，智商的影响力为 20%，情商的影响力为 80%。斯迪克·兰

---

① 案例撰写者：周晓慧。
② 冯凡彦：《论舍勒价值情感现象学中的情感理性》，载《兰州学刊》，2009(3)。
③ 许远里：《元情绪在中学生心理健康发展教育中的功能》，载《教育探索》，2001(9)。
④ 陈家耀：《对情绪智力的商榷》，载《重庆教育学院学报》，1999(12)。

的研究也显示，就任何领域的成功而言，情感能力比认知能力和技术能力的总和还要重要两倍以上。①

从情感的个体发生与情感交互的角度，我们可以将个体的情感能力分为以下四种：情感觉察力（能感受到自己正处于某种情感状态之中），情感体验力（能在生理或心理层面激起某种情感体验），情感调控力（包括对内的情感体验调节和对外的情感表达调节），情感表现力（能够善于运用言语和非言语表达自我情感）。

我们班有几个孩子，刚开始座位都排在最后，基础弱，成绩不好，上课不听讲，作业总拖拉，难得上交作业吧，错误率又极高，经常表现出焦虑、自卑的样子。我是看在眼里，急在心上：那么小就放弃了学习，缺少上进心，下面三年怎么过？处理不好，不但会成绩差，可能整个表现都会糟糕。

于是首先采取调整座位的方案，在实施这一举措前，先与学生们促膝交谈一下，告诉他们我的想法和做法，让他们制定目标，尽量完成基本学习任务。这几个孩子中有个叫张华的，比较内向，面部表情有些呆滞，成绩很糟糕，不仅自卑，甚至有些自暴自弃，平时也不惹事，这样的孩子最容易成为任课老师遗忘的角落。我刚对他说：老师想把你的座位调到前面……他竟然笑了，眼神一下亮了，赶紧说：老师，真的吗？太好了，我一定好好学。那是什么样的眼神啊，就像是落水的人抓住了漂来的木头，那眼神可以说会令我终生难忘。孩子多么需要阳光啊！

下面的日子里，他真的发奋了，在我们这样的优生云集的学校几乎都难找，他夜里在背窝打着电筒背英语单词，不厌其烦地向同学请教，课堂上自不用说，就连早读前或晚自修前的额外时间都会看到他拿着书摇头晃脑地背读，我和任课老师很感动，常表扬激励他，就连班级的好同学都主动乐意帮助他。一分耕耘一分收获，这个英语"不及格大王"考试竟突破了60分，这下他的干劲冲天，还说也要把其他功课赶上来。有一次班里的同学偷偷玩游戏，也有他，可我不知此事，在同学们面前曾说：你们看张华表现多出色，老师对他

① ［加］丹尼尔·沙博、米歇尔·沙博：《情绪教育法》，韦纳、宝家义译，北京，教育科学出版社，2009。

很放心，根本不会担心他会有类似的事发生。当同学把此话告诉他时，他非常感动，信誓旦旦地说：我再也不玩了，我太辜负刘老师了。果真他在表现上又好了许多。临近期末考试，他还发动其他几位同学清早一起起来读书、背书，相互比学习，还主动找我在午休和周末补习功课，面对他们的求知欲，我真是又惊又喜又惭愧，没想到自己不在意的话，给孩子那么大的动力。①

　　每个学生都是活生生的有感情的人，只要教师付出爱心，给予信任，枯草也会发芽。只要一缕阳光，他们就会灿烂。上述案例中，通过班主任的爱心行动，学生张华的自信心逐渐增强，自我管理能力也大大提升。

　　下课的音乐响了，同学们陆续离开实验室，我在讲台上整理演示的实验仪器，这时小马同学怯生生地走来了。

　　小马："周老师，明天的实验课我不来了，我自己在教室里看书。"

　　我："嗯，好的，哪儿不舒服吗？"

　　小马："没有哪儿不舒服，不喜欢实验室的气味，特别害怕！"

　　我："哦？实验室什么味啊？"

　　小马："像医院里的气味，再加上老师您穿上白色实验服，我好害怕，总以为是医生！"

　　我："哦，原来是这样啊，让我猜猜什么原因——小时候挂水、打针多了吧？"

　　小马："你怎么知道，老师？就是，小时弄怕了。"

　　我："你不就是怕我穿实验服和这种类似医院的气味吗？"

　　小马："是的啊。"

　　我："就是个工作服，有什么怕的。这个气味来自俗称来苏水的物质，化学成分为含酚类物质，我们最近要学习的，是消毒水，没什么可怕的，关键是你的心理因素。首先，你现在体质应该很好的，运动会上还拿名次，不需要去医院，医生穿白色工作服就是便于病人辨别而已，也可以是蓝色、灰色等。"

　　小马："也是啊，老师，闻了那个味就立刻想起了小时候的恐惧，总是不舒服。"

---

① 案例撰写者：仇彬。

我："那是消毒水，与漂白粉或者酒精作用相同，就是消毒用的，能杀死常见细菌病毒。没什么害怕的。你看我是化学老师，做实验时也可以穿白色实验服，你知道的，我不是医生，还怕吗？"

小马："嗯，好多了。"

我："明天来上课吗？"

小马："嗯，来吧。"

我："这就对了，明天早几分钟来，帮我做点小事，再见。"

小马："好的，老师，再见！"

第二天上午十点，离上课还有五分钟，我在实验室准备演示实验，小马第一个跑进实验室。

小马："老师，您说有什么事情？"

我："哦，来了，挺早的么，帮我在教室里洒些消毒的来苏水，最近感冒的同学比较多，病菌流行，就是医院的那种气味的。"

小马迟疑了一下，慢慢开始洒起来。同学们陆续进来了，小马也弄好了，走到我身边。

小马："老师，好了，我好像没什么感觉了，反而觉得这个味好闻了，真的，不就是这个水么，小玩意！"

此时，人也到齐了。

"就是嘛，上课！"①

案例中的小马通过教师的引导，克服了胆怯情绪。在授课之前，教师对学生的胆怯心理有着明晰的认知。在笔者对撰写者的访谈中获知，现在不少的学生会对医院或诊所里的来苏水的气味很敏感，甚至闻到后有点小恐惧感。所以在教学《醇酚》这一内容时，该案例的撰写教师一般会先在教室里洒些来苏水，当学生进入实验室后会闻到气味并主动问老师"怎么与医院里味一样？"老师便恰合时宜地告诉学生课前在地面上洒了医院用来消毒的来苏水，其主要成分是酚类，通过让学生处于可感受的化学情景之中，引导其对苯酚结构特点和化学性质发生兴趣，从而去讨论和学习，学生知道小时候害怕的那种

① 案例撰写者：周和坤。

医院里的气味，原来课堂上也可以有，没什么可怕的，潜意识中就消除了恐惧感。

## 第二节　学校与班级情感环境建设的基本路径

### 那些被风吹过的夏天①

蝉声平平仄仄，池塘深深浅浅，日光闪闪烁烁，一晃一晃漾入眼瞳。微风倾诉着我想对您说的话。

#### 初夏·相逢

揣着对高中生活的憧憬，我迈进田家炳中学的校门。虽经历了三年的初中，但身上的稚气仍未脱去。作为一个成绩普通、长相平平的学生而言，本不想在学校担任什么职务。然而学校却让我放弃了这样平庸三年的想法。每当走过走廊的科普墙，我就会有一种与科学对话的冲动；那流动书架上的书香，让我不由得驻足；还有教室中的绿色盆栽，让我忘却了压力与烦恼……就这样，在这所不大但是充满温馨的校园里，我一步一步调整学习与娱乐的关系，参与班级的管理。在这一年中我的成长是飞速的。

#### 半夏·相熟

高二，是一个十分重要的阶段，对未来一年的发展方向有着指向作用。计算机考试、学测无论哪一项都不能出错。而班级中的氛围，让我感觉到自己可以一步一步向前冲，因为在这样的环境中，尽管有竞争的存在，但是同学之间更多的是互帮互助，更有着来自老师的安慰与鼓励。我感觉，这一切，比考试成绩更重要，真的可以让我受用一生。

#### 盛夏·难别

马上就要进入高三的最后冲刺，对于每一个学子而言，高三都是人生最辛苦的时期。但是为了未来，为了梦想，我们一定会迎难而上向前冲。人终究要在挣扎中蜕变，最终羽化成蝶。并不是所有成长都要承受离别聚散的苦

---

① 案例撰写者：高二(4)班，金佳欣。指导教师：田晓梅。

楚。并不是所有成长都伴随着一个人流泪，然后戴好面具说我并不孤独。我想，既然坚信自己能够成为蝴蝶，那就该忍受疼痛去挣破自己织的茧。既然坚信自己能够成为雄鹰，那就该努力扇动翅膀。无论结局是好是坏，我亦不后悔。也许风雨过后并不一定有彩虹，但依然可以收获雨后天空的澄清！感谢那些被风吹过的夏天里有校园和老师的陪伴！

从初夏到半夏再到盛夏，之所以让作者难忘，在于每个过程中都凝结着学校管理者、教师及教辅人员在物质、制度与心理层面的种种努力。经常会看到这样的故事，当毕业离校多年之后，学生们回到母校，他们会对学校的某个教育者难以忘怀，更会流连于学校那颗老树以及墙壁上古老的文字。可见，学校的环境文化对于学生的润泽与启迪，是一个永恒的美丽话题。

## 一、学校与班级的物质环境建设

苏霍姆林斯基认为，学校的物质基础是对学生精神世界施加影响的手段，是培养他们的观点、信念和良好习惯的手段。就学校而言，操场的色彩与空间设计、宣传栏的布置、花草树木等都是可以用情感视角进行透视及加工的物质环境。在班级中，教室里的空气、温度、光线、颜色、气味、教学设施、墙壁布置、读书角、座位摆放形式变换等，则都属于班级物理情感环境建设的内容。

南通田中的校园从整体到局部都精心规划，期望让情感因素时刻围绕在学生身边，让校园处处有情，学生时刻可以触景生情。首先，以"木、石"为核心整体改造校园。树石伴生，无论是树还是石，均不求名贵，但求朴实、

70

自然。学校以桂树为校树，涵养以"崇高、荣誉、友好、吉祥"为特质的情感，遍植桂树的校园，间植以历届校友捐赠的榆木、银杏、桃李、五针松，是校友们的情感寄托，也喻示了生生不息与兼容并蓄。校门的"思石"，主干道的"源远流长石""问石"，广场的"诚善石"，其所镌文字均来自办学 65 年培育的数万桃李中的普通人，其中有些来自在校学生，过去和当下的共存让每一个学生都能深深感受到学校包容的胸襟与气度，它平等地容纳着每一个生命个体。

学校还积极利用区角空间，让情感因子弥漫每个角落。科普智慧墙悬置设备以物理、数学、逻辑实验设备为主，流动图书馆设置于空间允许的每个教学楼层，图书触手可及，学生无须任何手续，自由借取、自主阅读。陈列在四栋主楼的钢琴是学校最亮丽的风景。学校经常会出现这样的场景：一架钢琴，被三五个孩子围绕着。琴声响起，不少老师和学生纷纷驻足倾听，沉迷在迷人的音乐声中，而即便没有人弹奏，看到这些钢琴的很多人都觉得心里充满温暖的感觉。

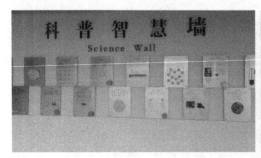

重视温情教室的布置，也是我们的文化建设重点。教室是学生停留时间最长的地方，更应该具有情感的温度。每个教室因点缀的盆栽而充满了自然气息和勃勃生机，班级活动展板上体现学生个性色彩的各种标语、装饰性涂鸦无不洋溢着自由的气息。以物寄情的校园、自由民主的区角文化、个性化的展板，师生在这样校园中提升着情感品质。

陆机《文赋》中有云："遵四时以叹逝，瞻万物而思纷，悲落叶于劲秋，喜柔条于芳春。"钟嵘《诗品序》亦有："气之动物，物之感人，故摇荡性情，形诸舞咏。"物质环境及其变化，是引起人的情感产出与变化的一种影响因素。基于此种理解，校园景观、教室布置、教师着装等物质性的展示，都需要精心设计与打理，以发挥它们濡染心性、激越情意的目的。

物质环境之所以能够激发情感，是因为物质的力与心理的力具有某种异质同构性。美学家阿恩海姆曾用对象的外形所呈现的物理结构与知觉者心理、生理结构的同型，来解释事物的表现性，也就是"情感的产生是由于客观事物的'力'的结构与主观情感的'力'的结构相一致而产生的"[①]。我们应该根据情感发展的具体目标，设计与建设相应的"力"结构的物质环境，以促进学生的情感生成与发展。

## 二、学校与班级的制度环境建设

江苏南通临江沿海，雨水比较多。学校发现，学生下午放学，天若下雨，要么等雨停，要么冒雨回家，要么等家长接。等雨停，如果雨不停怎么办？冒雨回家有因淋雨感冒的可能，学校有在籍学生5000多，即使家长都接也会因为拥堵而带来不便。

如何化解这一问题，学校党委研究决定，由学校购置爱心雨披，下雨天借给全校师生。每个学生自动登记，主动归还。爱心雨披，既是对学生的情感关怀，也是对学生诚信的考验。此活动将德育教育寓于生活小事，让学生

---

① 蔡运贵：《艺术情感学》，29～30页，海口，三环出版社，1989。

的道德意识与行为自然形成。

制度是处理人与人、人与组织之间关系的规定性，这些规定性在一定意义上体现了制定者的情感态度与价值观。个体在与制度环境的互动中，制度"顺其心则喜、逆其心则怒"，同时迫于制度的压力又需要对自身情感做出调整，进而重构自己的情感结构。

这里还需要着重说明，制度作为一种权威性的表征方式，管理者与教师在执行过程中是否严格，将影响学生对制度的遵从感与敬畏感。若执行严格，管理者与教师也能遵循制度，制度对所有学生都一视同仁，那么学生会感受到，教师也受制度的制约，教师自身对制度也是如此遵守，于是他们对于制度的遵从感与敬畏感便渐渐建立起来，并迁移到对其他规则的遵守。

罗尔斯认为，所谓制度的公正，并非平均主义，对于弱势个体的关怀，也是制度公平的生动体现。下面的案例，体现的就是这种制度公平的思想，蕴含着制度设计的情感逻辑。

### 特别的爱给特别的你①

不知用什么来形容学校老师与学生之间的这种超越了血缘关系的深情，任凭外面的世界怎样变幻，在校园这方净土里，永远有这样一群可敬的老师倾情追逐着教育的理想，用生命演绎着高尚的师德，托起学子腾飞的翅膀。

在我们老师的眼中，每一个孩子都是美丽的天使。在他们中，总有那么一些特殊的孩子，我姑且称之为"折翼"的天使，由于他们的弱小和特殊，就需要老师们像对待荷叶上的露珠一样小心翼翼地对待，竭尽心力地呵护。在南通田家炳中学的校长办公室，一面鲜艳的锦旗在春寒料峭的时节向我们默默地讲述了一个温暖的故事。

2015年秋季开学不久的一次家长会后，班主任张老师第一次从胡同学妈妈的口中听闻了这个家庭的不幸。小胡的哥哥在9岁那年患上罕见的多发性神经纤维瘤，已多次手术去除纤维瘤。更不幸的是母亲又身患乳癌，手术后每月吃药就要上千元，家中生活仅靠父亲几百元的工资维持。"屋漏偏逢连夜雨"，父亲在2009年因过度劳累猝死，家里一下子失去了顶梁柱。现在哥哥

_____

① 撰写者：周晓慧。

因体质虚弱待业在家，母亲身患癌症，全家没有固定收入，基本靠低保和社会扶助生活，哥哥、母亲和小胡三人相依为命。

生长在这样一个因疾病跌入赤贫的家庭，小胡同学的艰难境遇牵动了班主任张老师、英语陈老师、所有任课老师甚至其他班级老师的心。学生处茅主任根据学校规定，不但给孩子办理了助学金，还专门联系了食堂，免去了她在校的午餐费。天气凉了，老师们专门整理并购买了衣物送到孩子家中；孩子病了，老师们专程去探望，耐心地给孩子补上落下的功课；逢年过节，老师们像亲人一般给她家送去了米、油等生活用品；担心孩子营养不够，老师们精心选购了苹果、牛奶、饼干给孩子加强营养，偷偷塞给她的钱更是连老师们自己都记不清有多少了。在班主任的倡导下，班级同学也给她集体的温暖。

老师们欣喜地发现，自信阳光悄然注入到了胡同学的身上，勤勉进取正成为这个孩子的人生信条。正是学校与老师的关爱，使得孩子的心灵花园冰雪消融、春暖花开。

制度设计体现的对于弱势群体特殊的情感关怀，不仅能够安顿与温暖这些特殊学生的心灵，对于其他同学而言，也具有多种教育价值。不仅可以提升他们对于弱势人群的同情心与同理心，也可以帮助他们了解体悟到制度设计的情感原则，感受到制度不是冷冰冰的东西，能够意识与体悟到制度为人的美好生活而服务。

就制度情感设计的整体而言，具有情感温度的制度环境，首先应给予学生充分的安全感体验，在这样的制度环境中，学生能感受到自身在学校遇到任何困难与问题，都可以找到寻求帮助的组织和平台。其次，制度环境能让学生感受到归属感，感受到来自老师与同伴的尊重，觉察到自己有表达个人观点的权利，进而能够真正融入学校的群体当中。此方面，美国的 SEL 计划对于情感性制度环境的建设较为细腻，现引用部分内容以飨读者。

**SEL 计划关于情感性制度环境的建设指标①**

| 结果指标 | 具体情况的例子 |
|---|---|
| 1. 在学校学生从心理上感到安全 | • 有一个调查欺凌的政策(由学生、员工和家长/监护人商讨开发和更新),监控每个案例和提供咨询服务时坚持和平等地应用于所有的学生的支持,如校内的顾问服务<br>• 有清晰的界限,期望和规范<br>• 学校为学生在休息/午餐时间、学校日的开始和结束时提供"安全地带"或安静的房间,并且在学校场所所有充足的教职工巡逻<br>• 有一系列能够匿名举报欺负事件的机制<br>• 学生在休息时间去学校或回学校的路上,感到不舒服或被恐吓时,被鼓励来找成人和其他年长的学生<br>• 在处理欺负事件时,有学生的参与<br>• 在学校周围有关于在行动之前思考、处理愤怒等的提醒<br>• 在校内和校外合适的地方有明显的标示(包括学生的作品)可见的文字信息来提醒学生到哪里去<br>• 有一系列可行的方法来与教职工交流任何问题 |
| 2. 学生在学校里感到被成人以及同龄人所重视 | • 教职工接受了训练来支持学生的自信(自尊)和情感的良好情况,并且采用了技巧来这样做<br>• 学生在课程中隐性和显性地被教授友情的技能,以及接受和重视每一个人的重要性,尽管存在着不同<br>• 积极采取措施应对偏见和所有形式的刻板印象——宽容被积极推动<br>• 所有学生在班级和学校层面都有机会来经历成功并且被庆祝<br>• 日常地进行明确的活动来保证学生的自我和对他人的重视(如在 SEL 课程内,学校外的成就) |
| 3. 学生感到自己属于集体并且在班级和学校中有发言权 | • 在校内和校外日常进行活动来促进学生的归属感和联通感(如,在具体的 SEL 课程之中,校外活动,团队游戏和俱乐部,适应所有人的额外的课程活动)<br>• 学生在具体的 SEL 课程中被教授表达"学生声音"的技能(如自信,合作,团队合作,协商、妥协等)<br>• 有计划的机会来使得学生能够通过他们的声音和行动改变学校里发生的事情(如,学校委员会、调查问卷、集中小组、咨询小组) |

---

① 本表转引自《教育部—联合国儿童基金会"社会情感学习(SEL)"项目培训手册》。

### 三、学校与班级的心理环境建设

物质层面和制度层面都含有教育的因子，对学生的道德、人格等发展起到影响作用。不过相比较而言，显然心理环境对学生的发展最具影响意义。心理环境与人的认知、情感、信仰等精神活动紧密联系，它最容易唤醒人的生命、人的灵魂、人的道德潜能，因而在三种文化中，它对人道德、人格构建的影响是最深刻的。

那一届，让我印象深刻的是S同学，以及我与他的交往。入学第一天，就发现了男生S同学，眼睛很大，个子很小，很活跃，或者说异常的不安静。在座位上时，手中总有各种小玩意儿，总是能发生各种声音。慢慢地，声响越来越大。有一天，同学来报告我，她的修正带不见了，但在S同学手中出现了一模一样的修正带，并正被S同学暴力拆散。接下来不断有孩子来报告我遗失东西，光修正带班上就有21个人丢失。

这是一个大"案子"，我记在心上，暗中留意。没过多久，学生处老师告诉我，发现S同学在课后窜到自行车停放点，把许多辆自行车上的踏脚和铃铛拆卸了下来，导致放学时许多孩子无法回家。事情越来越紧急，我已经找S同学谈了许多次话，也忍不住发了几通火，家长也请来了几次。似乎受影响的只有我自己，而他没有一丝一毫的触动。我常常暗想，这个家伙的灵魂怎么藏得那么深呢？如何才能触动他呢？我决定了解这位孩子的小学状况。当我挂上S同学小学班主任的电话，那句话依然在我耳边回荡，"不好意思啊，我六年未成功感化他，把麻烦带给你了"。他从小学二年级就没有认真学习过，家里父母关系似乎很不好，离了再婚又再离婚，而且文化程度不高还无业。小学二年级开始基本没有认真的文化学习，父母关系不好，也不怎么管他。

我开始留意S同学的闪光点，发现他的动手能力确实强，班上的一些报修整理的工作只要交给他，肯定完成得很漂亮。我减少了对他的批评，增加了对他私下的和公开的表扬与鼓励。S同学原来那种带有防备的眼神渐渐地温和起来。班上的学习用品遗失现象也越来越少。有一天，我发现他中午在学校不吃饭。联系S同学的父母，发现一个停机，另一个始终是暂时无法接通，只有联系他的爷爷。原来他把爷爷给的伙食费私下扣了下来，对班委说不在学校吃饭了。听到这个消息后，我外出回学校时，给他带了一份蛋糕，趁着下课，悄悄塞进他的抽屉。在走廊上找到正与同学嬉闹的S同学，告诉他有件东西放在他抽屉里，并神秘地对他眨了眨眼睛。

从这件事情后，S同学与大家的关系越来越和睦。到了初三最紧张的时刻，S同学在经过教室外走廊发现地上有张纸，都会主动把它捡起来。班上每次发新书，他都会主动上来帮忙，并把地上的外包装、绳子等整理得干干净净。中考那一天，我顶着烈日在考场外发放准考证，S同学还专门为我带了一瓶纯净水……看到他的变化，我真为他感到高兴。祈愿他能够在以后的日子里，始终保持这种良好的状态。①

本案例再次证明，只要能够对学生付出足够的耐心、信任与关怀，学生就会敞开自己，并与他人建立起密切的情感联结，同时，由于归属感和价值感获得了满足，行为品质也会向好的方面转化。关键在于，教师能够主动地与学生建立情感联结。下面的一篇文章，则是从学生的角度，描述了老师关怀下的自己成长的过程。只因为体育老师一次鼓励的话语，一次温暖的握手，让主角难以忘怀。就在这举手投足的瞬间，留下了永恒的美好。

### 老师我想对您说②

降服冬天的不是酷热，而是不着痕迹的温暖。

——题记

每一个老师，都有一双神奇的手，他们手持红笔，与此同时，还在不知疲倦地渲红整个冬天。

我的体育非常不好，如若我是一株梅，那么我必将是覆满厚雪的。但是有一天，我被温暖的阳光唤醒了，一个炙热的太阳，滋育着我，那个太阳便是您！我仍然记得在那之前的自己：一个一想到体育课就十分急躁，总是希望下雨，即使上主课也绝不愿意上体育课的女孩；一个一想到跑步，就双目无神，心中寒彻，严重度堪比重度晕车患者的女孩。当时的我自然也不怎么喜欢作为体育老师的您，现在想来是多么的可笑，不过当时的我确实是这样

---

① 撰写者：严莉。
② 撰写者：初一（21）班陈陶。

的心态。

那是寒冬里的一天，连续下了整个双休日的雨就这样忽然停了。即使连太阳都没有，却始终不下一滴雨，心中不由纳闷：大冷天的，又没有太阳还要出去吹风，不如待在教室里呢！

伴随上课铃的打响，虽然万般不情愿，但还是磨磨蹭蹭地下了楼。您站在操场上，手里拿着名册，"上次 800 米没及格的，今天过来重考！"我慢悠悠地走到跑道上，做着我认为毫无用处的预备动作。听到哨响，我本着为之后留力气的想法而不急不缓地开跑了，半圈……一圈……仅仅才跑了一半，就已经感觉十分吃力，不由大口大口地喘着粗气，呼出的暖气模糊了我的眼镜，终于忍不住了，慢慢地走了起来，再跑……整个人几乎是摔过了终点。唉！还是没有及格！刚好 5 分钟，也是气人，明明就差一秒！

"叮铃铃"，下课铃声终于响起，感觉世界瞬间都美好了！听到您说下课，立马转身就准备走，忽然听到您叫了我的名字，不由一愣，一直以为您不记得我的。怀着忐忑的心情走到您的面前。"你还跑得动吗?"心中不解，但还是缓缓地点了点头。"那就再跑一次吧，刚开始跑不要太慢，转弯的时候不能加速，不管多累一定不能走，加油，老师相信你一定可以的！"

于是，我又重新站到跑道上，太阳慢慢地从云层背后探出头来，舒适的阳光斜照在操场上。开始！一圈，两圈……好累……好想走……但……远远地望见你鼓励的手势，忽然发现您也没那么讨厌……我咬咬牙加快步伐。"4分 52 秒！及格了！"我看见您笑着向我走来，不大的双手握住我僵紫的手，一股暖流从手心流入我的心窝。"我就说会成功的吧！"您笑得像个孩子，这一刻我才真的明白您真的是一位好老师！

虽然至今我的体育依旧不怎么好，但我是笑着的，就像那天您一样！

老师，我想对您说：您像一盏灯，照亮我黑暗的路途；老师我想对您说：您是一轮太阳，温暖我整个冬天；亲爱的老师我想对您说：谢谢！谢谢！谢谢！

# 第三章 "情感—交往"型课堂教学改革

## 第一节 "情感生态课堂"的构想与追求

在研究初期，我们尚未提出"情感—交往"型课堂这个概念，首先提出的是"情感场生态课堂"的概念。作为种子学校，我们正承担着朱小蔓教授"教师情感表达与师生关系构建"项目在基层学校的实践研究工作。针对该项目，我们在课堂建设方面形成了这样的追求：关注心灵成长、蕴含情感能量、拥有良好生态，当时我们称之为"情感场生态课堂"。

### 一、情感场生态

"场"既是场所，又是作用。"场"是相互依存事实的整体，概言之，万事万物，几事几物，都能构成相应的"场"。"情感场"是以情感为作用方式的场，亦是以情感为存在方式的场。"校园情感场"是以校园为基本范畴的情感场，生成于校园，主要存在于校园。但由于"场"的辐射性特点，如果处在射线端点，我们期望这根射线延伸得长远一些，影响孩子的一生；如果处在圆心位置，我们期望这个圆的覆盖面积广一些，产生良好的社会效应。

"生态"是指生命体在一定条件下存在、发展的状态和样子。随着人们对美好生存状态的向往，"生态"一词已被更多地赋予健康、美好、和谐的内涵，因而"校园情感场生态"是一种基于校园情感场，具有场特质和场作用的理想生态。这种生态尊重教育教学和孩子成长规律，自然和谐；这种生态看重孩子的自我体验，充分凸显主体性和主动性；这种生态依赖场内各因素的相互作用，以形成孩子成长所需要的积极、正面的力量，激励孩子突破"最近发展区"。我们拟以化学学科为例，来透视我们的情感生态课堂。

（一）学科是你，学科是我

《化学是你，化学是我》是一首由北京大学原校长、高分子化学家周其凤作词的歌曲，被推崇为"神曲"。仔细揣摩歌词"化学究竟是什么，化学就是你，化学究竟是什么，化学就是我。化学究竟为什么，化学为了你，化学究竟为什么，化学为了我……"我们能体会，化学无处不在，在化学研究工作者的视野里，一切都是化学的世界，或者就是化学的场。你和我都是化学物质组成的，所以从这个意义上说，你是化学，我也是化学，你和我都在化学的世界里相互作用，这符合中国哲学的"一体观"。

渐渐地，我们更体会到，化学根本是为了你，为了我，这才是化学学科的终极意义和价值，是我们科学工作者和教育工作者所根本需要澄清和揭示的。学生如果对此有了理解，就会有情感的认同，教学的意境和生态就会自然升华，一个物质探究的世界牵连着另一个情感交互、共鸣的精神世界。于是，化学的课堂就是一个在情感驱动下的巨大、持续作用着的场，其中的场能不断增强。其实，哪门学科不是如此呢？

（二）生态是你，生态是我

在场生态的视阈下，你中有我，我中有你，我因而你而存在、而为"我"，这个"我"又是独立的我；你因我而存在、而为"你"，这个"你"也是独立的你。你和我都是这个场生态的主体。所以，说起生态，离不开你和我，如同"化学是你，化学是我"所揭示的一样，生态既是你我，又更是为了你我。有了这种和谐的生态观、一体观，每个人都会珍视周围的生态，都会积极贡献于所在的生态，而不忍去破坏它、肢解它，如同对待自己的生命一样对待和自己一体的生态。如果是这样的课堂生态，情感一定是融洽的、自然的、互通的，是指向生命成长的。

## 二、情感场生态课堂

### （一）基本要求和概貌

在情感场生态视野里，教师进行教学设计应该有意识地考虑到人（师生双方）的情感需求和状态，在课的教学目标设计方面要考虑情感的维度，对自己的教学预设出情感教育的价值目标。由此，一堂符合情感场生态视野的课，必然是有其较为鲜明的情感主基调或者情感主色的，这是其巨大情感场能的场特征。

同时，在具体的教学过程中，这样的课堂还应该有着一条较为清晰的情感主线（笔者称为"情感流"），它是对情感主基调（主色）的有序预设和灵动生成。这条线以活动和知识为载体，以言语、肢体表达、环境等为途径或媒介，由师生双方互动、配合、协调完成，在这个过程中，伴随着情感的觉察、理解、调节、激发、强化与波动。

最终，一堂完美的情感场生态课，还应该在情感共鸣的基础上得到情感的结晶、形成情感的升华。所谓情感的结晶，就是学生对于学科知识的价值、对于教师教学的成就予以认同、认可、赞赏、欣赏等。所谓情感的升华，就是学生对于所学产生了浓厚兴趣，有着持续的、强烈的探究热情，能够不断克服前进道路上的困难，有信心迎接挑战，有愿景迎接成功。这是情感场机制产生作用的必然结果。

（二）基本考量

情感场生态视阈下的生态课堂，所关注、考量的是教师、学生、环境三者之间的生态关系，而这种关系是建立在情感和场作用的基础上的。也就是说，要分析、判断在教学过程中，教师、学生、环境三者之间究竟是和谐的、互生的，还是相克的、互损的，情感在其中是起到正向推动和纽带作用，还是起到负向阻碍和割裂作用。

（三）基本特征

基于人们对于美好生态的诉求，我们给情感场生态课堂也赋予了三个主要特征：自然的、有"温"度的、生命自由生长的。

**1. 它是自然的**

之所以把"自然"放在第一位，如果就化学学科而言，首先因为它是一门自然学科，它源于自然，发展于自然，服务于自然。自然是美好的，又是有规律的，所以，我们研究化学、学习化学，就是为了发现自然的美好与奥妙、掌握自然的规律，再以遵循自然的方式去美化、影响周围的生态，使之更加趋于合理，最终更加适应人类的物质与情感需求，这是一种价值观角度的终极目标。

对普遍意义上的各学科情感场生态课堂，就"场"本身而言，场存在的意义就在于场中各种实体之间的相互作用，而这些作用也是自然而然的，如同磁场中的磁针自然受到场的作用与磁化。如果教育者付出真情，真实、由衷表达对于所任教学科的热爱和对所任教学生的关爱，他将收到的反馈也必然会是学生对于学科的价值认同、关注和热爱以及其对老师的尊重、信任和喜爱。一切都在不知不觉中慢慢发展着、变化着。

**2. 它是有"温"度的**

我们认为，情感是有"温"度的，这里的"温"是"温情"的"温"，是一种让人舒适的感受。也就是说，这种有"温"度的情感主要是指那些正向的情感，如爱、信任感、尊重感、责任、宽容心、震撼、感染等，主要是起着正向的教育作用，其中，爱是核心。其实，对于一个符合生态理念的化学课堂而言，它必然是需要温情来支持、维持的，因为教育本身是一个蕴含、孕育着各种情感因素的事业，它不是机械的生产，不是冷冰冰的灌输。当然，任何一堂符合教育规律、成功的生态化学课堂也必然是"温情"荡漾、积极祥和的。

**3. 它是生命自由生长的**

教育的目的，是在尊重学生个性的基础上使得学生全面成长，而生态的结果正是能实现其中的生物体自由健康成长。所以，情感场生态视野下的课堂必然是一个指向师生生命自由生长的课堂，这样的课堂既尊重学生的个性发展、兼顾教师的教育个性，又满足全面育人的目标。需指出的是，在某种程度上，生态本身就意味着自由。在一个理想的生态里，各种生物自由生长，找不到完全相同的两棵树、两片叶子，但这种自由又并非毫无节制和规律，树还是树的外形，也不会无限制长高或完全侵占其他生物的领地，这正是孔子的"从心所欲不逾矩"般的自由境界，是中国传统文化中"和而不同"思想的现实写照。

所以，要给予师生自由，就是尊重他们的个性，给他们一定的发展空间。如果人的个性不被尊重，其情绪必然是受到压抑的，所呈现出来的课堂的面貌必然会是呆滞的、不自然的，师生在情感交流、学生在知识获得与生命成长方面也将是受到障碍和扭曲的。

我们最初对生态化学课堂提出了"生成""生动""生长"三个方面的目标评价标准，如果细分三者的含义，不难看出：生成是对课堂教学理念和方式的规范，即应该尊重和突出学生的个性和主体性，让学生去主动探究，进而发现规律、归纳知识、得出结论；生动是对课堂外貌特征的界定，这针对的是课堂的教学过程；而生长则是对教学成果的定位，生态的课堂就是知识、技能、情感等共同生长的课堂，如果在生成和生动两个方面做得好，其最终结果必然是生长的，生长是一种动态，是富有生命特征的。所以说，生成、生动、生长三者中最核心、关键的还是生长。

从生态和情感场的双重视阈来构想、构建我们理想的情感场生态课堂，我们深深地感受到，符合生态理念的课堂需要情感来维系、滋养、支持，情感是其灵魂。然而，对于我们大多数习惯了"以教师为中心"的教育工作者而言，普遍缺乏情感技能，缺乏情感素养，然而这是不能满足时代对于教育的要求的。朱小蔓教授反复强调，我们只有有意识不断地去提高自己的情感觉察能力，及时觉知、理解学生的情感状态和需求，只有有意识地按课堂教学的需要来调适自己的情感，并且按照教育的规律来正确表达自己的情感，才可能让学生接纳自己，接受自己的教育，最终实现情感场生态课堂的教育梦想！

## ▶ 第二节　各学科"情感生态课堂"实践案例

情感生态课堂作为南通田中课堂改革的样态，在学校的各学科中广泛展开。本书选择部分学科老师的情感生态课堂操作实践，展示给大家。这些案例分为两大类，一类是已发表或待发表的学科教学论文，另一类是某一学科典型的教学实录及反思。

### 一、如何构建语文课堂情感场[①]

教育家夏丏尊说："教育不能没有情感。"语文教育更加离不开情感，小到

---

① 撰写者：吴国林，原文发表于《中国教师》，2016(11)。

每一个汉字的构造，大到学生语文素养的形成，都是以情感为纽带的。作为训练学生语文素养的主阵地——课堂，也必须是充满温情、激情乃至豪情的所在。只有语文课堂有情感了，在学生眼中，枯燥的方块字才会低语，冷峻的词汇才会说话，简洁的短语才会发声，曼妙的句子才会传情，诗意的文本才会歌唱。学生才会浸润在由文本、教师、同学及自身构建的温馨的情感场中，陶醉于点滴的感动中，获益于碰撞的火花里。

笔者以为，语文课堂情感场的构建包括个体要素以及个体要素间的互动。所谓个体要素，就是语文课堂中相对独立的组成要素，包括文本、教师、学生三个要素。所谓要素互动，是指在语文课堂中文本、教师、学生三个相对独立的要素进行互动，建立起有情感温度的师生、生生、生本关系。

所以，要让语文课堂真正变成磁场强大的情感场，我们就应该从上述两方面着手。

**（一）充分挖掘个体要素**

第一，要挖掘好文本要素。人们在坚定地传承古人深厚文化传统的同时，更是用心将之发扬光大，并紧紧把住时代的脉搏，创作出了一批又一批璀璨夺目的经典名作。这些古人与今人的黄钟大吕，要么悲壮，要么苍凉，要么娴静，要么欣悦。而选入中学语文课本的，更是其中熠熠生辉的篇目，情感也更为恢宏、充沛。因此，作为教者，我们首先要做的就是俯下身子，将文本中的情感耐心细致地挖掘出来，找寻到情感表达的爆发点。

第二，要挖掘学生个体要素。有人说，学生不是"教"出来的，而是用情感"熏陶"出来的。这句话未免有些夸大，不过放在语文课堂上，倒是再恰当不过了。一方面，学生不是冷冰冰的物体，而是有感情、有生命、有活力、有朝气的个体。另一方面，学生面对的是自己的母语，是工具性与人文性交融的母语，里面融入了作为中华儿女诸多的丰富情感。另外，任何一篇优秀的文本本身就是有情感的，等待青少年学生去体验，去感悟。所以，在语文课堂上，我们充分尊重与挖掘学生的个体情感不仅是必要的，更是有可能的。

第三，我们要挖掘自身的个体要素。作为语文教育工作者，我们必须培养自身"三热爱"的情感：热爱汉语言文学、热爱每个学生、热爱语文课堂。只有我们自身热爱汉语言了，才能发现其中的美，才能发掘其中蕴含的丰富

83

情感，才能用自身对汉语言的热情去感染每一名学生。同样，只有热爱每一名学生，我们才会产生传道授业的神圣感和使命感，才会激起我们钻研汉语言魅力的责任与自觉。此外，只有热爱语文课堂，我们才会热爱语文教学，才会激情洋溢地走进课堂，才会不知疲倦地去研究教法、学法，才会有智慧、讲艺术地去组织课堂教学。

### （二）充分促进要素间互动

语文课堂情感场的构建固然离不开对文本、学生以及教师自身个体要素的激活，不过，这种激活还是孤立的，且缺乏深度，仅为情感场的形成提供了可能。要真正建立语文课堂的情感场，增加它的深度与广度，拓展它的内涵与外延，更为重要的是要有力激发个体要素间的互动，建立起语文课堂中积极和谐的互动关系。

#### 1. 师生间的情感互动

有人说，师生关系的好坏决定教育的成败。在语文课堂上，也同样如此。语文课堂师生关系的构建固然离不开语文教师的个人魅力、专业素养与对学生的亲和力，也离不开语文教师尊重学生、民主管理以及机智的课堂引导力。

更重要的是，语文教师应牢固树立"教师主导，学生主体"的教学理念，把课堂还给学生，让学习真正发生。陶行知说："先生的责任不在教，而在教学，教学生学。"语文教师教学生学最有力的抓手是以精致的教学活动为媒介，让学生在活动中激发兴趣、迸发思维、合作探究、踊跃展示，亲师信道。

语文课堂中的活动教学有效解决了以下几个问题，一是教师的教学行为。教师的角色发生了很大变化，不再是学生学习的包办代替者，教师成了真正意义上的组织者和引导者。二是学生的学习行为。学生由被动接受变为主动探究，由机械识记变为灵活理解，学生学习语文的积极性被调动，真正实现了高效语文课堂。课堂上学生思维活跃，发言踊跃，一扫沉闷的课堂气氛。三是学生与教师的关系。在教学活动的推动下，语文课堂中的教师与学生不再是支配与被支配、领导与被领导的关系，不再是你讲我听、你报我记的关系，而是教学内容上的授受关系，人格上的平等关系，道德上的促进关系。

语文教师必须对教学活动精心设计，活动设计应考虑到以下几个维度。一是要围绕培养学生的语文素养来设计，语文教学的终极目标是提高学生的语文素养，活动设计应综合体现语文知识、语言积累、语文能力、语文学习习惯、良好的思维品质、审美鉴赏能力等素养。二是要围绕教学目标来设计，知识与技能、过程与方法、情感态度与价值观三个层次的目标呈现出一种复杂的交叉关系，其中情感态度与价值观则是潜藏在前两个层次目标之中的。在课堂教学目标的总体调控下，设计一系列彼此关联、看似独立而实为一体的课堂活动，以实现教学目标。三是要围绕学习方式来设计，新课程提出了自主学习、探究学习、合作学习、研究性学习等学习方式，语文教师应以学定教，在教学活动的预设与生成途径上，学生应用到一至两种学习方式。四是语文教学活动要反映文本内容，不同体裁的文本其教学目标、教学重点往往不同，所以教学活动的设计也有所区别。说明文、议论文的教学活动侧重于隐性活动，注重理性思维、逻辑思维的培养；而记叙文，特别是小说、叙事性散文的教学活动更多是显性活动，注重培养学生的感性思维与发散性思维。

在以活动为媒介的语文课堂中，学生是活动的真正主人，教师要尊重学生的主体地位，面向全体学生，激发学生的活动兴趣和参与欲望，使每个学生都参与到活动中来。同时，教师要帮助学生克服参与活动的盲目性，解决学生活动中出现的问题，保证学生活动规范而有效地进行。总之，教师要做学生活动的组织者、指导者和促进者。

**2. 学生间的情感互动**

华南师范大学郭思乐教授在《教育走向生本》一书中说："学生不仅是教育对象，更是教育的最重要资源，是动力之源、能量之库。"学生个体之间虽然存在一定的差异，但在语文课堂上，在语文教学活动中，他们完全可以忘记自己的不足，彼此间、小组间建立起互助合作的深厚情感，自信地投入到热烈的讨论中，踊跃地展现自身的风采。

为什么语文课堂、语文活动更有利于学生间情感互动？原因主要有以下四个方面。

第一，学生对语文天生有感情，语文对学生天生有吸引力。所以，学生面对充满人文情怀与情感温度的文本，凭着对母语笃厚的情感认同，凭着对社会生活的热切关注，学生有发表意见、交流思想的原动力。

第二，语文活动的有效设计，也能一步步引领学生在自主学习的基础上，展开有效的合作学习、探究学习，并踊跃展示。在这系列过程中，学生在个人充分思考的前提下，与同伴、与小组成员展开深度交流，互相提醒，互相帮助，互相取长补短，学生间的关系也变得越来越和谐。

第三，吕叔湘先生曾经说过："说到底，语言学本质上是一门人文科学。"语文是充满人性、人情和人道的教育熏陶，教学重点在尊重和唤醒学生的主体意识，注重个性生命的生长，生命本体的活跃，强调尊重、关心、理解、信任每一个学生，激励每个学生主动发展个性，完善人格。所以，语文课堂上学生间的情感交流不仅是语文学习方式的需要，更是人格完善的需要，是语文人文性的体现。

第四，语文课堂活动的开展往往以小组为依托，小组设置的基本原则是"组间同质、组内异质"，小组成员分工明确，任务清楚，都能找到自己的位置，也都能找到自身的存在感，在完成任务的过程中能体验合作探究的成就感。所以，学生在组内交流的兴趣与热情得到极大激发，学生间的交流就变得自觉而自然了。

总之，语文课堂情感场的构建应做到三个要素的和谐统一，教师既是情感场的主导，也是情感场的施予者、受益者。学生既是情感场的主体，也是情感场的核心。文本是情感场的媒介与载体，文本本身"含情"，更能传情。语文教学活动的设计是情感场构建的发动机，能起到举目张本的作用。

## 二、情感场下高中数学教学理论与实践研究[①]

置身于高中数学课堂中，总是能够感觉到一些看不见也摸不到的情感，并且这些情感会随着教师的喜怒哀乐而跌宕起伏。当近距离与学生接触的时候，即使是短暂的眼神交汇也会碰撞出异样的火花。随着情感的投入，课堂中激起的涟漪会随之变大。于是，我逐渐发现课堂中的情感场，且发现其能转变学生的学习态度。

### （一）情感场概述

人非草木，孰能无情。情感是人们对客观事物以及对象持有的一种态度

---

① 撰写者：易峻，原文发表于《文理导航》，2017(23)。

或者说是一种体验。情感场则属于一种特殊的物质，与电场、磁场相似，没有形态，也不具备质量，却具备力与能的效应，且客观存在。

情感作为主观反应，在高中数学教学中有非常重要的作用：①渲染作用。在高中数学教学中，可以借助情感来渲染氛围，将学生融入其中，吸引学生注意力，调整沉闷的课堂氛围。②调动作用。教学中为学生创设积极的氛围。积极氛围中，学生融入高中数学学习中，积极性和主动性均得到调动。③调节作用。好的情感能够协调认知活动，并使学生长期处于积极的学习状态中，学生的思维也会得到提升，变得相当灵活、敏捷。

**（二）情感场之下高中数学理论教学实践研究**

高中数学教学中情感场的营造离不开教师的作用。为保证教学实践的高效展开，一方面，教师要认识到情感的重要性，另一方面要有丰富的知识储备以及积极向上的情感态度。此外，教师还需要积极乐观地面对生活和教育事业，尊重学生、热爱学生。教学经验和研究告诉我们，可以借助以下几点营造高中数学"情感场"课堂。

**1. 渲染良好的情感氛围**

身为一名好的教师，也需要具备好演员的素养。教学中，教师可以借助情感场具备的渲染作用，通过自身的精神投入、表情状态等方面，调动学生学习积极性，为高中生营造一个良好的情感氛围。

实例探讨：在学习《椭圆》的时候，为了渲染课堂气氛，我先让学生聊一聊常见的椭圆。在学生纷纷讲出自己认识的椭圆的时候，课堂的气氛得到调动。之后，我让学生结合自己的方式，绘制一个椭圆。课堂中可以点评："有的学生画得像橄榄球"，"有的学生画得更像土豆"，等等。课堂氛围也在这个阶段被推向高潮。这时发现有名学生椭圆画得特别好，其他同学和教师非常好奇他画得这么好的秘诀。该学生说自己是使用胶带做出的椭圆模型画出来的。这一过程中，大家笑声不断。这时，我以一种特别的语气说（表演从此开始）："这样做很聪明，但是只能画出单一大小的椭圆，而我只需要借助细绳就可以画出不同大小的椭圆哦。"学生们的情感也在这时得到激发，之后我结合椭圆的定义，借助绳子画出不同的椭圆。学生们受到好奇心驱使，都积极询问我画出椭圆的方法。我也顺势提出椭圆的定义。在这种氛围中，教学效率显著提升。

**2. 施行有效的引导与评价**

情感场具备调动作用与调节作用，因此，高中数学教学中，可以借助引导和评价构建一个情感场，以学生作为中心，借助评价来引导学生，调动学习积极性，调节学生不良情绪，确保教学的有效发展。

实例探讨：在《对数函数》讲解的过程中，学生很容易被函数吓到。为转变学生的消极情绪，可以结合情境导入的方式，让学生融入情境当中，以问题情境激起学生的好奇心，并引导学生，让学生意识到生活与数学之间的密切联系，引出对数函数的定义。

如，在课堂的初始阶段，提出这样的问题：一尺之棰，日取其半，万事不竭，(1)取 5 次以后，还有多长？(2)取多少次后，还剩下 0.125 尺？

针对第一问，大多数的学生都不会出现问题，但是有的学生没有认识到这属于一个指数函数，因此，在学习的时候采用比较原始的方式，算了 5 次。我在发现之后，为关注学生的情感发展，以积极态度鼓励学生有与大多数同学不同的看法，及时帮助学生抚平不安的心理。之后，我再结合指数教学的内容分析，帮助学生加深对指数函数模型的认识，引导学生得出 $\left(\dfrac{1}{2}\right)^5 = \dfrac{1}{32}$ 的结果。之后我顺势询问这位同学，第二问准备怎样解答呢？学生在我第一次创建的情感创中已消除了消极的心理，主动地分析。这时他积极使用指数函数知识，设未知数 $x$ 表示取的次数，得出 $\left(\dfrac{1}{2}\right)^x = 0.125$ 的结果，求 $x$ 的值。通过引导和鼓励式评价，我为学生调整了心态，也调动学生学习积极性，有效推动教学的发展。

**3. 联系生活实际情况**

生活是一个大课堂，教学中联系生活实际，可以转移学生对数学的消极情绪，引导学生体味到真实的知识内容，激发学生的学习渴望。这种渴望对教学而言非常重要。学习内容的生活化，会拉近教学实践与学生之间的距离，进而激发学生对知识的渴望，推动教学的有序展开。

如，在《导数》部分知识讲解的时候，可以先设置一个"高台跳水"的模型，让学生能够在直观的角度感受变化率。在生活实例的引导之下，让学生了解跳水中蕴含的导数知识，激发学生的学习意识，加深学生对这一部分知识的理解，促进学生不良情绪的转变，调动学生的学习积极性。

总之，在情感场的作用之下，开展高中数学教学对教学积极性的提升和学生的学习都有着非常重要的影响。因此在教学中应充分考虑学生实际，重视学生情感因素，努力发挥情感的积极作用，以实现教学目标。

### 三、初中英语课堂教学中的情感渗透①

#### （一）当前英语课堂教学现状分析

在当前的初中英语课堂教学中，存在这样一种情况：很多教师进入课堂前，对教材的研读比较浅显，对于教学内容的处理习惯采用"讲授""灌输"式的方法。在课堂上，教师对语法现象的讲解往往多于语言具体应用的操练。甚至于在一些课堂中，英语课被孤立地瓦解成单词的背诵，句型的记忆和语言点的疏通。久而久之，学生对英语学习缺少兴趣，丧失信心，甚至产生严重的厌学情绪。即便有一些能够在英语考试中"大展身手"的学生，在具体的语言交流时，也会"面露难色"。笔者认为，产生这种教学现状很大一部分原因是情感因素在课堂教学中的作用不能引起足够的重视。

我国情感教学研究学者卢家楣教授在对全国相关教师在教学中运用情感因素现状的调查研究中发现，"有清醒意识"考虑到利用情感因素来提高教学效果的教师仅占总数的 32.8%，而其中能够将情感因素运用到教学中的仅有 5.5%。由此可见，唤醒教师将情感因素渗透到课堂教学的意识，并且帮助教师了解、掌握并会灵活地将情感因素运用到课堂中去的任务迫在眉睫。

#### （二）情感渗透在英语教学中的必要性

新课程改革的一个明显特点，就是突出了情感因素在新课程改革中的地位，并以文本的形式明确规定了情感目标的情况，形成了情感态度价值观目标与知识技能目标、方法过程目标三足鼎立之格局。《义务教育英语课程标准（2011 版）》中指出，情感态度指兴趣、动机、自信、意志和合作精神……教师应在教学中不断激发并强化学生的学习兴趣，并引导他们逐渐将兴趣转化成

---

① 撰写者：葛婷婷，原文发表于《江苏教育》，2015(22)。

稳定的学习动机……

笔者认为，初中英语的课堂教学，应该在充分考虑到英语教学中知识技能掌握和能力目标达成的同时，将情感因素融入英语课堂，努力发挥情感在教学中的积极作用。通过教学中的情感渗透，完善教学目标，优化教学环节，不仅可以帮助改进上述英语课堂中存在的教学问题，而且对提升学生英语学习兴趣，帮助师生关系的和谐发展起到很好的促进作用。

**（三）情感渗透在初中英语课堂教学中的具体应用**

下面，笔者结合平时课堂教学实例，谈一谈在日常教学活动中，英语教师可以通过哪些方式尝试将情感渗透进课堂教学。

**1."诱"情——充分调动学习兴趣**

"诱"的内涵在于诱导和引发学生对当前学习活动的兴趣，以便调动学生参与学习活动的积极性。诱情活动通常发生在课堂教学的导课部分。课堂教学的导课设计应该从学生感兴趣的话题入手，在学生现有知识水平的基础上做出进一步的拔高。利用学生的好奇心理，充分调动他们的学习热情。

以译林版《义务教育教科书·英语》（以下简称《英语》）8A Unit 4 Do it yourself Welcome to the unit 为例，课堂开始，需要学生学习几个工具的名称（brush，scissors，string，glue，tape）。如果教师采用直接带读单词，并记忆背诵的方式虽然可以强制学生识记，但是学生很难对没有语境单词的使用产生印象，容易记住更容易遗忘。笔者尝试拿一个装有工具的箱子进课堂，先让学生猜箱子里面可能是什么。再让学生上来摸，通过触觉更准确地猜出工具名称。最后再让学生演示使用这些工具，并在教师的帮助下，用英语描述这些工具的具体使用方法。学生的学习热情被一个"箱子"大大地诱导出来。每一个孩子都有上台试一试、摸一摸的冲动。学生更可以借助他们的生活常识，表达自己的想法，与大家交流，产生共鸣。

**2."激"情——不断增强学习信心**

通常情况下，在导课"诱"情之后，学生的高涨情绪会出现一个小"低潮"。这就需要教师通过再一次地激发、激励，增强他们学习的信心，让这种不断补充的"正强化"，成为学生学习的"后继动力"。

利用初中学生争强好胜的心理特点，采用小组竞赛的方式，则可以不断地激活学生的学习欲望。如教授《英语》8A Unit 7 Seasons Welcome to the unit时，学生在初步了解部分天气的表达方式之后，教师可以通过图片、声音、文字、视频等多种方式展示不同的天气。鼓励学生描述课件中所呈现的天气，并谈论个人喜好。教师通过小组竞赛和记分的方式激励更多的学生参与教学活动。教师在此教学环节中，不仅需要关注先进学生，对于精彩回答双倍加分；还可以鼓励平时不太爱开口的学生，对于他们在这个教学活动中的表现也给予特殊的肯定和嘉奖。

### 3. "控"情——贯穿调节学习状态

"控"情，即调控学生的情绪，通过情绪的调控使学生的情绪在整个教学过程中都处于有利学习活动的状态中。教师在课堂中通过对学生学习情绪的观察，伸缩有度，调节氛围，帮助学生在一堂课中，始终可以以饱满的精神状态投入学习，扮演情绪"调控师"。

如《英语》7B Unit5 The ghost in the park Reading 课文，第一次在阅读教材中出现了大量的一般过去式，学生在阅读时面临了很多阅读障碍。教师通过引导学生静心阅读，熟识动词过去式的转换之后，插入一个游戏活动。邀请一位同学根据事先写在提示板上的动词逐一做出动作。其余学生根据动作报出动词，并同时报出原型和过去式。轻松的活动缓解了阅读时的紧张氛围，而紧扣课堂主题的动词时态转化活动设计又帮助学生再次巩固了知识的重点和难点。

### 4. "燃"情——促进提升学习成效

朱小蔓指出，道德教育必须重视情感体验，它是个体在特定情境中的一种经历。学校和课堂是学生接受道德教育的主要场所，道德教育不仅仅存在于我们的思想品德课和班会课中，它应该存在于学校的每一个角落，教学行为中的每一个细节。英语教师借助一堂课，教会学生一个做人的道理，也是一个很好的德育教育机会。而通过课堂结课助推课堂，升华情感态度，可以促进学习效果的提升。

如《英语》7A Unit 7 Shopping Integrated Skills，课堂从谈论学生自己的零花钱使用习惯入手，了解课文中同龄孩子的零花钱使用状况。再通过听力材料，知晓山村同龄孩子的生活状态，从而反省自己对零花钱的支配情况。

结课时，教师通过一段视频，配上音乐和文字，展示大山孩子对学习的渴求，号召学生写一份我们可以为大山孩子做些什么的倡议书。写的训练不仅是训练学生听读技能后的提升，更借助这种训练方式促进了情感态度的升华。让学生将所学的知识在情境中加以应用，也让学生的情感体验有了深层次挖掘。

**（四）小结**

将情感渗透进英语课堂，使课堂不再冰冷陌生，教材文本的知识以贴近人心的方式传递并根植于每个孩子的心田。在情感的熏陶和感染下，帮助学生克服紧张心理和厌学情绪，给课堂注入了一抹亮色，让学生在轻松、愉悦的氛围中体验英语学习的乐趣。

## 四、初中思品课堂情感场的构建——以苏人版《思想品德》《情绪的多重世界》为例[①]

古人云：亲其师，信其道。让学生对教师传授的知识认真领会，对教师的赞扬产生发自内心的愉悦和满足，对教师的谆谆教诲"言听计从"，都离不开情感场的作用。借助情感场进行学生与教材、学生与学生、教师与学生之间的联结，往往事半功倍。2015年，南通田家炳中学成为朱小蔓教授主持的"教师情感表达与师生关系构建"项目的种子学校。项目激起了学校教师在教学中提升情感人文素养的极大热情。笔者结合苏人版《思想品德》七年级《情绪的多重世界》一课的教学，谈谈自己在探究路上的一些尝试和体会。

**（一）入情：积淀于课堂前的"情感理解"**

"情感理解"是指对情感的判断与释读能力。成功的思品课堂教学要求构建融合教材、教师、学生三方情感的情感场。因此，从对象的角度来看，课堂前的情感理解主要指向教材情感、教师情感和学生情感。这三个方面在课堂情感场的构建中不仅发挥着独立的、不可替代的作用，又相互关联，互相影响。

**1. 教材是培育情感场的土壤**

思想品德课程作为一门以初中学生生活为基础、以引导和促进初中生思

---

① 撰写者：王丽，原文发表于《江苏教育》，2016(10)。

想品德发展为根本目的的综合性课程，对于学生的基础知识积累、情感认知培养以及思想品德提升都有重要的促进意义。与其他课程相比，思想品德教材具有更加丰富的情感素材。比如，《情绪的多重世界》一课，从两名同学在下雨天的不同情绪体验入手(女孩儿种了树，高兴地说"好极了"；男孩儿想踢球，不高兴地说"糟透了")，设疑引情。再如，通过设置图文并茂的教学素材(如申奥成功、哥伦比亚号航天飞机失事报道等)，以情动情。同时，在"我的情绪故事"栏目中，通过回顾不同情境下的情绪体验，以境催情。这些情意，就是课堂情感场滋生的土壤。

**2. 教师是营造情感场的灵魂**

在课堂教学过程中，一方面教材隐含的情感因素和信息会引起学生的情感体验，另一方面教师的情感素质及其表达能力，不仅直接影响师生互动的效果，而且间接影响学生的心理状态、情感体验、价值观念。教师情感，既包括作为普通大众的情感，又包括作为教师的职业情感。错综复杂的社会环境和变化发展的个人境遇，使教师情绪的矛盾冲突以及师生间的文化差异在所难免。情感场的构建，不仅取决于教师个人的人文情怀和情感素养，更取决于教师能否基于学生情感发展的需要，做出智慧的选择。

**3. 学生是构建情感场的基石**

学生的情感现状和情感发展需要，是构建情感场的出发点和归宿。带领学生领略"情绪的多重世界"，首先必须掌握学生的情绪状态。随着自我意识的发展，初中学生的情绪具有以下特点：情绪的波动性和相对稳定性共存，情绪的冲动性和微妙的隐蔽性共存，情绪活动的丰富性与情绪表达的极端化共存。只有建立在对学生作为人的情绪状态、情感基调分析的基础上，我们才能真正带领学生勇敢地走进情感世界，帮助他们学会用健康的心态来透视和欣赏神秘的情绪世界，真正实现人的情感品质与能力的提升。

**(二)动情： 行走于课堂间的情感表达**

"情感表达"是指教师根据教学需要，通过一定的方式将自己体会到的情感表达出来，激发学生情感的过程。法国启蒙思想家狄德罗认为，没有情感这个因素，任何笔调都不能打动人心。虽然情感表达不受课堂教学时间、空间的限制，方式灵活多样，但对于思品课堂教学而言，如果教师不能通过行走于课堂间的情感表达，唤起学生对教材情感、教师情感的内心体验，无论是教还是学，都很难产生快乐感和成就感，更达不到在潜移默化的情感熏陶中丰富学生的情感智慧，在教师、教材、学生的情感互动中建立有温度的课堂情感场的目的。

**1. 运用手段，入境动情**

借助网络媒介，再现活动场景，点燃课堂情感场。随着现代教育技术的发展，信息技术和课堂教学已经深度融合，教师可以借助网络和多媒体手段，将优美的画面、动听的音乐与学生的情感体验巧妙地联结在一起，使课堂情感呈现艺术的流淌。比如，在"情绪的多重世界"的导入部分，笔者设置了"以歌传情"的教学环节，以下是教学片断。

师：出示歌曲（《健康歌》《爱我中华》）

谁知道这两首歌分别传达的是什么样的情绪情感？

生1：《健康歌》表达的是欢快的情绪；《爱我中华》表达的是豪迈的情绪。

师：这两首歌大家都很熟悉。下面我们来比一比，看谁的表演最贴近歌曲的情绪氛围。（可以采取个人表演、合作表演的形式，准备时间2分钟；请4位大众评审，用手中的平板电脑记录最佳表演，以图片或短视频的方式上传班级QQ群）

……

师：（回放吴同学所在小组表演的短视频）有请吴同学来分析一下，为什么你们的表演得到了评审的认可和同学们的点赞？

……

师：是谁描绘了歌曲的情绪色彩？

生2：曲作者，用曲调诠释了歌曲所要表达的情感。词作者，用文字创作了歌曲的韵味。

生3：还有像我们这样的演唱者，用自己的神态、动作、声音表达自己的感受。

师：情绪就是我们用态度、行为表达出的一种对生活的理解、体验。

教师通过展示学生表演的图片、回放表演短视频，带领学生在惊喜和满足中感受教师的教育情怀，引领学生在美的享受中感受情绪，陶冶情操。课堂情感场在合作、想象、表演、欣赏、评价的过程中被点燃。

运用情感语言，编织情感画面，渲染课堂情感场。教师的情感语言既包括不拘一格、富有个性魅力的口头表达和书面语言，又包括表情、目光、手势、身势等肢体语言。恰当的情感语言能促使学生活跃思维，展开想象，融入情感画面中，从而引发情感共鸣；既有利于传授教材知识，又有利于学生情感在教育的影响下产生新质、走向新的高度。在授课过程中，笔者尝试运用有个性特色的情感语言，带领学生一起感受"情绪万花筒"的神奇世界。

活动 1：我比画，你来猜

师：有谁愿意和老师一起来完成这个活动吗？

生：（学生踊跃参与，和老师积极配合，用丰富的面部表情和肢体语言完成"眉开眼笑""咬牙切齿""垂头丧气""坐立不安"四个词语的情绪表达）

师：这四个词语分别反映的是哪四种情绪？

生：喜、怒、哀、惧。

活动 2：情绪试金石

师：心理学家认为，一般来说，人天生就具备这四种基本情绪。这究竟是否科学呢？我们一起来试一试。请根据老师给出的三个真实情境，合理表达出你的情绪。具体情境如下：

师：初一(15)班因上学期表现突出，被评选为校"文明班级"。

生：（用情不自禁地欢呼和掌声表达内心的喜悦与自豪）

师：最新消息，期中考试试卷已经全部判完啦。

生：（内心的忐忑、担忧跃于脸上，不禁唏嘘起来）

师：下周五，让我们一起背上小包包，去远足！

生：（眉飞色舞，手舞足蹈，击掌庆祝）

根据教材情感的需要，教师亲身示范，用自己的教学热情，启动学生的情感引擎；用抑扬顿挫的语音语调，引人入境；用富有感染力的肢体语言，引发共鸣。

**2. 投入角色，动之以情**

情感是道德信念的血液，没有情感，道德就会变成伪君子和枯燥无味的语言。"情"味儿正是思品课味道之所在。教师进入角色，把寓于情境的情感化作自己的体验，并以传之以神、动之以情的语言，牵引出学生的情，达到教师情感和学生情感相通相融。突破"情绪变化的复杂性"这一教学难点时，笔者做了如下尝试。

师：（多媒体投影南唐后主李煜创作的《虞美人·春花秋月何时了》）请同学们根据初步阅读的感受，说说这首词表达的是一种怎样的情绪？

生1：从"问君能有几多愁？恰似一江春水向东流"这句可以看出，这首词带有浓浓的愁情。

师：哪位同学能简单介绍一下这首词的创作背景？

……

师：这首词表现了一个亡国之君的无限哀怨。让我们带着对创作背景的理解，将这首词的情绪和意境完整地表达一遍。

生：在教师的启发下，通过语音、语调、语速的变化，用心表达诗人的愁情。

师：大家刚刚学习了《沁园春·雪》。这首词与《虞美人·春花秋月何时了》所展现的情绪有何不同？

生2：这首词展现的是革命家指点江山的豪放，以及对革命胜利充满信心的情绪。

师：让我们一起穿越到那个激情澎湃的年代，用自己的热情点亮诗歌的主旋律（第一段由师领诵）。

在前后两首词对比所产生的情绪冲突中，教师带领学生投入角色，让学生清楚地"看"到了诗词所展现的生活场景，清晰地"听"到了诗词所揭示的天籁之音，近身地"嗅到"了生命的芬芳，真切地"摸"到了文本的情感温度，并懂得了情绪体验不仅与性格、愿望、需要紧密联系，还与社会生活息息相关。

（三）悟情：延伸于课堂外的情感智慧

"情感智慧"作为一种综合的情感能力，包括发生于课堂内、延伸于课堂外的情感理解、情感表达、情感调控等能力。我们不能把情感仅仅当作取得学习效果的手段。正如朱小蔓教授所言，没有人的感性层面的发展，那将成为被批评的"单面人""失去一半的人"。构建课堂情感场的过程是师生情感智慧相互构建的过程，是建立基于爱的师生关系的情意感通的过程。

## 1. 由情入理，促进转化

情感是思想认识的外化。教师应关注在学生情感体验的基础上，创造性地使用教材，从实际生活中的问题入手，通过由情入理的分析，不断提高学生解决问题的能力，使学生的情感智慧建立在深厚实践的基础上，从而深化课堂情感场的影响。

根据已有的知识和经验，学生知道并不是所有的情绪都能对我们的生活产生积极影响。正如古人所言：悲伤肝，思伤脾，忧伤肺。既然这样，为什么还要提起"铭记悲痛"呢？"忘记悲痛"和"铭记悲痛"相互矛盾吗？从激烈的冲突、碰撞，到再思考、再碰撞，学生对情绪的认识逐渐走向深入。首先，教师引导学生分析理解无论是悲痛，还是高兴，每一种情绪都有其存在的必然性。正如经历过一些必要的伤痛之后才能真正体会愉快的价值。其次，人的痛苦分为两类，一类叫作"不可避免的痛苦"，比如亲人离世，无论谁遇到了都会痛。对于这种痛苦，我们必须要学会接纳它、与它和平相处，允许自己有一个痛苦的过程，允许自己有一段时间来愈合伤痛。第二类是"自找的痛苦"，生活中的很多痛苦多半是我们自找的，我们可以从提高自我认知能力做起，学会调控情绪、自我激励，提高对他人情绪的识别能力，学会管理自己的情绪。

## 2. 体验践行，以情育情

要让学生学有激情，教师首先要有教学激情；要让学生体验践行，教师首先要有所感悟，要善于将自己对学生情感和教材情感的理解结合起来，在恰当的时机以合理的方式表达出来，才能达到以情育情、以情导行的作用。

在这节课的最后，学生根据教师提供的两个话题（最难忘的一次旅行；和同学相处过程中最开心的事情），畅聊自己的情绪小故事。最后教师配图讲述自己与学生相处的情感经历，引起师生情感共鸣，产生情感体验。

教学不是毫无热情地把知识从一个头脑装进另一个头脑里。课堂情感场就在师生间每时每刻的心灵接触中产生、扩大，其影响就如一粒石子投入湖面，泛起一层层涟漪，直至积淀为内涵更丰富的平和。

## 五、将"情感—交往"融入"教学做合一"初探——以初中物理《光的反射》一节为例①

### （一）问题的提出

传统物理课堂教学，主要是教师传授物理知识并概括知识要点，学生对所学的物理知识只是处于被动地接受。学生所掌握的大部分知识只停留在机械记忆上，对知识的运用也大体处于模仿阶段，"老师讲、学生听""老师问、学生答""老师教什么，学生就学什么"的模式贯穿于课内外教学的全过程。这种把学生当成机器的机械式教学，忽视了学生个体情感的培养，忽视了学习对生命成长、个体尊严和可持续发展的作用。

近30年来，唯分数、唯排名式的教学虽然对知识的掌握起到了一定的促进作用，但应试教育使得教师的工作显得疲惫和无奈，题海战术使得学生的学习变得被动和麻木，师生在整个教学过程中创造性被束缚，价值观偏离，交往出现了危机。从黑板实验发展到今天的网络云实验，我们应该对以往的教育进行深刻的反思：当今的教育目的到底是什么？什么样的教育才能符合当今的潮流？

物理是一门以实验为基础的科学。陶行知先生的"教学做合一"教育思想认为："教学做"是一件事，不是三件事，所谓的教学要在做上教，在做上学，在做上教的是先生，在做上学的是学生。陶行知先生提倡：学生知识的形成过程，不是被动地接收，要让学生在实际操作过程中理解知识。如今，受"做"理论的影响，各国的教学已将重点放在过程的探究上，教师的教学不再只局限于书本知识的简单传授，而是主动投身于实验研究，并带领学生通过实验来理解知识；学生的学习不只是局限于书本知识的机械记忆和试卷的考核，动手实验才是学习的基础。

但一味地追求师生的教学做合一，也只是在知识与技能方面促进了教学相长，师生的情感交流在实验式的教学做合一中并没有得到重视，学生充其量也只是充当了一个智能受控机器人的角色，情感培养的不足和情绪发展的不足最终还是会导致教学过程中缺乏生命气息，师生的活力得不到滋养，教

① 撰写者：江宁，原文发表于《湖南中学物理》，2018（7）。

学最终还是会走向应试的死循环。

著名教育家朱小蔓教授早在20世纪80年代就提出情感教育，即在学校教育、教学中关注学生情绪、情感状态的教育。在知识技能的形成过程中，利用情感教育，可以把学生身体、智力、道德、审美、精神成长的情绪与情感品质予以正向的引导和培育；利用情感教育，能够关注人的情感层面如何在教育的影响下不断产生新质、走向新的高度，通过关注作为人的生命机制之一的情绪机制，与生理机制、思维机制一起协调发挥作用，从而使人的成长处在最佳的状态。

因此，渗透情感教育、课程育人式的并结合教学做合一的物理课堂孕育而生，她不侧重于知识传授的高效和学习技能的提优，而是通过教学做合一过程中的情感体验来重视生命成长，通过教学做合一的操作来促进师生情感的交流，使认知和情感在教学做合一的氛围中得到呵护和发展，最终愉悦地通过考试的评价，师生最终享受在知识与技能、过程与方法和情感态度价值观方面所取得的成绩。

通过师生的情感交流来实施教学做合一，其意义在于：孕育学生的学习情感，培养学生学习的兴趣，调动学生学习的主动性；触发学生学习的情绪，让学生在多样性的趣味活动中理解物理，体验物理知识的实际应用；让学生在科学探究的过程中理解生命的意义，使学生的个性特长在人文的关怀中得以发展，创新意识在鼓励的氛围中有所培养；让教师在情感交流中发现教学中感情的缺失，同时在师生的互爱中熟悉自己的业务。最终在良好的师生关系中教学相长，从而创新物理实验。正所谓："离情而教、缺情而做，不能算是教；背情而学、失情而做，不能算是学，教与学都是在情感的交融中通过'做'来实施的。"

（二）以初中物理《光的反射》一节的教学为例，谈"情感—交往"思想在教学做合一中的渗透

**1. 传统教学设计在本节内容教学中的弊端**

传统物理课堂教学，主要是教师讲授物理知识为主，学生总是处于被动地接受。考虑到物理实验是进行科学研究的基础，虽然教师也采用了演示实验甚至分组实验，但受实验条件限制，如图1所示，这些实验也仅仅在平面上让学生认识了光的反射，学生头脑中没有一个立体的反射概念。

由于学生在过度强调专业性的氛围中被动地接受知识，师生的情感没有

99

**图 1**

在教学过程中得到交融，教师只是完成了知识的传授，学生也只是进行了一个专业性的机械训练，情感态度价值观的缺失只可能把师生关系推向紧张，而以后大量的习题练习也只能让师生对教学的最终意义产生偏差。所以，变"机械式"的实验教学为"情感交往式的教学做合一"，才是新课程教学的首选。

**2. 将"情感—交往"融入"教学做合一"的设计**

（1）设计思路。

初中物理《光的反射》一节的主要内容有：光的反射现象、探究光的反射定律、用反射定律预释平面镜成像的原理、探究光路的可逆性、镜面反射和漫反射、光的反射定律的应用等。

本着注重"密切联系实际""趣味学习""自主、合作、探究"的原则，本节课力图从分析古诗《望庐山瀑布》中的光源、介绍阿基米德巧用光的反射打败古罗马战舰等作为新课的导入，接着利用平面镜改变激光笔射出的光的传播方向，帮助学生感受光的反射这一物理现象，然后通过观察自制教具中光的反射现象，使学生发现并提出问题：光的反射有什么样的规律？从而自然过渡到光的反射定律的教学。在仔细观察的基础上，让学生大胆猜想，在问题的驱动下进行小组合作探究。通过教师演示和学生画光路图，让学生猜想反射现象中光路的可逆性，然后让学生完成光路可逆的实验。接下来从学生作图自然过渡到镜面反射和漫反射，让学生能够正确地理解光的镜面反射及漫反射现象，并能解释一些反射现象，通过小组讨论的形式让学生明白光的漫反射现象中每一条光线也遵守光的反射定律。最后联系生活实际，让学生了解光反射的负面作用——"光污染"。

考虑到教学的梯度，本堂课不安排任何与入射角、反射角有关的计算，同时为了增加课堂教学的神秘性，将作图训练、概念训练以及思考题穿插于趣味视频、学生讨论和趣味游戏之中，让师生在"教学做合一"的氛围中一起完成教学任务。

（2）一体化教学过程。

①联系生活实际，引入物理课题。

| 教学内容 | 生活中的物理和物理概念的展示 | |
| --- | --- | --- |
| 活动对象 | 教师 | 学生 |
| 活动内容 | 1. 引领学生欣赏《望庐山瀑布》诗句<br>2. 介绍故事《阿基米德用镜子武器打败罗马入侵者》<br>3. 播放中国古代军队用光的反射武器打败敌人的视频<br>4. 推出《光的反射》课题 | 1. 分析《望庐山瀑布》诗句中的光源<br>2. 猜想古人对科学知识的掌握程度，知道科学兴国<br>3. 自学入射光线、反射光线、法线、入射点、入射角、反射角等概念的定义 |
| 情感设计 | 通过师生交流，让学生知道在平常的生活中自己已在不知不觉中利用物理知识，但不经过系统的物理学习，掌握不了其中的窍门；通过古诗词的欣赏和历史故事对学生进行爱国主义教育；通过概念的定义，让学生知晓物理知识的严谨。 | |

②创设实验情境，师生共同探究。

| 教学内容 1 | 光的反射定律 | |
| --- | --- | --- |
| 活动对象 | 教师 | 学生 |
| 活动内容 | 1. 展示自制教具，演示光的反射现象<br>2. 在模具上插入一根入射光线模型，让学生猜想反射光线的位置<br>3. 介绍桌面上的仪器，告诉学生各仪器的作用<br>4. 和学生共同探究光的反射定律<br>5. 归纳光的反射定律<br>6. 分析光的反射定律在平面镜成像中的应用 | 1. 学生代表配合教师完成光的反射现象的演示<br>2. 多位学生用模型猜想反射光线的对应位置<br>3. 小组合作，探究光的反射定律，并成功展示<br>4. 总结实验结论：光的反射定律<br>5. 分析日常生活中的反射现象 |

续表

| 教学内容 1 | 光的反射定律 |
|---|---|
| 情感设计 | 通过师生的探究活动，增加教师的亲和力，树立教师的榜样；通过实验让学生掌握光的反射定律，培养学生观察、分析、概括的能力，并培养学生实事求是的科学态度 |

| 教学内容 2 | 反射光路的可逆性 | |
|---|---|---|
| 活动对象 | 教师 | 学生 |
| 活动内容 | 1. 演示教师与学生通过平面镜的表情互看，让学生猜想其中的光学原理<br>2. 说明日常事务的相互联系和人际交往的相互关爱 | 1. 实验探究反射光路的可逆<br>2. 作图证明反射光路的可逆 |
| 情感设计 | 通过对光路可逆性的研讨，培养学生的逻辑思维能力，让学生知晓事物的融通和人际交往的相互性，培养学生相互关爱的情感 | |

③练习学习内容，推出新的概念。

| 教学内容 1 | 训练反射光路作图 | |
|---|---|---|
| 活动对象 | 教师 | 学生 |
| 活动内容 | 1. 事先设计好练习题：三根平行光线分别射三个共面和不共面的平面镜、角反射器，完成示范作图后，布置光路作图任务<br>2. 根据学生对角反射器的作图，讲解角反射器在日常生活中的应用<br>3. 将三个共面和不共面的平面镜连线，让学生观察镜面反射和漫反射对平行光线的作用<br>4. 推出疑问：镜面反射和漫反射是否都符合光的反射定律，如何判断镜面反射和漫反射 | 1. 完成作图任务，并派小组代表上台展示<br>2. 说明角反射器在交通安全中的作用<br>3. 小组讨论教师布置的问题，并在小组间、师生间交流讨论结果，评价各组的成功之处 |

| 教学内容 1 | 训练反射光路作图 | |
|---|---|---|
| 情感设计 | 通过简单的光的反射作图，加强对学生作图基本功的训练，并演绎出镜面反射和漫反射的概念，再通过对两种反射的分析，培养学生运用物理知识解决实际问题的能力；通过小组讨论和展示，对学生进行安全教育，通过小组间的讨论和评价，促进人际间的交流，让学生感悟成功 | |
| 教学内容 2 | 趣味实验和生活实践 | |
| 活动对象 | 教师 | 学生 |
| 活动内容 | 1. 实验演示：黑暗环境中，平行光斜射入白糙纸和平面镜后的效果<br>2. 布置习题：在雨后晴天的夜晚，地面有一些积水，迎着月光走的小丽对背着月光走的小明说："别踩亮的地方！"她说得有道理吗<br>3. 播放视频：光污染 | 1. 从各个角度观察白糙纸的漫反射和平面镜的镜面反射<br>2. 小组讨论雨后晴天的夜晚路面的漫反射现象和镜面反射现象<br>3. 讲解自己对防治光污染的理解 |
| 情感设计 | 通过对光污染的认识，提高学生将科学技术应用于日常生活和社会的意识，让学生感知环保的重要性，知晓关爱可以获得回报。 | |

④归纳知识要点，过关电脑游戏。

| 教学内容 | 本课的学习内容和实际演练 | |
|---|---|---|
| 活动对象 | 教师 | 学生 |
| 活动内容 | 1. 板书展示：《光的反射》一节的内容；评价开课时学生猜想反射光线位置的正误<br>2. 演示电脑游戏《光的反射》第 1 关的操作<br>3. 推出普朗克的名言：物理定律不能单靠"思维"来获得，还应致力于观察和实验 | 1. 个人归纳《光的反射》一节的内容<br>2. 展示电脑游戏《光的反射》第 2～4 关的操作 |
| 情感设计 | 通过电脑游戏的互动，促进学生对反射定律的掌握，同时拉近师生之间的距离，培养学生空间想象能力和抽象思维能力，并让学生知晓集体智慧的重要性；通过教师最后的归纳，让学生知道观察与实验、小组合作的重要性，培养学生热爱科学、积极向上的情感 | |

⑤布置课后作业，复习巩固提高。

104

| 作业内容 | 同步练习作业本：§3～5 光的反射 课时作业，研讨电脑游戏《光的反射》第5～20关的操作 |
|---|---|
| 情感设计 | 巩固所学知识，并将知识运用到现实生活中去，期待集体合作的成果 |

**3. 课后分析**

本课以"光的反射"为主线，从让学生了解历史故事中的物理应用出发，经过探究、讨论、练习、游戏，理解了光的反射定律，认识了反射现象中光路的可逆性，了解了镜面反射和漫反射及其在生产、生活中的实际应用。通过师生的情感交往，增加了教师的亲和力，培养了学生积极向上的情感，促进了人际间的交流。学生在关爱、和谐和合作的氛围中经历了"光的反射定律"的探究，进一步提高了观察物理现象的能力，提问、猜想、设计、实验和处理信息的能力也因此得以提升；通过观察和验证反射现象中光束与镜面之间的位置关系，学生体验了自然现象的简洁和对称，领略了自然现象与自然规律间的和谐与统一；通过密切联系实际，学生关于将科学技术应用于日常生活和社会的意识有所提高，环保和安全意识有所增强；同时学生在欣赏的过程中接受了爱国主义教育。

(1)在交往的氛围中把"新"融入"教学做合一"。

创新是现代社会永恒的主题，课堂教学也应与时代同步。教师在做上教，学生在做上学，突破传统教学的约束，努力把课授出新意，并在某些方面有所突破。

①课堂导入新颖，尽显"做"的意义。本课以分析李白的诗《望庐山瀑布》中的光源情况为切入口，借助阿基米德巧用光的反射打败古罗马战舰和中国古代军队利用光的反射作为武器为事例，利用悬念引出了光反射的概念，同时对学生进行了爱国主义教育。

②重视自制教具在课堂内的使用，展示教师"做"的功底。如图2所示，通过自制教具中反射光路的展示，让学生从立体的角度认识了光的反射现象，同时增强了学生对学习反射光路的好奇。

③构思实用、高效的教学思路，适当变化教材中的教学顺序，使知识的

讲解在"做"中显得连贯。例如：在讲解平面镜成像原因时，就向学生传递了镜面反射的实例，为后面分析镜面反射与漫反射埋下了伏笔；如图 3 所示，在学生完成光路的练习后，要求学生将镜面用线连接起来并进行合理演绎，从而得出如图 4 所示的镜面反射和漫反射的概念。

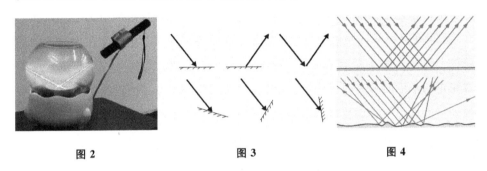

图 2　　　　　　　　图 3　　　　　　　　图 4

④手段新颖，课堂内运用现代化手段和学生实验器材，让学生感知"做"的过程。本课力图运用多媒体计算机来辅助教学，吸引学生的注意力，较好地处理大小、远近、动静、快慢等局部与整体的关系，使学生脑海中形成鲜明的表象，借此让学生思维得以启迪，从而扩大信息量，提高教学效率。结合学生的分组实验，让学生在"自主、合作、探究"的氛围中完成学习。

（2）在快乐的氛围中用"趣"激发"教学做合一"。

子曰："知之者不如好之者，好之者不如乐之者。"由此可见，兴趣是一种巨大的激励学习的潜在力量。当一个学生在"教学做合一"的氛围中对他所学的学科发生兴趣时，就会积极、主动、愉快地去学习，而不会感到是一种负担。

①趣味、悬念充满课堂，使学生始终带着神秘感进行学习、探究。本课以历史故事引入，中间穿插演示实验和探究实验，教学的全过程采用多媒体来辅助教学，通过趣味多媒体的演示，使学生乐于探索。如图 5 所示，课堂教学最终在耐人寻味的电脑游戏竞赛中结束。

②创设良好的教学情境，使学生保持学习兴趣。课堂内，教师对知识点限时讲授，通过营造良好的交流氛围，让学生进行小组讨论、合作，并实施小组、个人竞赛，最后进行踊跃展示。和谐的师生关系使学生在轻松愉快的

环境中完成学习任务。

③富有趣味的巩固练习，使学生提高学习能力。心理实验表明：学生经过近30分钟的紧张学习之后，注意力已经渡过了最佳时期。为了使学生保持较好的学习状态，教师设计了具有典型性的习题，并将习题穿插于趣味视频与学生讨论之中。除了图3、图4所示的镜面反射与漫反射的引用之外，如图6所示，通过白纸与平面镜对光的反射作用视频的展示，使学生在加强认知的基础上完成了图7所示的习题：在雨后晴天的夜晚，地面有一些积水，迎着月光走的小丽对背着月光走的小明说："别踩亮的地方！"她说得有道理吗？有效地巩固练习帮助学生掌握了知识、形成了技能、培养了能力。

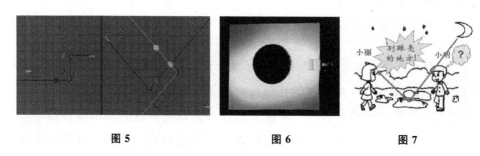

图5　　　　　　　　　图6　　　　　　　图7

(3)在交流的氛围中使"活"引导"教学做合一"。

初二学生厌静好动，有表达自己观点的欲望，但由于对物理的概念不明确的偏多，加上心理的不成熟，所以经常表现为欲演又不能。因此，教师面向全体进行因材施教，坚持采用启发式教学，鼓励学生通过动脑、动口、动手、动眼，使学生积极主动地参与"做"，让学生在交流中完成学习。

①感知学生心理，教学方法灵活。本课在传授光的反射新知识点时以演示、实验为主；在理解反射概念、知识点时，以师生交流、生生交流为主；在形成运用反射知识点的技能时，以习题训练为主。抓住学生爱表现的心理，借助竞赛的方式尽量让学生多发言、多表现。多种教学方法的有机配合，使教学效果达到了优化。

②不受教材的约束和限制，巧妙地处理教材。本课在得出光的反射定律后，就对平面镜成像作了适当的解释，同时扩展定义平面镜的范围：平静的水面、平滑的玻璃表面和黑板表面等，为下面讲解镜面反射打下伏笔；通过从学生的作图练习拓展到分析镜面反射与漫反射的成因，有效地解决了教材

中由反射定律向镜面反射、漫反射概念不自然的小节过渡；而利用电脑游戏来对知识点进行有效复习的同时，也为平板玻璃既成像又透光这一知识点进行了有效地巩固。

③培养学生的问题意识，生动地把学生教活。本课通过图2的演示，促使学生产生了问题：反射光线的位置在哪里？反射角又是多大？根据作图，又启发学生形成了疑问：反射光路反过来怎么走？通过多媒体的演示，让学生又增添了新的问题：镜面反射和漫反射是否都遵循光的反射定律？镜面反射出来的光都平行，漫反射出来的光都不平行吗？学生会问、愿问，才能带着问题进行讨论和探究。在这一过程中，学生学会了如何发现、分析和解决问题，主体地位因此在课堂中得到了充分的体现。

（4）将"实"充满"教学做合一"。

现代教学论认为，学生的学习过程是一个以学生已有的知识和经验为基础的主动建构过程，只有学生主动参与到学习活动中去，动手实"做"才是有效的教学。本课树立以学生为主体的意识，让学生能积极主动地发现问题，解决问题。实效的课堂不仅让学生学到了基础知识，培养了基本技能，也升华了情感。

①演示实验和分组实验双管齐下，教学内容充实。本课以实验为抓手，促进了学生对物理现象的观察和探究。在观察了图2的实验后，在教师的启发下，学生们对反射光的位置作了如图8所示的猜想，并进行了如图9所示的探究；在得出光的反射定律后，通过教师如图10的实验演示（用平面镜将反射光路返回），学生们又进行小组合作，完成了如图11的探究，从而得出反射光路可逆的概念。

图 8　　　　　　图 9　　　　　　图 10　　　　　　图 11

②概念认识和习题练习齐头并进，课堂训练扎实。本课边讲边练，做到

108

讲练结合：通过作图，学生不但理解了反射光路，同时认识了反射光路的可逆性，也理解了镜面反射和漫反射的概念；通过讨论，学生知道了反射定律在镜面反射和漫反射中的应用；通过对雨后夜晚路面亮暗程度分析习题的训练，学生加深了对镜面反射和漫反射概念的理解。从而真正做到了练有目的，练有重点，练有层次。

③科学知识与社会生活和谐统一，实际应用落实。本课无论是对古诗中光源的分析和反射在军事中应用的课堂引入，还是对平面镜成像的原理分析，又或是对日常生活中光污染的介绍，都能让学生知晓一点：物理知识来源于生活实际并服务于现实生活。学生不仅学到了基础知识，提高了"做"的技能，也受到了思想品德教育和辩证唯物主义教育。

（5）在民主的氛围中让"美"妆点"教学做合一"。

在物理课堂教学中体现美的教育、渗透美的教育是当今中学物理教学中的一个重点课题。教师的个性化教学下教学目标的实现、和谐与民主的学习环境的统一、成功体验给学生带来的满足和享受，这些都能促进学生身心自然地发展。因此，优美的课堂是师生之间交往、互动的平台，是引导学生发展的伊甸园，是学生探究知识的阵地，是师生智慧充分交融的场所，是师生同"做"的舞台。

①落实教学三维目标，彰显本真课堂的全景美。本课在教学的导入、教学内容的衔接、教学各个环节的设计等方面都努力体现出独特的创新。教师力争通过合作交流、共同研讨来促进学生的协作，充分利用情感因素调动学生学习的兴趣。学生不仅理解光的反射现象，加强探究能力，更增加了对物理知识联系实际的亲近感。合理的教学设计显示出教师新颖的教学个性，学生通过教学活动体验到教学艺术的魅力。

②创设宽松和谐的学习环境，渗透民主课堂的和谐美。教学过程是师生相互交流的双边活动过程，《新课程标准》呼唤课堂内民主、平等的氛围，呼唤教师转变角色，将主导融于主体之中。因为学生只有在民主和谐的气氛中学习，才能使思维始终处于积极的、活跃的状态，才能敢想、敢说，敢于质疑。本课通过教师走下讲台，主动参与师生交流，拉近了师生距离；通过进行小组讨论，激发了学生的自我意识；通过创设探究实验，促进了学生的主

动探索；通过课堂练习的集体交流，融洽了课堂的民主气氛；通过学生成果的公开展示，满足了学生的自我需要。个性化、人性化的学习氛围使学生的个性特长和学习优势得以充分的发挥。

③帮助学生建立自信，感受愉悦课堂的成功美。在课堂教学中，注重利用成功所带来的积极体验来促进学生的学习，并使学生获得精神上的满足和享受，是当代国内外课堂教学改革的一个重要特征。本课通过明显的实验现象、简单的实验步骤、合理的习题设计、恰当的知识交流，甚至是最后的游戏操作，都使学生感觉到整个学习过程通俗易"做"，再加上民主的课堂气氛，使学生始终感觉到：我行、我还行、我更行。教师的赏识、同学的称赞、学生自我的展示使课堂变成了学生自我发展的舞台，学生在学习群体中得到了尊重，心中唤起了自豪感和自尊感。

总之，本课通过师生的情感交流，以"做"为核心，充分引用探究法和竞赛法，通过探究让学生清晰、直观地认识了光的反射现象，引导学生带着问题去观察思考，归纳总结出了其中的物理规律；充分利用学生的好奇、好胜心理，在课堂上展开小组、个人竞赛，并适当地进行个人展示，激发了学生的学习兴趣，增进了师生的交融。无论是课件的应用、实验的演示、学生的探究、习题的设计等，本课整体以"情感"为主线，用"做"贯穿始终，但隐约还透露出传统教学中稳步的痕迹。趣味引导着学生学习的渴望，活力让课堂充满生机，实效让课堂教学充满容量，民主和谐最终让学生感受到成功。

（三）结语

美国有句谚语：你告诉我，我会忘记；你做我看，我会记住；你让我做，才会理解。其隐含的道理为：师生的交流不仅是语言的说教，更要在"做"中交往，通过"做"来认识规律，通过"做"来提高技能，通过"做"来提升情感。随着时光的流逝，师生的知识交往会被遗忘，师生的技能交流会停滞，但师生在"做"中的情感交往将会永驻。因为情感交往是一种天分、是一种本能、是一种精神，是爱的一种境界，是师生和谐共振的纽带和桥梁。智者有云："凡是缺乏情感的地方，无论人性还是品质都得不到升华。"

对教学整体而言，在情感交往的氛围中实施"教学做合一"，可以改变教师以往对学生的常规评判，融洽师生关系；可以全面验证学生具有先天性学

109

110

习的技能，同时为教师进行全方位关注学生的成长打下理论基础；可以引发学生的学习动机和兴趣，变学生"让我学"为"我要学"；可以使师生采用易于理解和接受的方式来完成教学，使学生在轻松、民主的学习氛围中接受教育；可以促进师生交流、生生交流、师长交流，缩短师生之间的距离；可以真正理解知识和教学的含义，从而达到教学相长；可以结合最前沿的科技信息，从而促进物理实验的创新。

对教师而言，在情感交往的氛围中实施"教学做合一"，可以促进教师教育观念的更新、教学方式的转变和专业素质的提高，在不断地自我创新、自我创造中实现自身的可持续发展：教师在课堂进行集体教学，课后实行个体教学，在"做"中通过情感交往，发现学生的优缺点，做到对症下药，最终让所有学生找到自我，体会成功。因此，在情感交往的氛围中实施"教学做合一"能够更全面地关注学生的人格完善和生命成长，关注学生的学习方法和智慧生成，关注学生的个性张扬和创新品质，不断地发现、开发和发展学生的智慧，从而促使每个学生不同的智慧才华都能得到不同程度的增长。

对学校而言，在情感交往的氛围中实施"教学做合一"，可以促进学校教学改革的深入，加强教学与生活实际的联系，有效地提高教育的效益，提升教育的品质，从而实现教育的科学发展；通过实施情感交往融入"教学做合一"，能够进一步实现学校一直以来追求的教学目标——"轻负担，高质量，现人品，出人才"，进一步体现学校的办学特色，整体提高学校的教学水平，在更广的范围内和更高的层面上打造出教学品牌。

## 六、"情感场生态课堂"理念下的《化学能转化为电能(课时1)》教学实录与反思[①]

### (一)教材与学情分析

本节课教学内容为江苏教育出版社《化学2》(必修)专题2《化学反应与能量转化》的第三单元，单元题为《化学能与电能的转化》。本节课是第1课时，教学范畴限定在化学能转化为电能。《普通高中化学课程标准》中相关的"内容

---

① 撰写者：张弛，原文发表于《化学教与学》，2017(12)。

标准"为：举例说明化学能与电能的转化关系及其应用。

要实现对"化学能"的转化，就需要通过化学反应，而获得"电能"其实就是实现了能量的转化。因而，本节（单元）内容能对本章主题进行很好的呼应与诠释。

再看其与前两节（单元）的关系。第一单元是《化学反应速率与反应限度》，它是从原理层面和数学的角度来分析化学反应，而既然原电池是基于化学反应，所以原电池中所涉及的是否有电流、电流大与小等问题就与此相关。第二单元是《化学反应中的热量》，换句话说，它所介绍的是化学反应与热量之间的关系，它也是对本单元的铺垫，学生在了解了化学反应与热量的转化关系之后，自然就比较容易理解和联想到化学反应与电能的转化关系。

就"化学反应"而言，此前，学生已经较为全面地掌握了化学反应的分类及依据，以此为基础，他们可以更为深入地探究、了解原电池的反应本质和工作原理。当然，这是学生第一次接触电化学问题，在认知方面还是存在一定的跨度和难度的。

（二）基本思路

近年，笔者与研究团队借鉴生物学中的"生态"概念，将之嫁接到教学理论和实践中，我们认为课堂就是一个生态或者生态系统，这个生态系统是由一个个具有情感和生命能量的个体组成的。之后，我校又加入了朱小蔓教授的情感教育研究团队，成为其研究项目的全国两个种子学校之一，基于此，我们又进一步提出了"情感场生态课堂"的理念与诉求。我们体会到，生态的课堂一定是以情感为基调和特质的教育场，简言之，这就是一个"情感场"，如果失去了情感的支撑，课堂则一定是乏味的、冷漠的、违背教育规律的。我们的"情感场生态课堂"就是一种以情感为基本特质的场生态的课堂，它是一种情感文化、情感行为、情感心理的课堂。在情感生态课堂中，应充分挖掘富有情感元素的课程内容，构建情感丰富互动的课堂交往，确立情感和谐交融的师生关系。据此，笔者大致规划了以下基本教学思路。

以化学的美丽和神奇作为情感共鸣与师生沟通、交流的核心和抓手，以科学史引发学生对于科学事业的好奇心以及从事科学研究的兴趣和责任感，以模拟科学家从事科研工作的方式，用尽可能严谨、合理的方案对原电池加

112

以探究，师生、生生相互协作、情感交往，通过假设、论证、实验、归纳总结、应用延伸等方法，初步感受科学研究工作的一般流程和思路。

### （三）教学目标

从能量转化的角度认识原电池装置，通过实验探究了解和归纳原电池的工作原理、构成条件，体会科学探究的一般方法以及化学科学工作者的责任；探究盐水动力小汽车、自行制作水果电池、分析钢铁的电化学腐蚀，体会科学探究的乐趣，感受化学科学的价值。

### （四）教学重点与难点

重点：原电池的定义、工作原理、构成条件

难点：原电池的工作原理和构成条件

### （五）课堂活动实录

**[课前准备]**

学生准备学习用品，检查实验仪器、药品，观看《美丽的化学》欣赏片。

设计意图：课前几分钟包括预备铃之后的这段时间如何利用，一直是个值得探讨的问题。笔者让学生准备学习用品，检查实验仪器、药品，避免上课时因学习用品、实验条件的不到位所带来的干扰、影响。而播放化学欣赏片，又可以让学生调整身心状态，从上一节课的思维状态逐渐过渡到本节课，使之渐入佳境。这为良好的课堂生态奠定基础。

**[引入]**

教师：现代文明与电息息相关，科学家们曾为此做出了长期艰苦的探寻。你听说过富兰克林与雷电的故事吗？

学生：他们父子为了从闪电中获取电能，在雷雨天放风筝，把闪电中的电导入了莱顿瓶，可是这实在是太危险也太不方便了。

教师：法拉第发明了发电机解决了这个问题，它实现的是怎样的能量转化形式？

学生：将机械能转化为电能。

设计意图：从生活实际出发，学生感受到电的重要性，通过对科学史实的分析，学生又体会到了电的来之不易。介绍从物理的方法获得电能为后面的化学方法打下伏笔。

[**感受化学的使命**]

教师：刚才是物理的方法。从化学的角度来看，是否也能实现将其他能量形式转变为电能呢？

教师演示实验：

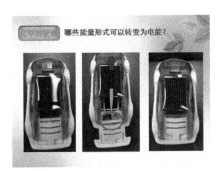

展示太阳能、盐水双动力玩具小汽车，用强光电筒模拟阳光直射使轮子发生转动。

教师：此处实现了怎样的能量转化过程？

学生：由光能转变为电能。

学生分组实验：

在小汽车的原电池装置中滴入几滴盐水，观察现象。

教师：盐水是由化学物质组成的，此处又实现了怎样的能量转化过程？

学生：由化学能转变为电能。

设计意图：由熟悉的物理问题过渡到化学问题，突出化学学科的价值。此处的分组实验简单、直观、有趣，可以在课的起始阶段就吸引住学生的注意力。

教师：这样一种由化学能直接转变为电能的装置就称作"原电池"。

投影：化学能转化为电能——探究原电池。

教师：首先明确一个基本概念，什么是电流？

学生：电荷的定向移动。

教师：这里有三个关键词，电荷、定向、移动（作副板书）。要将化学能释放出来必然要通过化学反应，而怎样的反应才能实现电荷的定向移动呢？

学生活动：比较以下两个反应，从电子转移的角度分析哪个可能用于原电池。

113

$$HCl + NaOH = NaCl + H_2O, \quad Zn + H_2SO_4 = ZnSO_4 + H_2\uparrow$$

114

学生：后者可能可以，因为该反应是氧化还原反应，出现了电子的转移，只要电子能定向移动就可能实现电流。

教师：该反应能自发进行吗？

学生：是的。

教师：看来，自发的氧化还原反应是构成原电池的前提条件。

设计意图：首先创设科学探究的情境，再从对电流本质的分析入手，学生意识到只有氧化还原反应可以符合要求。这种明确探究主题、提出研究的初步思路和方向、找到解决问题的突破口的学习活动流程，符合科学探究的一般方式，也符合学生的认知规律。至此，一种科学探究主题的课堂生态已初步建立。

[**实验探究原电池**]

探究一：初步设计

任务：直接根据反应方程式 $Zn + H_2SO_4 = ZnSO_4 + H_2\uparrow$ 设计实验。

操作：将锌片插入稀硫酸（观察现象）。

学生：锌片表面出现气泡。

讨论：锌片中产生电流吗？

学生：没有电流。

教师：是否有电荷的定向转移？

动画演示：锌片表面发生氢离子得电子的过程。

学生：仅在电极表面发生了电子的转移，且方向不固定，故没有电流。

投影：展示盐水动力小汽车中的原电池构造，突出其中的两个电极。

共同得出结论：只有一个电极、没有外电路不能形成电流。

探究二：改进

操作1：将锌片、铜片分别插入稀硫酸。

分析：锌片和铜片处于两个区域，两者之间发生电子的转移还缺少一个桥梁。

操作2：用导线将锌片、铜片相连。

教师：如何判断导线中是否有电流？

操作 3：在导线中间连接灵敏电流计测电流，或者用万用电表测电压。

学生：铜片表面出现气泡，电流表指针发现偏转，说明产生了电流。

教师：科学家善于从实验现象中发现问题，对于以上现象，大家是否有问题想提出？

学生：为什么会有电流，电子如何转移？谁作正极、谁作负极？

教师：首先，根据所学物理学知识，我们可以通过电流表指针的偏转来判断出正负极，有同学在实验中注意到了吗？

学生：我发现，锌片是负极，铜片是正极。

设计意图：探究一到探究二力图呈现科学探究的基本历程和思维方式，而提供灵敏电流计和万用电表两种仪器，更是丰富了学生的探究手段，满足不同学生的探究需求。借助动画演示，学生可以更清晰地了解没有电子的定向移动是不能形成电流的；呼应之前的盐水动力汽车，学生意识到要构成原电池必须有两个电极。而探究二正是对之前相关设想、假设的实证。此时，对于原电池的工作机理和构成条件，学生有了更深入的认识。

**[探究原电池的工作原理]**

教师：在刚才的原电池反应中，谁失电子？

学生：锌。

投影：展示负极的电极反应式，介绍电极反应式的概念。

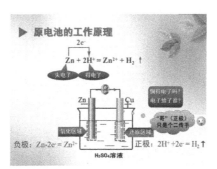

动画演示：负极失去的电子从锌片经过导线流向铜片。

教师：铜得电子吗？

学生：不能。因为它是金属。

教师：谁得电子？

动画演示：氢离子得到了电子生成气泡。

116

学生：氢离子得电子变成氢气。

教师：你觉得铜片起到什么作用？

学生：导体。

教师（诙谐）："哥"（正极）只是个二传手。

教师追问：那你认为可以把铜片换成其他金属甚至非金属吗？

学生：可以，只要是导体。

教师：锌失去电子所在区域为氧化区域，铜所在区域为还原区域，两个区域之间有电子定向转移，这就形成了电流。这就是原电池工作的基本原理！

教师激情追问：用化学的方法实现了对电能的转化，妙不妙？

学生齐声：妙！

活动1：探讨外电路中电子和电流的移动方向。

活动2：根据闭合回路原理，探讨内电路中电流的移动方向，进而分析溶液中可以发生移动的电荷有哪些（提示，硫酸是电解质）。

微观动画演示：溶液中锌离子、氢离子、硫酸根离子的转移。（动画播放两遍）

设计意图：这一部分是理论探究的主体，也是难点突破的关键所在。从锌片失电子学生容易联想到，正极应该得电子。然而，根据金属的特性，正极无法得电子，而"哥只是个二传手"则加深了学生的这种认识。通过对正极材料的选择，学生不仅理解了正极的作用，也体会到了构成原电池的电极条件。之后，对于原电池原理感叹虽就一个字"妙"，但学生的热情被点燃，对化学学科的价值性认同油然而生，课堂生态得以升华。之后借助微观动画揭示工作原理，学生有了更形象、深刻的认识。从某种意义上来说，这个部分的活动也是思维发展的高潮部分，笔者的处理方式使得教学难点的突破取得了成功。

[化学用语概括]

活动：填写表格，熟悉有关原电池的化学用语。

| 电极材料 | 电极属性 | 电极反应式 | 得失电子情况 | 反应类别 |
|---|---|---|---|---|
| Zn | | | | |
| Cu | | | | |
| 总反应离子方程式 | | | | |

设计意图：掌握和熟练运用学科语言既是必需的学科技能，也是建立学科思维的基础，此处也有利于帮助学生及时消化。

[拓展与归纳]

探究活动：判断以下装置能否构成原电池，判断正负极，讲述电子流动方向，概括构成工作状态原电池的条件。

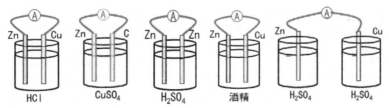

其中，第四个装置，再次对比之前的盐水动力小汽车，认识到盐水为电解质溶液，而此处酒精为非电解质，也不可能有自发的氧化还原反应。

设计意图：以小组活动的方式、用实例分析法来概括原电池的构成条件，避免了机械、抽象，学生理解起来方便，参与度高，课堂显得活泼、积极，生态好。至于第三次提及盐水动力小汽车，是考虑到学生对其感兴趣、印象深，可作为线索之一。

[自由探究——尝试水果(蔬菜)电池]

演示实验：电子钟以锌片和铜片作为两极，插入土豆，构成土豆时钟。

自由探究活动：各小组分别利用苹果、西红柿、胡萝卜、黄瓜、土豆等蔬菜水果及所给铁钉(2根)、铜棒(2根)、镁条(1根)设计水果(蔬菜)电池(相邻两组所用水果、蔬菜相同)。用电流计或电压表测试是否产生电流，组间比较电流(电压)的大小，分析原因。

小组代表：汇报各组实验结果，分析工作原理，大致猜测电流(电压)的取决因素(如接触面积的大小、反应的快慢等)。

教师提示：实验用品可以充分利用，是否有人考虑电池的串联？

播放视频：用2380个橙子制作成水果电池给手机充电。

教师：科学家也早已注意到这个问题，所以就有了伏打电池……

设计意图：教师的演示实验再次调动了学生的好奇心，在自由探究活动中，之所以给出这么多实验用品，就是为了留给他们充足的探究空间。之后对电流大小的比较，则可与化学反应速率知识建立联系。而多媒体视频的播

117

118

放又可以丰富教学形式、手段。

[知识应用]

教师：我们学习了原电池，可以用它来解释许多现象，例如钢铁的腐蚀。

学生活动：将钢铁的腐蚀与原电池构成条件进行对比。

教师补充介绍涉及的电极反应式和生锈原理。

[回顾反思]

投影知识框架，学生从主题、定义、条件、工作原理、应用、影响因素几个方面进行知识回顾。

教师：同学们今后从事其他类似科学研究活动时是否也可以借鉴这样的思路呢？

学生：是！

教师：同学们是否体会到，今天的学习内容与物理、数学等许多学科都有关联，其实，今天提及的科学家法拉第不仅是一个物理学家，也是一个化学家。从某种意义上来说，化学也是一门"中心科学"。推荐同学们今后读一本叫作《化学：中心科学》的书。

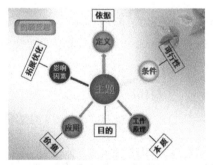

设计意图：对于钢铁电化学腐蚀问题的分析，主要作用是帮助学生巩固和应用已学知识，同时使他们感受到所学知识的价值。采用框架式的总结方式，便于学生在头脑中构建起相应的知识体系。而教师对于其中每个要素作用的诠释，又可以帮助学生形成科学研究的一般思路，使之对今后的科学探究产生向往和信心。最后关于化学与其他学科的相互关系，是为了让学生对化学学科的地位和作用有更深刻的认识。这种对于学科情感的培养的方式，比简单的说教要好。

[课外延伸]

投影并叙述：经过今天的学习，我还想探究……

[老师的寄语]

化学美丽神妙，化学无处不在，化学的未来，你的未来！

设计意图：激励、期许，情感的升华与共同抒发。

（六）教学反思

**1. 构建了良好的情感场生态课堂**

良好的生态是当前人类的普遍追求，它不仅对环境、社会、生活等有价值，对于教育而言，也是意义重大。这堂课应该说构建了良好的生态场。

首先，在一个良好的情感场生态中，各种生命体之间应该是共生的关系。在这节课中，教师注意到，自己不能成为生态中的霸主，而是要让每一个人都是其中的重要一员，大家合作、碰撞，相互鼓励、相互激发，促成了彼此之间的信任、互动、依赖与共生。从整个外观来看，这堂课的生态还是比较理想的。

其次，良好的情感场生态课堂应该是具有情感温度的。生命具有能量，课堂是师生生命交融、情感升华的地方，这是课堂生态区别于自然生态的地方。笔者十分注意自己的表情、语言和姿态以及情境的创设。自始至终保持着微笑，化解学生的紧张情绪；保持着平等与倾听的姿态，表达对于学生的信任与尊重；保持着热情和适时的激情，吸引着学生的关注和投入，尤其是在与学生共同得出结论、形成共识时，笔者的激动与学生的喜悦交织在了一起。

最后，良好的情感场生态课堂也应该是自然的。这节课，虽有教学预设，但是，这好比播下种子，至于将来的一草一木具体长成什么样子，却是动态、不完全可测的。秉承这样的理念，笔者在每个教学环节中，都重视学生对于活动的参与、问题的理解，引导他们自行解决问题，可以说，每一个教学重点和难点，都是由学生自行得出的结论。教师的作用，只是引导者、促进者、探究过程的参与者，在这个生态里，教师是共生的生命体，也是他们的支架。

**2. 形成了严谨的教学结构**

这堂课，从引入、提出问题、实验探究、原理探究、总结归纳到拓展探

119

究再到课外延伸，主要教学环节之间都是相互关联的，既是层层递进的关系，又是前后呼应的关系。从实际生活和科学工作者的使命出发，基于学生已有的知识基础，逐步提升，从理论和实验两个维度对原电池的含义、原理和构成条件依次探索，重难点逐步突破。

此外，教学过程中，对于某些具体的教学素材，也比较注意前后呼应，反复使用，发挥最大效用。例如，盐水动力小汽车这个素材，就在三个教学环节中被先后运用，让学生借助其充分理解了原电池的能量转换原理、工作原理以及构成条件，可谓一石三鸟。

此外，教学课件在制作和运用时，也注意了对于微观和抽象问题的揭示，在重点问题上，采取慢动作、分步骤、反复播放的方式加以强化、突出，不刻意抢进度，而是确保学生的真正理解。

## 七、情感教育在初中生物探究式教学中的渗透关系[①]

### （一）情感教学在课堂教学中的地位

#### 1. 国内外研究的状态

罗杰斯的人本主义情感教育理论、苏霍姆林斯基的情感动力思想、斯卡特金的情感教学思想、洛扎诺夫的暗示教学是情感教学的理论基础。1924年英国教育家尼尔创办了夏山学校，他用了60年的时间来突破传统，实践他的教育理想。尼尔认为情感是最有生气的，情感教育是培养新人的最有效的手段，把发展情感和发展头脑联系在一起并使之成为教育的一个重要内容。20世纪60年代英国学校德育学家彼得麦克费尔创立并兴起了体谅或学会关心的道德教育模式，风靡于英国和北美的体谅模式把情感道德的培养置于中心的地位，道德教育不仅仅是分析规则和禁令，道德靠理解和领会，多关心少评价，主张富有成效的教育就是学会关心。美国人布卢姆在20世纪提出的情感教育，在理论上以情感目标分类为指导，在实践上以职业指导和咨询为主，进一步发展为"社会—情感教育"，建立学校—家庭—社区间的合作共同体。在我国，明朝王守仁提出了"乐学乐教"的思想，以乐为最高境界的情感体验，

① 撰写者：周润娣，原文发表于《理科考试研究》，2016(8)。

把学和教结合起来。如今，情感教学研究已成为一个热点，国内也已总结出了一些情感教学的理论。目前影响比较大的教学模式有：愉快教育、成功教育、和谐教育、情境教育、成功教育等模式，为生物探究式情感教学模式提供了充分的理论依据。

**2. 课程改革召唤"情感教学"**

初中生的年龄大都在 12～16 岁，这个阶段的学生情感往往带有很强的游移性，常常以情感影响理智，不善于用理智控制情感。他们的身心特点决定了他们的学习活动也带有很大的情绪化，他们学习的持久性和积极性很大程度受到情绪和兴趣的影响。初中生物《新课程标准》的具体目标不仅仅包括了知识、能力，还包括了情感目标，学生的情感、态度、价值观是学生心理发展的基本内容。

**（二）情感教学的实施价值**

**1. 有利于提升学生的认知目标**

苏霍姆林斯基认为：情感犹如肥沃的土壤，知识的种子就播撒在这土壤里。情感分为同情心、敏感性、义务感三个方面。情感教育不是孤立的，它广泛地渗透于德、智、体、美、劳五育中，存在于教师和学生之间，年长的学生和年幼的学生之间，同龄的学生之间，它是教师实施教育的魔法棒。良好的教育必须要有健康和谐的情感环境，在教师的带动下，学校应该充满尊重人、相信人的良好氛围，师生共同处理好学生的情绪和情感动力问题，鼓励学生以自信的心态来全面和谐发展。

**2. 有利于培养学生的社会适应性**

将情感教学渗透在生物探究式教学中有助于学生提升情绪的认知、表达和评估能力，分析理解情绪的能力，对情绪进行成熟调节的能力。学生是未来的社会成员，在情感教育的熏陶下，未来在适应社会的过程中会表现为旺盛的工作热情、强烈的工作责任心、良好的协作能力、组织管理能力、承受挫折的能力等，自觉地为这个社会贡献自己的力量。21 世纪的教育再也不能是"目中无人"的教育了，要以人为本。

**3. 为学生提供了更多的锻炼机会，促进了学生的全面发展**

探究式的生物课堂为学生提供了互动和交流的平台，在课堂中小组合作、探究实验、表达交流，学生在一个能够充分表现自我的氛围中，彼此尊重，耐心倾听，共同分享成功的快乐。老师和学生进一步发现自我、认识自我，自尊和归属得到满足，发展学生的情感，发展学生的个性和特长，肯定学生的主体地位，真正做到在快乐中学习，促进学生的全面发展。

### （三）生物课情感教学的一般策略

#### 1. 挖掘教材中的情感素材

初中生物教材中的许多内容都渗透了情感因素。在"细胞学说""光合作用的发现""胰岛素的发现"等教学内容中，科学家不畏惧权威，追求真理的科学精神鼓舞了学生，在"生态系统的组成""生态系统的自我调节能力是有限的""地面上的植物和动物"等课程中，学生通过调查研究，自然就会建立起热爱大自然、保护大自然的思想。在"人体的生殖"一课中，教师应该引导学生尊重生命，感恩母亲的情感。

#### 2. 更新教育理念、改进教学方法

当老师踏入课堂的一刻，他的情绪就影响了整节课，如果老师的表情是死板的，语气是僵硬的，这一节课学生将是多么的压抑啊！如果老师精神是饱满的，声音是柔和的，脸上散发出金色的光芒，孩子是多么的轻松愉快啊！

教师在教学的活动中要管理好自己的情绪，要辐射积极的情绪，不要因为个人情绪而影响教育效果。

#### 3. 建立和谐的师生关系，形成积极的情感体验

师生间良好的情感场建立在平等的基础上，学生向老师问好，老师也应该向学生问好。那些对学生十分严苛的老师，经常因为小事就对学生打击批评的老师，一般也被学生所厌恶。有些学生对老师的不满情绪会迁移到他所教的科目，甚至放弃该门功课而和老师暗自较劲。对学生鼓励帮助的老师，往往受到学生的爱戴，学生也往往喜欢该老师的课堂，课堂气氛和谐融洽。教师在平时的教学活动中多关心学生的生活，了解学生的需要，在课后多和学生聊天，拉近和学生之间的距离。在学习《人体对信息的感知》一节课中，学生分小组拆装眼球的模型，并选派小组代表和大家交流。在这个过程中，老师应该微笑热情地鼓励学生，尤其要关心那些成绩较差、自信心不足的同

学，耐心地帮助学生分析原因，在亲密热烈的氛围中让学生"亲其师，信其道"。

**4. 在探究中提升情感**

积极情感，如兴趣、动机、自信、意志和合作精神等都是影响学生学习过程和学习效果的重要因素，在新课程实施过程中，学生学习的过程性和情感因素被提升到一个全新的高度。情感是学生学好各种知识的催化剂，是学生精神生活的主宰，不容忽视。在初中生物教学中，教师从建立和谐的师生关系入手，更全面、更准确地理解情感、态度、价值观的内涵，关注每个学生的情感发展，激发他们学习生物的兴趣，调动学生的非智力因素，帮助他们建立学习的成就感和自信心，使他们在学习过程中提高人文素养，增强实践能力，培养探究精神。课程改革的核心是课堂教学，探究式教学蕴含着大量的情感因素，关注每个孩子的情感发展，以情感人，以情促知，让学生在轻松的生物课堂中认识到生物科学的价值，快乐地掌握知识。

## 八、情感与认知双主线的高中革命史教学设计——以《新民主主义革命的崛起》为例①

在目前的高中革命史教学过程中，教师往往会面临这样的困境：教师在讲授中国共产党从无到有，由小变大，由弱渐强的民主主义革命的过程中，教师情绪饱满，慷慨激昂，但是却无法调动学生的情感"舞步"，使其与教师合拍。这样的革命史课堂是低效的，也就是说，目前在对中学革命史的教学处理上显然有值得改进之处。

在革命史的研究中，随着研究视角的转换和研究方法的创新，传统的革命史研究的路径和内容正在发生变化。20 世纪 80 年代以来复兴的社会史研究，是在一定程度上对传统革命史理论的超越，建构起更加"有血有肉"的历史。教师对于教材内容的处理和教学设计方面也应该注意到研究领域的新变化。另一方面，历史教学需要富有情感要素的课堂的出现。教育部新研制的《普通高中历史课程标准（征求意见稿）》（下文简称：《课程标准（征求意见

① 撰写者：荣进，原文发表于《江苏教育》，2017(11)。

124

稿)》)中明确提出唯物史观、时空观念、史料实证、历史解释、家国情怀五个方面的核心素养。事实上，核心素养的实现不是靠"知识灌输"可以达到的，而是需要教师积极挖掘课程资源中的情感要素，进行有情感温度的教学设计，构建有情感氛围的历史课堂。

基于此，笔者在设计《新民主主义革命的崛起》一课时，注重认知和情感双主线的设计。将纷繁的叙事通过线索的设计更好地贯穿统一起来，以期为学生描绘出一幅更加可感、具有教学实效的革命史画卷。

**（一）认知主线设计**

《新民主主义革命的崛起》一课属于人教版高中历史必修一第四单元《近代中国反侵略、求民主的潮流》，在单元中具有承上启下的作用。它上承农民阶级、资产阶级发动的旧式民主革命运动，下启中共领导的新民主主义革命。同时，就内容分析，学习新民主主义革命这个小专题，其实就是认识无产阶级领导的斗争在中国民主革命中的地位和作用问题。这一部分可以分成三个主题。

主题一：新民主主义革命的崛起，内容包括五四运动和中国共产党的产生以及国民革命；主题二：新民主主义革命道路的开辟，内容包括工农武装割据、红军长征和西安事变；主题三：新民主主义革命的胜利，内容包括内战的爆发、三大战役和革命的胜利。本节课属于主题一，自然就应该围绕"新"和"崛起"两个关键词展开教学。

这样就将教学设计进一步梳理，突出主线，简化流程，通过"新""崛起"两个关键词，力图完成对课文的解读，落实全课的结构线索构建和重点、难点突破。

第一部分"新的革命开端"，抓住五四运动成为民主革命的新阶段这一核心，其"新"体现在三个方面：广泛的群众性、斗争的坚决性、无产阶级的重要性。同时还表明，由无产阶级这一新的阶级领导的新民主主义革命与之前的旧民主主义革命存在着根本性的区别，是从旧民主主义革命的低潮中"崛起"的新的革命运动。

第二部分"新的革命政党"，总结"新"的表现：新的政党性质（无产阶级政党）、新的革命方向（社会主义）、新的指导思想（马克思主义）、对国情的新认识(半殖民地半封建社会)，从而带来中国革命的新的面貌。正因为有着"新"的革命政党的领导，必将使得新民主主义革命迎来区别于旧民主主义革命的"新"的"崛起"。

第三部分"新的革命实践"，体现在：革命出现了新方式（两个革命政党、四个革命阶级的联合）、新形势、新成果。在具体的课堂实施过程中，笔者发现通过这一设计，有助于对教学内容进行整体把握，同时也能够体现教材各知识点之间的逻辑关系，成为贯穿课堂各教学环节的主脉。

在这样的教学主线的梳理和设计的过程中，笔者也认识到，对教材的精心解读是保证教学内容高质量的前提。"教什么"是首先要思考的问题，与文本对话是做好课堂对话的先决条件。知识逻辑严密、线索清晰明了地构建起课堂知识体系，可以更好地帮助学生驾驭教学内容。

**（二）情感主线设计**

本课不仅要关注革命史观，更要立足于近代化潮流，从民族复兴的视角和高度来看，而不是仅仅强调阶级属性，这样可以更好地把握鸦片战争以来许多仁人志士的思想和行为，革命史的教学会更具有时代意义。

此处的核心素养的落实就可以具体体现为对家国情怀素养的培养。关于"家国情怀"，《课程标准（征求意见稿）》中认为"家国情怀是学习和探究历史应具有的社会责任与人文追求。学习和探究历史应具有价值关怀，要充满人文情怀并关注现实问题，以服务于国家强盛、民族自强和人类社会的进步为使命"。

因此，本课可以从中国近代"民族复兴史观"来立意，落实"家国情怀"这一核心素养。"民族复兴史观"是指导帮助学生认识、解读近代历史发展历程的重要史观。在民族复兴的视角下，中国近代革命史是中华民族历尽苦难、奋勇抗争、救亡图存的历史，是中华民族追求独立和发展、进步和复兴的历史。在这个过程中五四运动等一系列事件串起来一条民族复兴的历史轨迹，也是家国情怀的很好的诠释与落脚点。

在落实学科的核心素养中要更富有智慧和艺术性。例如，对五四精神的诠释。很多情况下教师的诠释非常空洞，往往是直接给出五四精神的内涵"爱国、进步、民主、科学"，这样的处理不如通过补充史料来进行。比如国内各

125

阶级自发参加运动的史料，由学生来感受、体会到这样的"五四精神"。对于"五四精神"的核心思想"爱国"，可以结合国民革命运动的例子来讲，可以在爱国精神上再进一步渗透，帮助学生更好地理解。

在教学延伸部分，笔者设计引用了习近平总书记在五四青年节给青年学生的青春寄语，带领学生从民族复兴的视角感受体悟五四运动以及中国共产党的成立的伟大意义，凸显五四运动对于当代学生的现实作用。这种设计一方面让学生体会到了历史和现实的紧密联系，更重要的是激发了学生们为中华民族崛起、为"中国梦"的实现而努力读书的情感。

也就是说，事实上这部分的情感主线的设计同样分为三个部分：第一部分"新的革命开端"，在这个部分抓住的是"爱国"和"学生"两个关键词，使学生认识到在爱国大义上学生是不落人后的，学生应该怎么做，可以怎么做。第二部分"新的革命政党"，抓住的是"新"和"革命"两个关键词。力图使学生明白，中国共产党在中国社会是区别于以往的任何政党的新的存在，革命性是其最大特点。第三部分"新的革命实践"，使学生认识到中国革命的面貌发生了巨大改变，革命值得期待又充满艰难。

（三）情感认知双主线设计的意义

美国教育家 Thomas L. Good 和 Jere E. Brophy 在《透视课堂》一书中指出，"不连贯的事实性知识，意义不大，不值得记住"。他们总结说，研究过这个问题的学者普遍同意，"学校需要做的事情是能够让学生建构有意义的知识，他们能够在自己的校外生活中运用到"。

本课通过认知情感双主线的形式进行设计，实际上希望达到的是对文本的深入解读，对教材的重新设计，对课堂的深刻理解，对教学的深度构建。认知主线厘清的是史实之间的联系，建立起历史史实发展的时空构架，发展学生的历史思维能力，带领学生在纷繁复杂的历史现象背后探究出历史发展的脉络和逻辑。情感主线承载的是历史学科的重大社会功能，为立德树人而教。教学永远具有教育性。英国历史学家卡尔在《历史是什么》一书中也提到"因为现代的意识形态赋予历史某种意义，使历史所表现出的纷乱，变成可以运用理性、理解力和美学感性来加以了解"。这段话不光对普遍意义的历史学习适用，对于我们今天如何向青少年学生讲述中国革命史也是同样适用的。

## 九、基于审美视角的"生命情感"课堂的构建——《走进白石老人的花鸟画世界》教学案例①

### （一）背景与理念

陶行知认为，生活教育的最高目标是"追求真理做真人"，一个集真善美于一身的"整个的人"。陶行知在他的整个生活教育理论中却处处鲜明地反映出他对生命情感的重视。

我国学者朱小蔓教授曾提出学校教育应反对过于知识性、体系化教学、过分追求标准化的评量，应注重生命情感个体的感受与发展，善待生命，尊重生命。从生命的完整发展角度看，生命情感一刻也离不开教育，教育已经成为生命情感存在的支柱，生命情感必须贯穿于教育的起点、过程和结果之中。在生活中完成教育，这既是"教、学、做合一"的精髓，也是笔者的课题"教育即生命"的思想与情感的体现。

### （二）教学目标

知识与技能：通过欣赏近现代绘画大师齐白石的花鸟画作品，了解齐白石花鸟画的艺术特点，初步尝试用笔墨关系表现形象。

过程与方法：通过观察与分析，欣赏与评述，体验笔墨情趣，感悟齐白石花鸟生命中的情感。

情感态度和价值观：通过欣赏近现代绘画大师齐白石的花鸟画作品，深入了解齐白石花鸟画生命情感的底蕴，继承和发扬中国传统的文化。提高审美鉴赏能力和合作能力，培养对生命的热爱和尊重，提高对生命的认知和感悟。

### （三）教学重、难点

教学重点：掌握齐白石笔下花鸟画的艺术特征，并深入探索齐白石花鸟画丰厚的生命情感寓意。

教学难点：体验笔墨情趣，掌握墨色变化和用笔关系。

---

① 撰写者：姚霞，原文发表于《中小学教学研究》，2017(9)。

128

## （四）教学过程

### 1. 激发齐白石花鸟画生命的情感

师：大自然孕育很多生命，一花一草，一虫一鸟，就在我们身边，同学们最喜欢哪些动植物？

生：小鸟、花、金鱼、青蛙等动植物。（学生自由回答）

师：这些动植物都有鲜活的生命力。请同学们欣赏一段视频，看看其中有哪些有趣的生命？

（播放视频）水墨动漫视频引入，立即激起学生极大的兴趣。

师：看到画面中的水墨虾，我们会想起中国近现代的国画大师，猜猜是谁？

生：齐白石。

师：一起进入本课的主题：墨色之韵，生命之歌——《走进白石老人的花鸟画世界》。简单了解白石老人的生平及生活背景：齐白石（1864—1957），原名纯芝，号白石。出身贫寒，早年做木匠，后拜师学艺，习诗文，一生勤奋。成为诗书画印的全才。中国近现代人民艺术家、国画大师齐白石。（板书并出示PPT）

[设计意图]国画动画片《小蝌蚪找妈妈》的视频导入，激起学生们对白石老人的探知欲望，一起探索齐白石的花鸟画世界。

### 2. 融入齐白石花鸟画生命的情感

师：白石老人曾经说过，不教一日闲过。在那生活艰苦的年代，白石老人笔耕不辍。欣赏他的花鸟画作品，他画了哪些有趣的形象？（展现PPT图片）

生：有蝌蚪、虾、青蛙、牵牛花等各种动植物。

生：白石老人描绘的动植物栩栩如生。

师：学生们不妨模仿青蛙欢快的叫声，来体验一下夏夜蛙声一片的场景。好吗？

（通过模仿青蛙的叫声，提起学生们对生命情感探索的乐趣）

师：作品题材来自哪里？如何体现？

生：来自生活。

生：白石老人细心观察大自然中有趣的微不足道的小生命。特别是虾，它们栩栩如生，就如在水中游动，富有童趣。

[设计意图]通过欣赏白石老人的生动有趣的花鸟画形象，学生们融入白石老人的花鸟画中，体验他的绘画语言和绘画情感。

**3. 探讨齐白石花鸟画生命的情感**

师：同学们提到白石老人画虾最有名，老师给同学们准备了生活中真实的虾，仔细观察，用生动的语言告诉老师有哪些结构特征？

（这是本课的重点，PPT展示生活中的真实的虾）

生：威武的钳子，灵动的眼睛，细长的触须，尖尖的额剑，透明的身体等。

师：轻轻触摸，友好地问候，给你什么感受？

生：滑滑的，身体游动时，先往后退，再往前游。

师：s形美丽的身材，有几节，弯曲时，身体第3节开始弯曲运动。

请同学们观察比较白石老人抓住了生活中虾的哪些主要特征？首先它的身体变成几节？

生：5节。

师：造型简洁生动，白石老人如何表现虾的质感？

生：墨色的浓淡对比，如音乐般具有韵律，有轻重缓急，高低起伏。画面有了韵律感，笔下的虾顿时鲜活起来，好像在游动嬉戏。

师：虾与虾之间墨色还有哪些变化？

生：聚散、疏密的变化。

（通过学生们的踊跃回答，总结白石老人的艺术特征：艺术来源于生活，又高于生活；白石老人艺术主张：妙在似与不似之间）

师：刚才我们通过细致观察，走进虾的世界，走进白石老人的艺术世界。请同学们思考白石老人在那生活困苦、吃不饱穿不暖的年代，他对生命的态度是积极还是消极的？

生：白石老人热爱生命、热爱生活。感受到白石老人乐观的、积极向上的生命情感力量。

师：欣赏白石老人晚年留下的珍贵的绘画视频，说说有什么更深的感悟？

生：白石老人在那艰苦的年代，对艺术的孜孜不倦的追求历历在目。他用笔下可爱有趣的形象来歌颂生命，来表现对美好生活的向往。

[设计意图]通过对比生活中真实的虾与白石老人笔下的虾之间的异同，学生们细心观察生命，畅所欲言，从而激发学生对生命的探究和体验水墨的欲望。

### 4. 体验齐白石花鸟画生命的情感

师生在古琴《太极》的背景音乐中体验笔墨情趣。

师：示范画虾的步骤。细心讲解每一个步骤。用淡墨画出虾的头部，身体及胡须，焦墨画出眼睛和头部。（在展台投影仪上示范）

重点示范画虾的难点：即画画时注意虾的姿态，体验水墨的浓淡变化。

学生仔细观察桌上的虾，体验国画笔墨游戏，感受生命乐趣。

师：提醒学生们注意笔墨浓淡聚散疏密之间的变化。简单添加一些画面的背景，注意画面主次关系。合作画出虾儿们在水中嬉戏的场景。

（学生在古雅的意境中寻找生命的灵感，体验合作学习的乐趣）

[设计意图]此环节旨在解决教学的难点。国画对于学生来说是一种尝试，如何化繁为简，化难为易亦是本课的重点。本课避开专业术语，让学生在古琴的音乐中感受具有情感的生命。同学们大胆体验笔墨游戏。老师盖闲章奖励，成为一幅完整的国画作品，从而激发学生作画的动力。在体验笔墨中，师生自评互评，并分享画中的感悟。

### 5. 升华齐白石花鸟画生命的情感

师：老子曰，人法地，地法天，天法道，道法自然。白石老人用手中的画笔带我们走进了神奇的花鸟画世界。同学们在似与不似的笔墨游戏中，也体验到生命情感的乐趣。白石老人热爱生活，热爱生命，在那艰苦的年代，笔下的花鸟焕发出积极向上的生命活力。白石老人通过国画的墨色之韵，谱写了一首生命之歌。他给当时的人们带来生命情感的力量，以及对美好生活的向往。正因为如此，1956年世界和平理事会授予白石老人国际和平奖。最后我们深情地诵读他的发言，作为本课的总结。

生：正因为爱我的家乡，爱我祖国美丽富饶的山河土地，爱大地上一切活生生的生命情感，因而花费了我的毕生精力，把一个普通中国人的感情画在画里，写在诗里。

师：白石老人在诗书画印上具有很高的造诣，课后同学们深入白石老人的艺术世界，继续探索其中的无穷魅力。

［设计意图］通过本课的总结，进一步让学生了解白石老人花鸟画的生命情感的内涵，拓展学生的艺术视野，让孩子们进一步自主探究和学习，徜徉于艺术的情感的殿堂。进一步让孩子们深深地爱上中国传统文化。

**（五）教学反思与感悟**

《义务教育美术课程标准(2011年版)》明确指出：美术学课程目标涵盖的美术学知识、能力以及情感态度与价值观等方面的基本要求，是要通过每节课或每项活动来逐步完成的。情感态度与价值观关乎学生一生的发展，因此，要特别注意能力和情感态度与价值观方面的要求。

现代社会虽然科技发达、物质丰富，但精神失衡，很容易缺失对学生进行生命情感教育。学生们处于身体与心理不断发展与成熟的阶段，需要对人生观和价值观有更高、更深的认知和感悟。因此美术生态教育的魅力不在于知识、技能的传授，而在于启迪、唤醒、感染等情感层面上。

在这次教学中，笔者不仅面对小学生，而且还面对初中和高中的学生进行授课；不仅是校内美术科研课，而且是校外和全国的生命情感美术研讨课堂。面对不同的地方、不同年龄层次的学生，孩子们对国画显示出浓厚的兴趣，每堂课都让我深深地感受到孩子们充满生命的情感力量。

通过《走进白石老人的花鸟画世界》的美术教学过程，营造美术教学生态"审美情感场"，以使美术课堂教情、师情、生情和谐共振，形成良好的生态磁场。学生们从激发、融入、感悟、体验、升华中不断提升情感，在欣赏体悟白石老人的花鸟画的世界中，学会珍惜生命，尊重生命，感恩生命。

以《走进白石老人的花鸟画世界》一课的教学设计和实录为例，试图构建一种认知与情感不断和谐发展的、充满生命力量的美术课堂。这种课堂的基调是美，它关注人的内心情感世界，使人的生命能量不断提升，情感教育、情感德育、课程育人的目标自然生成。在课程中，笔者融合情感教育一体的生命情感型美术课堂，并在当代审美视角下，努力构建起一个课程育人的、认知和情感不断和谐发展、充满生命力量的美术课堂。真正让

131

美术教学成为关心生命、提升生命并促进孩子生命情感绽放的生动的过程。

## 十、生命情态中初中体育课堂教学组织变革的思考[①]

初中体育课堂教学以多样性身体练习为手段，以全面发展学生体能素质、增强体质为首要目标；以众多体育项目的活动为载体，发展运动认知，掌握运动技能，激发学生体育学习兴趣，培养锻炼习惯来体现学科的有效性；以传承体育文化，学习科学健身与保健知识的（教养）养护课程，塑造健全人格，培养良好的品德和心理素质，提高社会适应性为终极目标。所以，初中体育课堂教学应以身体练习为载体，旨在帮助学生获得促进生命健康发展的最佳状态。

生命情态即在生命诸活动中，人们经常地处于某种情感状态之中，如情趣、热情、情操。其特征是具有感染性，受自己和他人的影响；具有积累和等级性，人的生命的主观体验有着明显的强度上的差异，并从弱到强。如同样是情趣：低级情趣的人，往往看不到生命的丰富多彩，也看不到生活的美好远景，只看到眼前的利益或感官快乐；而高级情趣的人，有积极乐观的人生态度，不盲目从众，如果这种情趣能经常得到累积就能发展到高一级生命情态——热情、情操；具有时间性，有的持续时间比较短，如周围环境的不同色彩、音乐的曲调及味觉、嗅觉和视觉的刺激会引起一个人不同的情调，情境教学影响的主要是学生的情趣。有的持续时间比较长，几个小时，甚至多达数天、数月或更长。如热情是一种热烈、稳固而深刻的情感状态。在体育教学活动中，热情是师生极为重要的情感状态，具有阶段性，从人的生命发展过程看，每个年龄阶段的情感状态是不同的，在幼儿初期从母亲那儿获得生物性需要的满足，到对母亲的依恋感，再到对家人、同伴、班级、学校爱的情感，直至对国家和人类的爱的情操，人的生命从低级到高级情感依次连续发展，缺一不可；具有教育性，人的高级情感状态，并不是必然地、自然而然地发展的，它受后天教育影响，反映个体生命的成熟水平。

---

① 撰写者：陆晓蔚。

纵观近年来初中体育课堂教学过程，学生和教师眼中只有考试的内容、标准和分数，所有教学行为都是为了体育中考拿满分，缺少"人情味"，使学生血肉饱满的生命变得枯萎，窄化了义务教育阶段体育教育的功能和价值。学生变成了单纯体育技术操作、枯燥体能训练的对象，身心疲惫。学生的体质水平暂时性地得到上升，但初中毕业之后直至进入高中阶段或社会之后，由于失去了"应试教育"的指挥棒或"行政倒逼机制"，体质水平又开始滑坡。这种过分看重分数和追求升学率，而淡漠和丧失初中体育对学生生命中情感发展的培育，导致生命发展诸力量的缺失，更谈不上对初中体育课的热爱。朱小蔓教授说："人类个体从早期到少年时期，是培养情感的最好时期。对于这个时期的孩子，我们应该像培育花朵那样，不误时节，悉心呵护……"《情感论》的作者诺尔曼·丹森说："没有情感，日常生活将是一种毫无生气、缺乏内在价值、缺乏道德意义、空虚乏味而又充满无穷无尽交易的生活。情感过程是个人与社会的交叉点，因为一切个人都必须通过他们在日常生活中感受到和体验到自我感和情感加入他们自己的社会……一个真正意义上的人，必须是一个有情感的人。"世界各地发现的"狼孩"虽然有正常儿童的脑结构，但缺乏人的丰富情感，完全与后天没有得到正常养护、培育、运用、发展有关。所以，积极的情感是生命成长的"维生素"；消极、低下的情绪反应是阻碍生命成长的"癌细胞"。在初中阶段体育课堂教学中，缺少情感支撑的教育不是面向学生生命的教育；不关注学生的生命情态发展就不会积聚生命持续发展的正方向和能量，就会形成事与愿违的反向结果。

从初中体育课堂教学的目标来看，包含诸多情感因素的支撑和触发。如果在体育课堂教学中，学生对所学练的内容不感兴趣，就不会有自觉地参与体育运动的情趣；不经常自觉地参与体育运动，就不能形成对体育运动的热情；没有对体育运动的热情，就不能形成终身体育意识，来促进学生身体健康、心理健康水平和社会适应能力的共融发展，更谈不上情操。其体育知识、技能、体能、方法教学过程的推进，难点的突破，也往往是伴随着情感的发展而发展、演变的，是以情感为动力、纽带和阶梯的。

首先，初中学生体育运动的兴趣需要是培养学生情趣的重要环节。瑞士心理学家皮亚杰指出："兴趣，实际上就是需要的延伸，它表现出对象与需要

133

134

之间的关系，因为我们之所以对于一个对象发生兴趣，是由于它能满足我们的需要。"由需要发展为兴趣再到情趣，情感起着积极的作用，使学生在发展运动兴趣需要的过程中，充溢着积极的情绪体验。因此，把握教材内容和学生体育兴趣需要之间的联系，在培育学生主观认识因素的同时，引导学生将认识因素转变为意志因素，将对某个事物的"兴趣需要"演化为"情趣"，也就自然成为培养学生在体育教学中学习情趣的基本措施。同时，学生在体育教学活动中不断获得兴趣需要情绪的体验，会有助于学习情趣的发展，最终形成良好的运动习惯。如学生喜欢多变不重复的练习手段，为提高学生的跳远能力，从体操类项目中垫上跪跳起入手再过渡到田径类项目跳远的内容进行单元组合：跪跳起→跪姿向前跳起→立定跳远→立定三级蛙跳→立定三级跳→助跑跳远；为了提高体操项目学生身体滚动能力可设计单元组合：前滚翻——前滚翻分腿起——跳箱盖上的前滚翻——从高处跳下接前滚翻——加大撑地距离远撑前滚翻——有坡度的后滚翻——后滚翻直腿起。

其次，用符合初中生身心发展的教学情境激发练习热情。心理学研究表明，情感是最具有情境性的心理活动。情境的进入可以激发情绪，让人产生积极主动的情感体验，这种情感可以给学生带来高涨的学习热情，将有力地推动学生进行孜孜不倦、锲而不舍的努力，而这种努力能提供丰富的实践机会，有利于知识、技能的积累和智能的发展，同时情感体验可以迁移和泛化，并生成更为稳定的情绪状态、情感向度及完整人格。因此，教师应成为有益于教学情境形成的最佳"编剧"和"导演"。富有情感的教学绝不是呆板的"照本宣科"，而是艺术的再创造，体育教学需要教师将课堂看成是艺术展示的平台，将每一堂课演绎成情感传递和升华的华美乐章。体育教学大多在较大的场地上组织活动，选用的器材、方法、手段和组织形式等具有多样性，更脱离不了具体的情境而产生，特别有利于进行体育教学情景的创设，也就是说情境是整个学习中重要而有意义的组成部分。备课实际上是将平面媒介的教学内容策划成立体的、动态的课堂活动的课前设计，需要教师根据教学内容和目标，选择符合初中生的年龄心理特征的情境，谋求能引起学生的新鲜感，进而使学生产生对所要学习内容的接纳感乃至认同感，激发学生的学习热情，备课也是为师生之间的情感互动，师生与教材内容之间的情感渗透预置有利元素。这样，课堂教学才会更富有活力。如精心设计的跳山羊运动场地：在蓝蓝的天空、绿绿的草地上摆放着整齐的山羊器械，有高山羊、有矮山羊、有跳山羊辅助练习的各种器械等，再配上适合的草原音乐；如为了加强学生跑的步幅、频率及腿部力量，我们可以在跑道上粘上颜色对比强烈的即时贴，再加上一定的节奏；而为了练习上肢和腰腹肌力量，我们可以用"推小车"的游戏来进行；当注重练习耐力时，可以设置"寻宝"或球类的游戏；还有安全舒适优美的运动环境、运动技能学练探究的氛围、分组合作性学练等，由此着力营造教学情境的优良环境；在教学中把握住动态生成的体育教学情境。生活中大量事实已给我们这方面的启发：凡是曾伴以我们较强烈的情绪体验的事物——一次巧遇、一个激动人心的时刻、一场扣人心弦的比赛、一组惊心动魄的画面、一席令人深省的话语等，一般都会给人以较深刻的印象，更好培养人对某一事物的热情。体育的教学情境是师生开展教学活动的特定背景，是师生生命活动的具体场景，因为学生在变、教师在变、场地在变、气候在变、练习的方法手段在变、练习的内容在变、情绪在变、时间在变等，在教学中常常出现一些具体的、出人意料的、无法预见的情境迸发出来，这种情境是不稳定的、不连续的、变化不定的，要求教师能有敏锐地捕捉机会的能力和驾驭课堂的能力，能在意想不到的情境中表现出积极的状态。这时，教师应该马上知道该说什么或做什么，一个眼神、一个手势、一个关爱的抚摸都会引起学生情感上的波动，都会修正学生在行为或思想上的偏差，在看似普通的事件中教师捕捉住动态的教育契机，着手于细微之处，能触及学生的本性，使课堂的教学更有潜移默化的教育意义。如在集体比赛中同学间、师生间的互相尊重和交往、体操项目中的互帮互助、小组合作学习中的分工负责及集体主义荣誉感、田径项目中的果敢及意志力、运动中安全的教育、不失时机地给学生精神上的关怀、健康与运动的关系引导、对某些动作做不好的同学的耐心细致的指导和鼓励等。教师需要将对学生的爱浸润到课堂的每一个细节，绝不应只是学生表演的旁观者，而是课堂动态的把握者。只有教师把握住这些动态教育情境的创设，在恰当的时机进行相应的教学，并富有一定的情感含量，既遵循了人的感情活动的特有机制发展，又重视教学的过程属性和过程价值，并且紧密结合学生的学习实践活动中的个性特征，富有激情地对学生情感加工系统进行开发，才是教师情感智慧水平最好的体现。

最后，要调节好师生的情绪状态，提供情操形成的可能性。教师是教学活动的组织者和指导者，其主导性地位决定了教师这个情感原点对整个教学中的情感活动，具有极大的能动作用，把握体育教学中的情感教育契机，会对周围学生施予情感上的强烈影响。所以，只有热爱体育教育事业的教师，具备高尚的人格魅力，才能激发学生对体育运动的热爱情感，教师的各种成熟和稳定的高级情感，都会潜移默化地影响学生，促进学生良好品质的形成。当教师进入体育课堂教学时，个体要通过努力调节和控制自身的情绪状态，使之在体育教学活动中形成最佳的情绪基调，甚至在教学高潮时会出现一种激情性的投入状态。这是教师自身职业情感特定的反映，也是一个教师的良好的职业情感习惯，特别是女体育教师尤其要注意这一点。正如赞科夫所说的那样："教师应当这样：来到学校里，他整个的人就是属于儿童，属于儿童的教学事业。"一个优秀的体育教师从来不让自己有忧愁的神色和抑郁的面容，甚至有不愉快的事情或病态在学生面前表现出来。体育教师这种情绪转变的直接效果，有助于引发学生的快乐、饱满和振奋的情绪。教师需要注重仪表，但持重不等于刻板，严肃不在于虎着一张脸，教师快乐情绪的引导和融合更有助于师生之间的教学相长；体育教师要根据情感的独特性，调节好学生的情感，更利于体育教学任务和目标的完成。如人们通常提倡的"勇往直前"的气概，就是鼓励人们在克服困难时需要拥有情感激情，显然，正是具有了这样的情感，无数的中国健儿才会在超越自我的同时，为祖国实现了一个又一个"零的突破"。据美国《时代》周刊引用最新的脑部研究报告指出：真正决定人类智慧的并非智商，而是情感。因为能善于控制自己情感的人，拥有更多的成功机遇，较易做出成绩。在这种情感因素的不断积累中，更好地提供了师生情操形成的可能性。

"情感不是道德，但情感维系和培育道德；情感不是学业，但情感伴随和支持学业；情感不是智慧，但情感共生和创生智慧；情感不是人性，但情感源自、通达并提升人性。所以，情感的路指向道德彼岸，连接光明人性，面向幸福和智慧人生。"《义务教育体育与健康课程标准（2011年版）》体现了体育的知识与技能，过程与方法，情感态度与价值观追求三方面的整合，情感教育所要达成的目标便是力求学生的身心健康成长与和谐发展。所以，在初中体育课堂教育中从唤醒学生最简单、最纯朴、最可贵的情感入手，使学生能更好地掌握课程标准的知识和技能，同时在体育教学中努力培养学生良好的生命情态。初中体育教育是学校义务教育的重要组成部分之一，在学生生命情感发展的状态中，对初中体育教学组织变革势在必行。由此更好地与南通市教育行政部门强调的课堂教育改革三点基本要求"限时讲授、合作学习、踊跃展示"的教学方式接轨。

## ▸ 第三节　从"情感生态课堂"到"情感—交往"型课堂

2016年，在积极推进情感生态课堂过程中，朱小蔓教授领衔的"教师情感表达与师生关系建构"项目组提出了"情感—交往"型课堂。我们发现"情感—交往"型课堂这个概念更符合情感生态课堂提升的目标方向，因为，通过情感交往可以实现情感生态，故而我们开展了"情感—交往"型课堂的相关研究。

与"情感生态课堂"一样，"情感—交往"型课堂形态并不忽视认知和技能因素在课堂教学活动中的价值，只是更关注学生的情绪情感，更重视激发和培育学生的情绪情感，并借此促进学生学习成绩的提升和整体生命的和谐发展。

与"情感生态课堂"从实践中归结理论的研究不同，"情感—交往"型课堂主要是从理论建构入手，再进入实践研究。可以说，"情感生态课堂"是自下而上的研究路径，而"情感—交往"型课堂是自上而下的研究路径。

"情感—交往"型课堂这个概念，有两个关键词，即"情感"与"交往"，关于何谓"情感"，前文已经做了阐释，本处不再赘述，这里先对"交往"进行阐述，然后再论述二者的关系。

### 一、课堂交往的三种基本形态

在课堂教学活动中，围绕学习内容、学习手段、教师与学生等各类主客

137

体因素，必将自觉不自觉地产生各类交往（对话）性活动。由于课堂教学的核心是学生的学习，我们从课堂教学过程中学生交往的对象划分，就呈现为以下的三类交往形态：学生与学习内容的交往、学生与他人的交往、学生与自我的交往。

**（一）学生与学习内容的交往**

学生与学习内容的交往，指学生的旧知识与新知识（新学习内容）之间发生互动关系，经由同化、顺应等心理活动，使学生个体知识体系得以丰富与提升的过程。这一交往的积极成果简单地说就是学生学会了新知识，而这类交往不到位则表现为根本没学会或者没有完全学会。

当前很多学校采取限时讲授的方法，即一堂课全部讲授时间不超过 20 分钟，连续讲授不超过 5 分钟。尽管这种要求有些机械，但的确给了学生与知识交往的时空，保障了这一形态交往的发生。如果教师讲授过多，学生缺乏与学习内容之间密切的互动，学生就无法有效地将新知识根据自我的情况纳入自我知识体系之中。

**（二）学生与他人的交往**

学生到学校求学不仅需要与知识交互，更渴望人与人之间的交往。传统课堂中也许并不缺乏师生交往和生生交往，但这些人际交往一般都是小范围的。课堂上只是少数"优秀同学"与教师，或者几个"优秀同学"之间的对话。对于大多数学生而言缺乏与教师、与其他同学交往的机会，学生在课堂上感受不到人际交往的愉悦，当然人际交往能力的指导也普遍缺失。新型的课堂应该满足学生与学生、学生与教师之间更多维度的交往，让学生感受人际互动所带来的愉悦体验，同时也增强学生的人际交往素养。

**（三）学生与自我的交往**

学生与自我的交往指的是学生在学习过程中展开反思性思维或体悟活动，它是一个学生的自我内部经验的改造或重建的过程。自我交往既可能与知识交往的过程相互伴随，也可能与他人交往的过程相互渗透。这里拟就知识学习过程中的自我交往展开论述。与学习内容的交往，只是将新知识纳入学生自身的知识体系，而一旦实现自我交往，对于学生而言，某个知识点就不仅成为自身知识体系的一部分，同时也成为自我生命的一部分，这个知识与整体生命密切相连，难以割舍。

有教师担心提倡第三类交往会耽误宝贵的学习时间。在他们看来，达到第一类交往就可以保障考试成绩，没有必要去追求所谓的自我交往，或者误以为自我交往是一种虚幻的理想。事实上，生命整体有着强大的能量，当个体仅仅满足于考试而去与知识互动时，自我生命觉察到自己仅是考试的工具，生命的整体性就会本能地排斥这种工具性活动，其结果反而是影响了学习和考试的效果。杜威的"教育无目的性"早就阐释了这一点，杜威提倡的无目的指的是不过分强调考试目的，但却不否认生命目的。若知识学习指向生命目的，那么学习的动能和活力是非常巨大的，这就是自我交往的重要性所在。

## 二、"情感交往"：课堂交往的高级阶段

加拿大籍华裔心理学家江绍纶教授在其《教与育的心理学》一书中开卷明义地阐述了教学活动的特征，他认为，"教学是一个涉及教师和学生在理性与情绪两方面的动态的人际过程。"[1]朱小蔓教授也提出，教育性交往在理论和实践上归结为两个主要领域——情感领域和认知领域。[2] 这些论述表明，在各类教育教学活动中，师生之间主要存在着两类信息的交流：认知信息的交流与情感信息的交流。

为了便于理解我们的课堂操作，我们将情绪与情感两类概念区隔开来，其中情绪是理性交往的前提条件，而情感则是理性互动之后的积极成果。于是课堂上就有了三个层级的交往——情绪维度的交往、认知（理性）维度的交往和情感维度的交往。

情绪维度的交往指的是学生对交往对象（学习内容、他人及自我）产生交往意愿，认知维度的交往指的是与交往对象发生认知信息的互动，情感维度的交往指的是在认知的基础上，对对象产生情感依恋，或者将对象纳入自我价值观体系之中（见下表）。

---

① 卢家楣：《情感教学心理学》，61页，上海，上海教育出版社，2000。
② 朱小蔓：《情感德育论》，北京，人民教育出版社，2005。

**"情感—交往"型课堂的交往体系**

| 交往层级<br>交往对象 | 情绪维度 | 认知维度 | 情感维度 |
|---|---|---|---|
| 与学习内容的交往 | 对学习内容产生学习兴趣 | 与学习内容理性信息的交往 | (1)受到知识内嵌情感的陶冶<br>(2)在认知交互过程中产生探究感、成果感等<br>(3)对学习内容产生情感 |
| 与他人的交往 | 对他人产生交往意愿 | 与他人的理性交往 | 对他人产生情感,建立情感联结 |
| 与自我的交往 | 对自身产生对话意愿 | 与自我的理性对话 | 对自己生命获得新情感体验 |

第一层级的交往是情绪维度的。"人感受外界的技能首先是情绪,其次是感受,最后才是感受的感受(意识),这是有机体连续统一体的三个加工阶段"①。无论是与学习内容的交往,还是与他人或自我的交往,总是以自己是否有交往意愿这种情绪体验为前提的,学生不愿意"睁开眼睛"关注自我与他者(学习内容与他人),就很难达成后续的交往,即便强迫交往,最终也是低效的应付。

第二层级的交往是认知(理性)维度的交往,即个体与学习内容之间理性维度的交往,以及个体与他人或者与自我理性维度的信息交互。第三个层级的交往则是情感维度的交往。我们以与学习内容的交往为例,展现情感交往达成的具体表现,主要有三类:一是被镶嵌在知识中的情感陶冶,产生了教学内容中内蕴的情感,比如爱国感、崇高感等;二是在与认知信息互动的时候,产生了探究感、惊异感、成功感;第三个也是非常重要的,即与认知信息互动之后,对这种知识产生价值感,感受到其对自身生命或者说人类发展的有用性,增益了继续与此类知识互动的主动性。

一般而言,认知(理性)交往总在情感交往之前,"披文以入情"这句话就很好地说明了这一点。这里的"文"既可以是文科的词句篇章,也可以是理科

---

① [美]安东尼奥·R.达马西奥:《感受发生的一切——意识产生中的身体和情绪》,杨韶刚译,北京,教育科学出版社,2007。

的符号。学习总是先从文字符号的知识信息入手，知识（理性）交往之后，才会产生对知识所包蕴的情感有各种体验。

当然，将交往分为从情绪交往到理性交往，从理性交往再到情感交往三个层级，主要是基于可操作性的思考，学理上未必完全精确，因为情感与知识并非线性关系，"它需要经过反复的圆环运动，认知发展与情感发展相互促进，反复地回到更为扩展的认知、更为深刻的情感，这样才能形成个人的情感文明。"①我们也赞同当对学习内容产生了某种情感后更加深了对学习内容的认知性理解，不过一般而言总是认知性理解在先，情感性理解在后，情感交往是更为高级的学习阶段。

### 三、从"交往"到"情感交往"：学习心理学的逻辑演进

在梳理学习心理学的理论时，我们发现，学习心理理论发展的历史其实也是一个从忽视交往到重视交往，从重视知识交往再到重视情感交往的历程，因此可以说"情感—交往"型课堂是学习心理理论发展的必然成果。

行为主义视学习者个体为一块白板，一种吸纳知识的容器，听凭外部的型塑，谈不上学习者个体与学习内容的互动，只是被动地接受而已。在行为主义语境中，基本上没有"交往"的立足之地。

到了认知主义学习理论，认识到了个体是带着自己的知识经验来到课堂的，原有的旧知识之有无及其质量如何，直接影响着新知识的学习效果。认知主义心理学家研究的重点就是新知识与旧知识如何发生互动的机理，以及如何促进互动的方法。从这个意义上说，认知主义学习理论开启了交往学习的研究之门。

认知主义关于的交往理论，不仅涉及新旧知识信息的交往，也涉及情绪维度的交往问题。比如，奥苏伯尔就谈到了有意义接受学习的两个条件，一是学习者的认知结构中要具有同化新材料的适当知识基础（固定点），便于与新知识进行联系，或者说便于与新知识互动。为了激活新旧知识之间的实质性联系，提高已有知识对接受知识的有效影响，奥苏伯尔提出了"先行组织

---

① 杨桂青：《情感文明：情感教育研究的新境界——来自第六届全国情感教育年会的思考》，载《中国教育报》，2015-12-23。

者"策略。同时奥苏伯尔也提到了有意义接受学习的另一个条件——学习者具有学习的心向，这就涉及情绪维度了，奥苏伯尔认识到了情绪对于学习活动的促动和影响功能。遗憾的是奥苏伯尔没有提出如何促进学习心向的相应策略。但不管怎么说，奥苏伯尔已经大大超越了行为主义，不仅认识到认知维度交往的重要性，也认识到情绪维度交往的重要性。

不过人们后来发现，认知主义学习理论无法解释人为什么会创造这个现象。比如老师只讲了两种解题的方法，按照加涅的信息加工理论，学生输出的也应该只有这两种方法，但是人们发现学生会冒出第三种或者第四种方法。对于这种未传授而创造的方法，认知主义学习理论无法加以有效解释。

人本主义和建构主义学习理论则非常好地解释了这个现象。这两个理论都非常重视人的潜能和价值感。依据这两个理论的观点，由于学习者对某种新知识特别感兴趣，于是在交往的过程中就会创造出新的解题方法，因为这样做能够体现自我的价值感，或者能够激发自我的潜能。价值感、潜能激发创造性，这些都是情感交往层级的东西。再举个反例，数学老师在考试前感觉某种题型要考到，反复提醒学生，拿到试卷正好有这类题，但是总还是有几位学生不会做，原因就在于这类题对这些学生而言没有价值感，他不愿意花更多时间去加工。当然，越是觉得某个知识有价值，学生与之交往的频度和深度也将越高，学习的效果也越好。

## 四、"情感—交往"型课堂的实践策略举隅

从交往对象视角划分的三种形态，与交往品质视角划分的三个层级，组合成了九种交往样式。而保障这九种交往样式达成的各种策略组合起来，便成了"情感—交往"型课堂教学的操作策略系统，限于篇幅限制，在揭示相关策略之后，仅详细论述部分策略的操作原理与操作方法。

### （一）促进与学习内容交往的教学策略

#### 1. 促进情绪维度交往的教学策略

学生之所以有学习动机，基本上两个原因，一是学习对象形式上比较生动有趣，二是学生认识到学习对象的价值性很高，因为人不愿意学习无价值的东西。因此促进情绪维度交往的策略主要有二，一是形式吸引策略，即改

变学习对象的呈现方式，比如采用动画等方式呈现学习内容，或者教师讲解特别生动有趣，以此吸引学生的注意力。二是价值澄清策略，即通过直接或者间接方式让学生体验到该内容的有用性。

**2. 促进认知维度交往的教学策略**

促进认知维度交往的策略包括先行组织者策略、框架提供策略、优化情境策略等。学习梯形面积计算前，先复习三角形和平行四边形的面积的计算方法，才会有效达成梯形面积的计算，三角形和平行四边形的面积的计算方法即是梯形面积计算的先行组织者。学生不会写景物，教师提供了一个思维框架，引导学生从早晨、中午和晚上三个视角去写，学生就会有效展开写作活动。如果学习内容很抽象，比如，小学一年级的"1＋2＝3"教学，学生难以展开思考，教师可以通过实物来模拟演练，一支铅笔加两支铅笔等于三支铅笔，再用抽象的数字符号。从具体到具象再到抽象，引导学生步步深入，这就是优化情境策略。

**3. 情感维度交往的教学策略**

情感维度策略包括展现情感策略、赋予情感策略等。这些策略的目的是促进学生在认知学习的基础上，与所学知识达成情感交融。展现情感策略在不同的学科用法也不同，语文课堂主要是教师情感性阅读感染学生，而数学课则是让学生获得探究感体验以及数学知识之间逻辑联系的美感等。数学老师精心设计每个学习环节，一个题学完可以生成新的一个题目，题目环环相扣，学生感觉每个题目都不难，但是一堂课下来惊异地发现收获满满，学生回过头来看，这堂课题目递进式推进，少一个题目后面的学不会，多一个题目多余，学生感受到了课堂教学的逻辑之美，以及数学知识之间精巧的衔接之美。"赋予情感策略是指教师通过自己对教学内容的加工提炼，赋予教学内容以一定的情感色彩，从而使学生获得相应的情感体验。"[①]

**（二）促进与他人交往的教学策略**

当一个学生不信任外界环境时，就不会产生交往意愿，教师平时采取采取积极评价策略、期待激励策略、情意感通策略（通过情感关怀产生师生情感

———————
① 卢家楣：《情感教学模式的理论与实证研究》，63页，上海，上海人民出版社，2008。

密切联结)等，都可以有效促进学生信任外界、敞开心胸，产生交往欲望，达成情绪维度的交往。

认知维度的交往不畅，源于彼此认知信息敞开不够，而认知信息敞开则需要一定的时空和平台来促成。教师或其他学生可以采取主动邀约策略、平台支持(比如小组合作)策略等方式，可以促成认知信息交往的发生。

人是情感性动物，在课堂上要达成人与人之间的情感性交往，形成彼此情感交融的关系，可分为即时情感交往促成和延时情感交往促成两类，前者可以通过情感场营造策略、换位体验策略等促成，而后者则在于师生、生生之间就认知性问题的争论、认同、否定的交互过程中慢慢育成。

### (三)促进与自我交往的教学策略

反思是人和动物的本质区别，所谓反思其实就是自我的对话或者自我交往，并调整自我与周围世界的关系。一个人感觉自己长得太丑不愿意照镜子看自己，就是一种典型的不愿自我交往的例子。当一个学生学习总是没有成功感的时候，不进行围绕学习的自我对话恰是自我保有心理平衡的一种方式。通过归因诱导策略、自我激励策略等是促成自我交往的有效策略，旨在让学生重新定位自己具有发展可能，突破其不愿意自我交往的心理障碍。

自我的认知信息交往与自我的情感信息交往，促成策略基本相同，比如时空保障策略、总结反思策略、对话交流反思策略等。时空保障策略指的是给予学生自我省思、自我体悟的时间和空间。"在课堂中，学习者自身生活的'时间''空间'与'关系'被剥夺了，自我对话的前提——习惯于一个人的条件，也被剥夺了。"①总结反思指学生自我的独立反思，对话交流时通过他人互动达成自我的反思，因为"我离不开他人，离开他人我不能称其为我；我应先在自己身上找到他人，再在他人身上发现自我"②。

---

① [日]佐藤学：《学习的快乐——走向对话》，钟启泉译，42 页，北京，教育科学出版社，2004。
② [俄]巴赫金：《哲学美学》，晓河等译，石家庄，河北教育出版社，1998。

## 第四节　"情感—交往"型示范课解析

自朱小蔓教授团队的"教师情感表达与师生关系"项目开展以来，南通田中派出数位老师担任"情感—交往"型课堂实践研究的种子教师，本案例的授课人陈惠老师就是其中一位。陈惠老师是学校学生处主任，2015年长三角地区教师基本功一等奖获得者，南通市语文学科带头人。陈老师执教的《秋天的怀念》这篇文章，其课堂较好地体现了"情感—交往"型课堂的相关规定性。

本案例从把握"情感—交往"型课堂教学操作要义为基础，对陈惠老师《秋天的怀念》课堂实录进行分析，阐明该课堂是如何体现"情感—交往"型课堂教学特征的。

### 一、《秋天的怀念》教学实录

生：老师好！

师：请坐。我们四班的同学们，今天这堂课呢，我将和大家一起学习由史铁生先生所写的《秋天的怀念》。大家知道，为了今天这堂课，老师这几天一直备课到深夜，觉得很苦。你们初三的生活，每天都这样，你们觉得，苦吗？

生：苦。（生笑）

师：有同学说苦，有同学说不苦，有苦那也欲说还休，那是真苦。可怜的孩子们，该怎么安慰你呢？送大家一首诗吧，请看。一二。

生：秋菊，陈毅，秋菊能傲霜，风霜重重恶。本性能耐寒，风霜其奈何？

师：一二。

生：秋菊，陈毅，秋菊能傲霜，风霜重重恶。本性能耐寒，风霜其奈何？

师：一切尽在此诗中，其实，在生活中一定有比我们更苦的人，比如本文的作者，史铁生先生。大家知道，史铁生先生21岁的时候突发重病，使得他双腿瘫痪。同学们，21岁，那正是一个芳华正茂，意气风发，踌躇满志，壮志凌云的年岁。但是，突然，生的重病使他双腿瘫痪，而且几年后，请看。

师：而且几年后，妈妈怎么了？

生：去世了。

师：妈妈怎么了？

生：去世了。

师：在作者的心中，觉得妈妈为什么会去世啊？

生：心里太苦了。

师：为什么会去世啊？

生：心里太苦了。

师：好，那么下面呢，我们就以《秋天的怀念》做例，你来说说作者为什么会这么说。我请一位同学将这篇课文朗读一下，其他同学一边体会一边画出相关的内容，有请××同学，不动笔墨不读书，大家细心地体会，有请。

生：（生读课文）双腿瘫痪后，我的脾气变得暴怒无常。望着望着天上北归的雁阵，我会突然把面前的玻璃砸碎；听着听着收音机里甜美的歌声，我会猛地把手边的东西摔向四周的墙壁。这时，母亲就悄悄地躲出去，在我看不见的地方偷偷地注意着我的动静。当一切恢复沉寂，她又悄悄地进来，眼圈红红地看着我。"听说北海的花儿都开了，我推着你去走走。"她总是这么说。母亲喜欢花，可自从我的腿瘫痪后，她侍弄的那些花都死了。"不，我不去！"我狠命地捶打这两条可恨的腿，喊着："我活着有什么劲！"母亲扑过来抓住我的手，忍住哭声说："咱娘儿俩在一块儿，好好儿活，好好儿活……"我却一直都不知道，她的病已经到了那步田地。后来妹妹告诉我，母亲的肝常常疼得她整宿整宿翻来覆去地睡不了觉。

那天我又独自坐在屋里，看着窗外的树叶"唰唰啦啦"地飘落。母亲进来了，挡在窗前："北海的菊花开了，我推着你去看看吧。"她憔悴的脸上现出央求般的神色。"什么时候？""你要是愿意，就明天？"她说。我的回答已经让她喜出望外了。"好吧，就明天。"我说。她高兴得一会，坐下，一会，站起："那就赶紧准备准备。""唉呀，烦不烦？几步路，有什么好准备的！"她也笑了，坐在我身边，絮絮叨叨地说着："看完菊花，咱们就去'仿膳'，你小时候最爱吃那儿的豌豆黄儿。还记得那回我带你去北海吗？你偏说那杨树花是毛毛虫，跑着，一脚踩扁一个……"她忽然不说了。对于"跑"和"踩"一类的字眼儿，她比我还敏感。她又慢慢地出去了。她出去了，就再也没回来。

邻居们把她抬上车时，她还在大口大口地吐着鲜血。我没想到她已经病成那样。看着三轮车远去，也绝没有想到那竟是诀别。

邻居的小伙子背我去看她的时候，她正艰难地呼吸着。别人告诉我，她昏迷前的最后一句话是："我那个生病的儿子，还有那个未成年的女儿……"

师：读得怎么样？（生鼓掌）学完这篇课文后你会读得更好。同学们，在作者的心里为什么会觉得妈妈太苦了？小组先互相说一下。（生讨论）

师：我听到在我手边的这位男同学说得非常的有理，我想首先跟你来点对话。你觉得在作者的心里为什么觉得妈妈心里太苦了？

生：因为她不仅需要照顾这个得了病的儿子，还有她未成年的女儿，而且这个儿子脾气变得暴怒无常，自己还有肝病。

师：讲了几个方面？

生：三个。

师：母亲自己呢？

生：肝病。

师：她疼得整宿整宿，翻来覆去睡不着觉。她还关注到她的女儿，女儿呢？

生：还未成年。

师：她儿子呢？

生：双腿瘫痪。

师：双腿瘫痪，而且暴怒无常，怎样的暴怒无常呢？你看，当他看着北归的雁阵，他会？

生：忽然把面前的玻璃砸碎。

师：看着北归的雁阵，他会？

生：忽然把面前的玻璃砸碎。

师：听着收音机里优美的歌声，他会？

生：猛地把手边的东西摔向四周的墙壁。

师：听着录音机里甜美的歌声，他会？

生：猛地把手边的东西摔向四周的墙壁。

师：妈妈提议说："儿子，走，我们去北海，去看菊花去。"他会大喊着说？

生："不，我不去。"

师：还有？

生："我活着有什么劲。"

师：妈妈提议说："儿子，我们一起去北海，去看菊花去吧。"他大喊着说？

生："不，我不去，我活着有什么劲。"

师：又是一天，请看，我又独自坐在屋里，看着窗外的树叶，唰唰啦啦地飘落。你能想象，我就是史铁生，他会做什么吗？同学，你来。

生：如果我是史铁生的话，我想我应该还会把面前的玻璃砸碎，并且听着收音机里优美的歌声，我也会把手边的东西猛地摔向四周的墙壁。

师：还有玻璃了吗？被你砸的（生笑）还有没有？你大胆想象一下，在史铁生身上还会发生什么？

生：我会想生命是如此的渺小，我不应该这么消沉。

师：转变得非常快。生命是多么的渺小，按照脾气暴怒无常的史铁生，他会怎么想？生命是如此的渺小，我不如？

生：死了算了。

师：还有没有？

生：我觉得如果我是史铁生，我还会怀念以前我的双腿健在的时候，我那快乐的生活。

师：我怀念以前快乐的生活，我砸玻璃的时候，会更毫不犹豫。我扔东西的时候说不定会扔得更多。同学，我看到你也举手。

生：我觉得史铁生还会猛地举起双手砸向自己的双腿，然后咆哮。

师：双腿已经瘫痪了，他还用双手砸向自己的双腿，说不定他还拿头？

生：撞向墙壁。

师：这就是一个痛苦无助的史铁生，这就是一个绝望无助的史铁生，这就是一个失望的都不想活下去的史铁生。那如果你是他的朋友，你会怎么劝？先思考再交流。四位同学再说一下。（生交流）每个小组推荐一位同学，先站起来。前面小组，你先来，顺着把话筒传下去。

生1：我会这么劝他，人人都有挫折，与其悲观消沉地面对，不如积极向上，而且你还有你的母亲，你的妹妹，你要多为她们着想。

师：暴怒的史铁生说：人人都有挫折，但是谁有我这么大的挫折呢？请坐，你说。

生2：我会劝他：尽管你的双腿已经瘫痪了，但是你活着就是你妈妈和妹妹的精神支柱，如果你真的想不开的话，你妈妈和妹妹的精神支柱就真的崩塌了。

师：史铁生说：朋友，你说得够感人的，但是，我这样能成为支柱吗？

生3：我如果是史铁生的朋友，我会跟他说，你看霍金是全身残疾的，只有几根手指能动，但是他依旧不放弃，最终还是有很大的成就，你为什么不能像他一样？即使你残疾但是每个人都有自己的长处，人不可能是十全十美的。并且你应该去考虑一下自己的母亲和自己的妹妹，如果你不做一个好的表率的话，她们可能因为你的事情而不快乐。

师：我也一直读过霍金啊，但是我是那个霍金吗？

生4：我会说，身体上的残疾抵不过心灵的残缺，你应该振作起来，就像是张海迪，即使她高位截瘫，但是经过自己的努力仍然最后获得成功。

师：他说：同学你说得对啊，但是当时张海迪我还不认识啊，她是我的妹妹，我不认识她。(生笑)同学你说得挺好的！

生5：如果我是史铁生的朋友，我会跟他说，你想啊，你的母亲已经生病了，但是她依然坚持着来照顾你，你不能让你的母亲失望，更何况你妹妹还未成年，这个家庭需要你。

师：我听懂了，这个家庭需要我，我听懂了，那我就坚强地活下去吧。请。

生6：上帝为你关上了一扇门，但也为你打开了一扇窗。虽然你现在十分地消沉，但是我相信只要你勇敢地面对未来，你将会散发不一样的光彩。

师：史铁生听了你的话后非常感慨，上帝为我们关上了一扇门，同时又为我们打开了一扇窗。史铁生问你，我的窗在哪儿？

生6：只要你勇敢地面对未来，我相信你总会找到那扇窗，并且望向远方。

师：我就是不告诉你，你的窗在哪儿？但是我知道，你一定有窗，因为

149

路在自己的脚下，虽然你已经没有脚了。

生7：霍金和张海迪是与你生活不搭界的人物，就想想你身边的人，比如你的母亲，她为你操劳得已经连夜睡不着觉了，而且她本身还有重病，所以请你好好地活下去，哪怕是为你的母亲而活。

（全班掌声）

师：好的，那我力所能及地去找属于我的那扇窗，从这扇窗里透过的光明能温暖我的双脚。

生8：假使我是他的朋友，我们一起看着窗外。看着窗外的树叶，那么我会跟他说，你看那树叶，即使它坠落到地上了，它在空中依然能够漫天飞舞一段时间，所以你的人生虽然并不是很完美，但是你依然要努力，依然去创造属于你的奇迹。作为你的朋友我会陪伴你，我会鼓励你。如果什么时候你开心了，我会带你一起去看菊花。

（全班掌声）

师：妈妈有爱，朋友们也都有爱。同学们说得都很好，说得都很懂事，那么妈妈是怎么劝他的呢？我们一起来读一下，看到了吗？一二。

生：咱娘儿俩在一块儿好好活，好好活。

师：第三小节，第二行。你是这样劝她的，妈妈是这样说的，一二。

生：北海的菊花开了，我推着你去看看吧。

师：再来一次，一二。

生：北海的菊花开了，我推着你去看看吧。

师：你怎么理解妈妈要带他去看菊花？

生：因为菊花淡雅高洁，因为它热烈而深沉，洒洒脱脱。

师：美啊，缤纷的色彩，热烈绚丽。好，请坐。

生：那时候是秋天，课前的那首诗《秋菊》展现的精神与品质是坚强不屈，身残志坚。

师：就是说妈妈带他去看菊花，这姑娘说，老师，就是你课前送给我们的那首诗，原来妈妈也把这首诗悄悄地送给了自己的儿子。还记得那首诗吗？秋菊能傲霜，风霜重重恶。本性能耐寒，风霜其奈何？再来一遍。

生：秋菊能傲霜，风霜重重恶。本性能耐寒，风霜其奈何？

师：风霜其奈何，这一次妈妈提议去北海看菊花，儿子同意了吗？

生：同意了。

师：但是母亲却节外生枝了，又发生了什么呢？

生：母亲在他同意去北海看菊花，片刻之后就重疾突发，永远告别了她的儿子。

师：母亲提议去看菊花，儿子终于同意了，母亲后来就去世了。在去世之前，又发生了什么？请。

生：去世之前，妈妈和我回忆了小时候我双腿还健在的时候的事情。

师：妈妈又节外生枝了，怎么了？就在说那番话的时候，请。

生：妈妈说了我那个有病的儿子和我未成年的女儿。

师：一起来，将那段话一起来读一下。第三小节倒数第四行。

生：还记得那回我带你去北海吗？你偏说那杨树花是毛毛虫，跑着，一脚踩扁一个……

师：读下去，我们一起来把那段话读完好吗？还记得那回我带你去北海吗？一二。

生：还记得那回我带你去北海吗？你偏说那杨树花是毛毛虫，跑着，一脚踩扁一个……"她忽然不说了。对于"跑"和"踩"一类的字眼儿。她比我还敏感。她又悄悄地出去了。她出去了。就再也没回来。

师：刚才读的这段话告诉我们什么信息？

生：她回忆起自己跟儿子小时候去北海看菊花，说到儿子的伤心处就走了。

师：什么伤心处？

生：他的腿残疾了。

师：是她的腿残疾了吗？

生：儿子的腿残疾了，不能跑也不能踩。

师：这里用了一个词。

生：妈妈比我还敏感。

师：比我还敏感体现在哪些词上面？

师生："忽然不说了""悄悄地"。

151

师：你怎么理解妈妈的敏感？她为什么这么敏感？

生：因为儿子一想到自己的腿残疾了就会很暴怒，她怕儿子再暴怒难过。

师：这次说到"踩"说到"跑"，她忽然就敏感了，为什么？

生：因为她儿子已经不能再跑再踩了。

师：大家明白了吧，如果用四个字，这就叫，怕儿子触景伤怀。谢谢，请坐。那么这一次妈妈是悄悄地出去了，经常的，她出去以后还会做什么？

生：她会在我看不见的地方偷偷地听我的动静，当一切恢复沉寂，她又悄悄地走进来，眼圈红红地看着我。

师：同学们，请看，说得真好。我们一起来读一遍，一二。

生：每当这时，母亲就悄悄地躲出去，在我看不见的地方偷偷地听着我的动静，当一切恢复沉寂，他又悄悄地进来，眼圈红红的，看着我。

师：哪些词语体现了妈妈难以言表的深切的母爱？

师："悄悄地""偷偷地""红红的"，前面还有一个"悄悄地"，我们现在就读好这四个词，我们一起来读一下，一二。

生：悄悄地、偷偷地、悄悄地、红红的。

师：轻一些，一二。

生：悄悄地、偷偷地、悄悄地、红红的。

师：长一些，一二。

生：悄悄地、偷偷地、悄悄地、红红的。

师：还是有些重，一二。

生：悄悄地、偷偷地、悄悄地、红红的。

师：注入你的情，"悄悄地、偷偷地、悄悄地、红红的"，把你的感受一起读进句子里，我们一起来试一遍。"每当这时"，一二。

生："每当这时，母亲就悄悄地躲出去，在我看不见的地方偷偷地听着我的动静，当一切恢复沉寂，她又悄悄地进来，眼圈红红的，看着我。"

师：在这些词上面还嫌快了点儿，情可以更浓郁一些。"每当这时，母亲就悄悄地躲出去，在我看不见的地方偷偷地听着我的动静"，继续，一二。

生："当一切恢复沉寂，她又悄悄地进来，眼圈红红的，看着我。"

师：你看，妈妈总是在我暴怒无常的时候或者在我有可能暴怒无常的时候她总是悄悄地，偷偷地，悄悄地，眼圈红红的。其实她完全可以泣不成声地去数落她的儿子。你想象一下如果母亲数落他，她会怎么说？

生：她会说，我活着有什么意义？

师：母亲这样说也挺好的，我活着有什么劲儿，连你都觉得活着没有劲儿，我活着还有什么劲儿？看着我，去数落他一下。有没有同学说一下？

生：看看你每天那个样子，有没有想过我和你的妹妹。每天看到你这个样子，你知道我的心里有多难受，你每天这样发脾气，我活着还有什么意思？

师：母亲数落的时候都是温柔的。请坐，你看你这孩子，你看你，我都得了绝症，疼得整宿整宿翻来覆去地睡不着，我有没有像你一样把玻璃砸碎，我有没有像你一样把东西扔向墙壁，我有没有像你这样，喊着我不想活了，我不活了。妈妈埋怨他了吗？

生：没有。

师：埋怨他了吗？

生：没有。

师：请看，妈妈所有的怨，所有的苦，和她所有的爱都凝聚在一个字上面，哪个字？一个动词，她没哭。

生：忍。

师：再说一遍，一个万箭穿心的"忍"字，把这个字读给我听。

生：忍。

师：再重一些。

生：忍。

师：慢一些。

生：忍。

师：很好，这里还有两个动词体现了母亲深切的爱。

生：抓。

师：我狠命地捶打着那两条可恨的大腿，母亲呢？扑过来抓住我的手，我想问，母亲为什么会扑过来抓？

生：因为母亲心疼自己的儿子，很难过。

师：她在干什么？

153

生 2：她心疼儿子自残，所以扑过去抓。

师：说得不错，儿子双腿有疾，再捶再打，而且还狠命地，她心疼儿子，怕儿子自残，说得太对了，你看到了没有，妈妈扑过来抓着我，那是不顾一切地发自心底的母爱。我们在位置上说出来体会一下"扑"和"抓"的力量。体会一下"扑""抓"，一起来把这两个字读一下，两个字，一二。

生："扑""抓"。

师：再重一些。

生："扑""抓"。

师：再重一些。

生："扑""抓"。

师：再快一些。

生："扑""抓"。

师：再快一些。

生："扑""抓"。

师：注意时间，注意不顾一切。好，现在我们就以两句话把你的感受带进去，我们一起来读这两句话。"母亲"一二。

生：母亲扑过来抓住我的手，忍住哭声说。

师：再一次，"忍"，强忍着，应该有力量，但是要慢一些，为什么？"忍"。再来一次，一二。

生：母亲扑过来抓住我的手，忍住哭声说。

师：说什么？

生：咱娘儿俩在一块儿好好活，好好活。

师：这个，感觉妈妈气息已经够不上了，是不是？把妈妈说的话我们再来一次，"咱娘儿俩"一二。

生：咱娘儿俩在一块儿好好活，好好活。

师：咱娘儿俩在一块儿好好活，好好活。再来一次，跟老师一块儿。"咱娘儿俩在一块儿"一二。

师生：咱娘儿俩在一块儿好好活，好好活。

师：最后一个没端住，"好好儿活好好儿活。"

生：好好儿活好好儿活。

师：妈妈这句话到底要告诉儿子什么？小组说一下。

（生讨论）

师：这四位同学，我听到他们各有见意，你来说说看。

生 1：我觉得母亲是想陪伴史铁生度过这艰难的岁月。

师：说得老好的，同学们有没有注意，刚才有些同学在探讨的时候只关注到了"好好活"，忘记了"咱娘儿俩"，这是站在母亲的视角，她说我也要好好活，我要陪儿子。

师：你来说。

生 2：母亲的意思是，即使在你如此困难的时刻，我也会一直陪伴你，直到永远。

师：这也好，都是站在母亲的视角。那么站在母亲基于儿子的视角来看呢？她会希望儿子怎样呢？

生 3：我觉得母亲就是希望儿子坚强地好好活下去，永不放弃。

师：好，姑娘，你也来一个。

生 4：我觉得就是母亲在跟儿子说话的时候，考虑到自己，自己也是身患重病的，她想让儿子跟自己一样坚强地活下去。他们都是一种人，一起坚强地活下去。

师：娘要坚强，儿子你也要坚强。或者说，你更要坚强，不信你看，还有更坚强的妈妈。任凭风浪起，稳坐人生台。史铁生听妈妈话，好好活了吗？

生：活了。

师：好好活了吗？我们一起来读，"又是秋天"一二。

生：又是秋天，妹妹推我去北海看了菊花。黄色的花淡雅、白色的花高洁、紫红色的花热烈而深沉，泼泼洒洒，秋风中正开得烂漫。我懂得母亲没有说完的话。妹妹也懂。我俩在一块儿，要好好儿活……

师：当然，母亲是好好活了，但是她不幸离世了。我是听了母亲的话也好好活了。给同学们补充一些信息，请看。母亲去世后，史铁生的病也越发地重了，由于长时间坐在轮椅上，他患上了肾炎，每个星期必须要做三次血液透析，不能少一次，不然就会死去。但史铁生还是坚强地拿起了笔，就像这位同学所说的，他的窗开了，尽管那时候，拿笔已经非常困难了，但是他一直记得母亲的那句"好好活"，于是，一篇篇优秀的作品诞生了。短篇小说……中篇小说……长篇小说……各种奖项……这些成果的取得使他越发地怀念一个人。他在自己的作品中说："我有一个凄苦的梦，在梦里，我绝望地哭喊，心愿啊，我理解你的失望，不理解你的离开，你不知道我会牵挂你吗？你不知道我们是多么想念你吗？但这样的话也无从说。只知道她在很远的地方，却不知道她在哪儿。或许她就在那儿。所以在一年又一年的秋天里，我让妹妹推着我去北海，去看菊花，去看看母亲似菊，母爱如花。母亲的'好好活'，影响我一生，也成就了我一生。"同学们，今天这堂课呢，我们大家一起行走在史铁生先生一家人的情感世界里，那如果今天晚上回去，你和妈妈说起今天的事儿，妈妈就问你，这家人的事儿和你有关系吗？我们笑而不语，因为同学们前面的回答都已经证明了，现在老师想问的是，你还记得课前老师问大家的话吗？老师问中学生活苦吗？苦吗？

生：不苦。

师：原因大家也说了。其实同学们，每个年龄阶段都有每个年龄阶段的苦，无一例外，每个年龄的苦都会在那个年龄的地方静静地等着你，从不缺席。如果你将苦像先前的史铁生那样，那它就成为你成长途中的大障碍。如果你将苦像之后的史铁生那样自强不息，那么苦就演变成、幻化成你生命中最宝贵的财富。所以，亲爱的同学们，中学生活不管苦与不苦，未来的生活不管怎么样，让我们时常想起史铁生的自强不息，一起谈妈妈说给我们的四个字。

生：好好儿活，好好儿活，好好儿活。

师：再来一次。

生：好好儿活。

师：好，这节课就到这里，谢谢同学们！好，下课！谢谢同学们，同学们再见！

生：老师再见！

## 二、《秋天的怀念》授课分析

《秋天的怀念》是中国当代作家史铁生于 1981 年创作的散文。此文叙述了史铁生对已故母亲的回忆，表达了史铁生对母亲深切的怀念，对母亲无尽的爱。既包含了对母爱的赞美，也有作者对"子欲养而亲不待"的悔恨之情，甚至也包括了作者因早年对母亲的行为不解的懊悔。全文语言平淡、文字朴实，没有经过精心的编织与雕琢，但却句句含情，令人感动。陈老师依据项目组对于"情感—交往"型课堂的规定性要求，尽量促进学生开展各个维度的情感交往，取得了比较好的教学效果。

**（一）引导学生与文本展开情感交往**

**1. 点击心理敏感处激发与文本交往的意愿**

"情感—交往"型课堂首先需要建立起学生与知识之间的交往关系，即学生对文本产生学习意向。如何激发学生产生学习意向，可以讲故事，也可以猜谜语，但这些都是浅层次的技巧。按照杜威的观点，学生对学习内容产生学习意向，本质上是感受到了所学内容与自身本能或冲动之间的联系。陈惠老师教学过程之初的一句"你们初三生活，每天都这样，你们觉得苦吗？"寥寥数语，却点到了同学们心灵最敏感的地方。初三面临中考，岂能不感觉到学习之辛苦？心理学的研究发现，人总是趋乐避苦的，当陈老师在学生心理投下这个问题的石子之后，学生心理马上就波涛汹涌，其本能的需求则是：该如何来放下这些苦？于是课文《秋天的怀念》便成了学生认识苦、应对苦的一面镜子。就这样，学生对课文产生了强烈的学习欲望。

**2. 阅读指导引导学生走入文本的情感世界，进而获得自身的情感滋长**

体悟文本创作者的情感，与作者产生情感共鸣，进而获得情感的陶冶，丰富情感体验和品质，提升情感能力，是语文教学的重要目标之一。如何引导学生体悟作者情感，最基本的方法便是"披文以入情"，透过阅读文字，感受文字的内蕴，从而体悟文字中的情感。然而如何阅读才能真正进入作者的情感世界，这是需要精心设计的。我们来看陈老师的教学引导：

史铁生是怎样的暴怒无常？作者是这样描述的——（引读课文）同学们一起来回答我：

望着北归的雁阵，他会——（把眼前的玻璃砸碎）（重复）

听着收音机里甜美的歌声，他会——（猛地把东西摔向前面的墙壁）（重复）

妈妈要他去北海看菊花，他喊着——（不，我不去，我活着有什么劲）（重复）

158

教者以"望着北归的雁阵，他会——""听着优美的歌声，他会——"的引读方式，层层递进，多次重复，学生的表情、动作被激起，随着幅度不断增大，体验也在不断加深。这里的重复，显然不是机械地重复，而是别有意蕴。教者引导学生去体悟，"把眼前的玻璃砸碎"是一种怎样的情感体验？接着让学生感受"不，我不去，我活着有什么劲"又是一种怎样的情感体验？在教者的激发下，学生在述说或者朗读这些文字的时候，不仅仅有语言，还注重了自身语气语调与之契合，更增加了身姿动作。教者的这一引读法非常符合情绪心理学的理论。情绪心理学认为，"如果没有内心的恐惧和颤抖，没有急促的呼吸，没有攥紧的双掌，或者没有隐藏在内心深处的欢笑等这些自我的感受，那么，主体对另一个人的恐惧、气愤、自我羞愧、得意扬扬或内疚等感受的理解还能有什么呢？"[1]试想，如果这里的文字内容阅读，不是教者的引读，不加入教者这种浓烈的气氛渲染，而仅是学生自读，学生是很难真正体悟到作者的内心复杂情感体验的。

课堂后面的另一环节（见下楷体），也完全体现了通过阅读引导加强学生对于文本情感交往的作用。

（课件出示："不，我不去！"我狠命地捶打这两条可恨的腿，喊着："我活着有什么劲！"母亲扑过来抓住我的手，忍住哭声说："咱娘儿俩在一块儿，好好儿活，好好儿活……"）所有的苦和爱，都融进了那万箭穿心的一个字里，哪个字？（"忍"！）

当前我们不少的语文课堂，理性化分析太多，却忽视了语文文本有着丰富的情感内蕴。传统的讲授分析很难触发情感，因为情感是个体对外物的好恶体验，因此，情感一般需要经由体验才能获得。在语文课堂，没有披文而入情，没有扣住关键词句不断地朗读，是很难深入文本的，也就无法获得真正的体验，情感很难滋长。

**（二）助力学生与他者进行情感交往**

**1. 通过教者自身亲切的情感表达让学生产生交往意愿**

传统教学中也许并不缺乏师生之间的对话，但这里师生使用的是"教室语言"。在这种对话中，由知道正确答案的教师提问，由不知道正确答案的学生

---

① ［美］诺尔曼·丹森：《情感论》，魏中军、孙安迹译，219页，沈阳，辽宁人民出版社，1989。

回答，然后是教师评价，很少有生成性的即兴发挥。课堂多维的互动不够，往往只是少数"优秀同学"与教师的对话，这些"优秀同学"的迅速抢答剥夺了大众的思考时间，干扰了大众的思维，于是"差生"就在这种看似热闹的课堂问答中不断被创造出来。

陈惠老师以其亲切的笑容（始终是眯着眼睛的微笑）、微倾的身姿、风趣的语言让学生对其产生信任，让学生产生表达与交流的意愿。大家应该会有这样的经验，一个场域的情绪基调，主要取决于该场域中主导者或者权威者的情绪状态。课堂情绪氛围的主导者是教师，当作为权威的教师一直是笑容可掬的样态，整个课堂的情感场也一定是温暖宽松的；微倾的身姿不仅仅便于与学生交流，更重要的在于其以平视的姿态而非俯视的姿态让学生产生被尊重的感觉；而语言之风趣，让交流氛围充满安全感和趣味感，更容易让学生大胆表达与交流。

**2. 通过活动设计促进学生之间的相互交往**

课堂上学生之间的互动不仅需要时间，更需要指导。课堂上陈惠老师安排了这样一个活动："如果你是他的朋友，你会怎么劝？先思考再交流。四位同学再说一下。（生交流）每个小组推荐一位同学，先站起来。前面小组，你先来，顺着把话筒传下去。"这一活动设计给了学生们相互交往的时间和思考通路，相互之间的认知与情感信息交融碰撞，促成了彼此之间的多维交往。

（三）帮助学生实现与自我的情感交往

**1. 引导想象促成学生自我交往，对文本进行情感创造**

课文第 3 小节第 1 句话，（出示课件：又是一天，那天我又独自坐在屋里，看着窗外的树叶"唰唰啦啦"地飘落，我——）请同学们大胆想象，我又会怎么样呢？

（这就是一个暴怒无常的史铁生；这就是一个痛苦、无助的史铁生；这就是一个悲观、绝望的史铁生；这就是一个失望的不想活下去的史铁生）

总之一句话，"我"就像这落叶，"我"活着还有什么劲儿！同学们：如果你是他的朋友，你会怎样劝劝他？

这个环节，教者设计了让学生想象史铁生独坐屋内看窗外落叶。其功能有二：一是从教学环节而言，课堂总是情绪大幅度的张扬表达并不足取，节奏上必须张弛有度，在情绪张扬之后要收一收，而想象让学生身心由引读时的高涨渐渐趋于平复。二是想象的过程是学生自我观照的过程，第一是看落叶这个静美的画面，会引起学生的联想，尤其是借由联想个体的生活经验，可以达成学生个体的自我交往；第二是想象可以让自身进一步抵近主人公的心情，尤其是每个学生这里可以有深浅不同的个性化解读。

　　哪些词体现了妈妈的敏感？妈妈为什么那么敏感？

　　母亲"悄悄地出去"后，她经常还会怎么做？

　　哪些词语渗透着妈妈无以言表的爱？

　　这一环节的主要任务，是引导学生走入母亲的情感世界。情感是特殊情境与关系的产物，学生年龄与作者母亲的巨大差异，使得学生要走入母亲情感世界显得困难。为了突破这一难点，教师通过这几个问题的引导，突破了学生与母亲情感世界交往的障碍。

　　当然学生有可能只是字面上感受到母亲的心情，尚不能完全体会母亲的内心，于是学生可采取一种位置转移的方式来获得体验。譬如当你站到凳子上再看你同龄人时，自然有了不同的视角感受，即从原来的平视变成了下视。在这个环节，教者就采用了上视的思维方式，要求学生"请你想象一下，替妈妈埋怨他几句？"这时候学生就真正站到了母亲的视角，情感上就容易真正移入，而不是在表面打转。

　　事实上，文本中的母亲居然没有像学生们那样的抱怨而是采取了隐忍。一个长辈，对孩子发表自己的规劝要比隐忍容易得多。请注意，这个时候，学生感受到本可以发的埋怨情绪，却不能发，不能埋怨，这是比较难受的一种体验。母亲情感可发却不能发，却以隐忍的方式来安慰儿子，这是一种非常复杂而深沉的母爱。经由这一系列的教学引导，学生对文中母亲的复杂情感将有更深刻的体悟。

**2. 课堂总结直接引导自我交往，丰富自我生命**

　　学生因何学习，因何与文本交往，本质上在于自我生命通过这一活动可以得到滋长。语文教学要直接引导学生将自我生命与文本学习相互观照，反思自我生命。这种观照有两种教育价值，一是对于本篇课文学习而言，的确对如何理解生命，如何安慰负性情感等都有很多启发；二是作为一种学习语文的思维方式，所有的语文学习活动都要有联系自我生命与启迪自我生命的主动性，而不能将自身仅作为学习的工具。于是，在课堂结束时，陈老师设计了以下环节。

师：同学们，今天这堂课，我们一起行走在作者一家人的情感世界里。老师相信，大家今天回去，肯定会跟家里人说今天的学习体会的。那么，妈妈可能会问：他们家这件事，跟你有没有关系呢？请举手。

生1：我们更要好好儿的活。面对生命，珍惜生命。笑对人生。乐观面对所有的一切事。凡事一切都要包涵，酸甜苦辣，就是人生。无论面对怎样的困难，我们都要活出自己的味道。

生2：我们应该把握现在的时光，珍惜自己的生命，不虚度自己美好的人生。

生3：上帝要你怎样活那是你的"命"，该怎样好好活那是你的"运"。命和运是分不开的，所以叫命运。用你的"命"走好你的"运"，就是你的"好好活"，就是走出的"人"字一撇一捺。

生4：身体健康本身就是幸运，要好好善待自己的健康。因此，我们的一些打击啊，苦恼啊，在史铁生面前不值得一提。

师：还记得老师在上课之前问大家的话吗？中学生活还苦吗？同学们，每个年龄，都有每个年龄的相匹配的苦，无一例外。每个年龄的苦，都会在那个年龄的地方，安静地等着你，从不缺席。如果你将苦像当年的史铁生那样，压在心头，它就成了成长道路上的大障碍；如果你将苦像后来的史铁生那样，踩在脚下，那它就幻化成了你人生中最宝贵的财富。

所以，中学生活不管苦与不苦，未来生活到底怎么样，让我们经常想起史铁生先生的自强不息，想起母亲送给我们的四个字——好好儿活！（加手势，连来三遍）下课！

总之，我们可以看到，陈惠老师《秋天的怀念》这一授课，比较充分地体现了"情感—交往"型课堂的特质，达成了学生与文本的情感交往，与他者的情感交往、与自我的情感交往。教学的设计与实施过程中，充分体现了教者用多种策略促成了这三类交往的发生。"情感—交往"型课堂并非另起炉灶，事实上许多优秀教师的课堂教学，都或多或少地体现了"情感—交往"型的各类交往元素，陈惠老师《秋天的怀念》只是一个较为典型的例子，我们可以用透视《秋天的怀念》的视角去重新审视、研究各学科的优秀教学案例，以提升我们对情感性教学的敏感性和操作技能。

# 第四章 学校情感德育活动

学校的情感德育活动，既可以作为一种隐性课程的样态存在，也可以呈现为显性活动课程。本书第一章所论的情感环境建设当属前者，而本章则讨论后者。目前我们的情感类活动课程在学校层面主要体现为仪式活动，在班级层面则突出为"共创成长路"的校本化实践。未来，我们将开发出更具情感文明教育特色的活动课程即学生情感素养课程，类似与前述的 SEL 计划中的"情绪词汇课程"。

## ▸ 第一节 仪式活动及其情感意蕴

法国社会学家涂尔干认为，仪式所产生的激动和兴奋的状态可以让参与仪式的人对自己有耳目一新的感觉，可以让个人释放出充分的热情，感受到与平时完全不同的心情和情绪以及对群体的认识。情感互动仪式理论也认为，共同在场、相互察觉、注意力的共同集中、节奏性同步、共同的心境和群体的符号化将唤醒情绪，当情绪被唤醒时，仪式被赋予了重要的价值，由此增强情感。[①] 日常的生活经验也告诉我们，当我们身处于某种仪式之中，听着震撼的音乐、看着生动的画面、感受着周围人的激动，我们很容易卷入到仪式之中，自身的情绪情感也会自觉不自觉地跟着仪式活动的节奏而起起伏伏。

每个学校都有自己的仪式教育活动，我们学校的仪式教育，应该说是我校情感德育工作的传统。作为过去南通中学的初中部，我们得益于"难忘教

---

① ［美］兰德尔·柯林斯：《互动仪式链》，林聚任等译，北京，商务印书馆，2009。

育"的滋养。我们的仪式活动，希冀通过震撼、打动心灵的教育活动形式，让学生产生终生难忘的记忆，从而形成持久的道德品质。自学校成为情感教育"项目"种子学校以来，我们更加注重教育的情感因素，以情感为抓手和突破点，突出学生的情感体验，做到以情感人、以情滋情、以情育德。现拟以两项仪式活动为例，展示学校仪式活动的施展过程，透视这些活动中的情感德育意蕴。

## 一、诚信仪式活动

### （一）活动设计

**活动标题：诚信伴你我成长，诚信与我们同行**

设计意图："诚信教育"是学校德育工作的主旋律，学校通过生活化的诚信课程和系列化的诚信实践活动，逐步形成了具有鲜明时代气息的学校诚信教育特色。自 2009 年开始实施以来，获得了社会广泛关注，中央电视台、中国教育电视台、江苏教育电视台、南通电视台等 10 多家媒体曾多次深入学校专访。为了更好地强化诚信教育的效果，扩大诚信教育的社会影响力和辐射力，学校面向学生、面向家长、面向社会各界，于 2014 年开始，策划举办了初一年级诚信宣誓仪式。

活动时间：五四青年节

活动地点：南通田中本部大操场

参加对象：1. 初一年级全体同学及家长。2. 校内外各级领导、嘉宾

活动流程：时长约 45 分钟

### 第一篇章：诚信在你我身边（18 分钟）

活动暖场：老师指挥，全体学生齐唱《诚信之歌》。（4 分钟）

主持人上台：宣布活动开始。（1 分钟）

介绍学校诚信教育：初一年级三位学生代表介绍学校诚信品牌主要实践活动及感悟。（重点介绍：爱心雨披、无人监考、流动图书馆）(10 分钟)

诚信大使发言：介绍初一年级诚信大使，特邀其中一位诚信大使谈诚信感悟。（3 分钟）

### 第二篇章：榜样在你我眼前（22 分钟）

表彰诚信之星：表彰初一年级诚信之星，由诚信大使颁发获奖证书。（2 分钟）

赠送《诚信故事集》：由诚信大使、诚信之星共同为全体学生颁发《诚信故事集》。（2 分钟）

诚信之星发言：诚信之星代表讲述自己的诚信故事，并发表相关感言。（3 分钟）

朗诵《写给爸爸妈妈的一封信》：学生眼中的不诚信形象。（5 分钟）

家长读信互动：请全体家长走近孩子，读《写给父母的信》，并作诚信寄语。（7 分钟）

家长代表发言：初一年级家长代表发言。（3 分钟）

### 第三篇章：诚信在你我行动（6 分钟）

校长感言：邀请校长作活动感言，并介绍特殊嘉宾。（3 分钟）

点燃诚信火炬：特邀知名校友代表点燃诚信火炬。（1 分钟）

诚信宣誓：邀请学生代表带领全体初一学生进行诚信宣誓。（1分钟）

主持人上台：主持人宣布活动结束。（1分钟）

### （二）组织者对活动的体悟

"诚信"是我们中华民族的传统美德，也是社会主义核心价值观之一。学校曾在校内做过一次调查，发现师生整体诚信情况较好，但反映出的问题也比较突出。

2014年4月28日上午，借全国田家炳中学年会，学校在初一年级举行"诚信宣誓仪式"，向全国各地来宾，展现近年来学校诚信教育成果。活动当日，其他学校代表、学生家长等均来到现场观摩。活动取得了极好的效果，受到了与会领导和来宾的一致赞誉。纷纷表示，学校的诚信教育活动走在全国学校的前列，内容丰富，形式活泼，教育效果令人惊叹。教育部原副部长王湛说，田中诚信教育主题观摩活动的教育意义广泛而深远，对学生产生的教益更是终生难忘。田中的德育工作，特别在诚信教育方面的探索、创新，形成了初步的体系和成果，给大家的启发很多，值得借鉴和推广。

经过数年来的诚信教育实践，学校多方面出现了喜人的转变和提高。主要有三点：一是全校师生从此拥有了共同的、明确的精神信仰和品质追求。如果您漫步于田中校园，任意问一位学生，或者一位老师，每个人都能告诉你有关"诚信"的点点滴滴；二是学校德育从此变得更加自信和生动。诚信教育是学校德育工作之灵魂，这一德育理念一旦明确和清晰，也因其明确和清晰，便更有利于激发活动设计者产生更多的灵感；这更多的灵感，就会诞生更多的德育活动。教育者因活动有魂，实施变得更加自信；受教者因活动多样，成长变得更加生动。三是校园环境从此拥有了不一般的品味和色彩。比如分布在学校教学楼每一个楼层的流动图书馆等每个诚信教育的窗口，成了校园最靓丽的风景。各个诚信教育的窗口，为学校的校园环境镀上了一层意想不到的色彩。

### （三）来自学生的反馈

**愿诚信之花开遍田中校园**

——参加诚信宣誓仪式有感

初二（18）班 高书璠

自2014年起，田中每年都举办初一年级诚信宣誓仪式。诚信宣誓仪式，俨然成为学校一年一度的传统活动，更是初一新生来到新校园里接受的一次诚信洗礼。

2018 年 4 月 16 日的下午，同学们有序地进入大操场。家长们也应邀来到了宣誓仪式现场，他们将观摩此次活动并送上最真挚的祝福。

一首田中诚信之歌拉开了活动的序幕。我作为学生代表上台为全校初一的新生伙伴们介绍了田中一大诚信特色——流动图书馆。讲着讲着，我的眼前浮现出了同学们及时归还图书时那不舍却坚定的眼神，仿佛又看到了一本本漂流之后重换新颜的旧书，心中不禁多了几分自豪。

当"诚信之星"上台领奖时，我发现身边的同学都少了份浮躁，多了份严肃，他们无一不显露出向往的神情。是啊，讲诚信者在学习上定会因自己的踏实取得真实优异的成绩，在生活中定会因赢得的信任获得更多宝贵的机会。

进入父母读信环节了，我小心翼翼地将衣袋内"沉重"的信纸递到了妈妈的手中。信中，我坦白了曾经在家中做过的不诚信事件，希望妈妈原谅并在今后的生活中给我更多的信任与支持。泪水沿着妈妈的脸颊滑落到信纸上，那粉色的信纸上仿佛绽开了一朵朵灿烂的花朵。我轻拍着妈妈的背，依偎在妈妈身旁，眼中早已也盈满了泪水。透过朦胧的泪花，我注意到班上平时几个特别调皮的男生此时也安静地站在自己的父母旁，有的还为父母拭去眼角的泪水。原来，在面对真实的自己时，大家是那么得善良又坚强。

在浑厚庄严的宣誓声中，诚信宣誓仪式郑重落下了帷幕。通过本次活动，我既向曾经不诚信的自己道别，又对未来的成长满怀信心与憧憬。相信所有伙伴们都和我一样收获多多，也祝愿所有人都能拥有一颗诚信之心，让美丽的田中校园开遍诚信之花。

## 诚信仪式回想

初二(6)班　赵季阳

诚信是一朵盛开的花，让世界芬芳美丽；诚信是衬翅的风，令你飞向更高的地方；诚信是无形的桥，悄然间沟通人们的心灵。我们南通田家炳中学以诚信为教育理念，人人讲诚信，事事遵诚信，诚信之光闪耀在学生们的心中，闪耀在和谐的校园。而诚信仪式更莫过于这些的体现和凝结。

诚信仪式展现身边的诚信事迹。通过这次仪式，我发现件件小事都折射出诚信的光彩。无人监考、流动图书馆、诚信雨披都早已融入我们的校园生活，无形中使我们养成守信用的好习惯。

在诚信仪式之外，令我印象最深的，莫过于诚信雨披的故事。在我们学校的东南角，有一间房子，里面靠墙放着许多雨披，它们有一个闪亮的名字"诚信雨披"。每当下雨天，同学们便可借走，第二天再将其洗好、归还回来。有一次归还的雨披少了几件，在国旗下讲话上提及了这件事。随后，雨披全部归还了回来。其中有一件比较特殊，那是学生自己的雨披，里面还有一张纸条，上面写道："老师，对不起，学校的雨披被我一不小心弄坏了，请您原谅。"正是大家的诚实守信，才让我们的生活更加美好。

诚信仪式为我们树立诚信榜样。本次诚信仪式，每个班都推举出了一名最讲诚信、最守信用的同学，他们品学兼优，被评为"诚信之星"。在舞台上，校领导依次为他们颁发奖状。他们有的拾金不昧，有的从不失信。他们人人都当之无愧，是我们身边的好榜样。我们应该向他们学习，学习诚信的良好品德，做一个合格的田中学子。

诚信仪式是我们前进的助力。这次仪式，所有家长都如约而至，与同学们共同参与。活动期间，同学们拿出放在身边的信封，交给走向前来的父母。里面红色的信纸上写满了对父母的感激与许多平时不敢告诉父母的小秘密。父母们没有责怪我们，反而表扬我们的诚实。很多的父母看到孩子饱含感情的书信，都流下了激动的眼泪，那晶莹的泪珠中照映着他们含泪微笑的面庞。声声浓缩十几年来朝夕岁月的话语，化为我们前进的助力，让我们决心不愧父母，坚守信用，努力学习。

诚信仪式是我们宝贵的回忆。它将变为闪亮的明珠，永远珍藏在我们心中。即使岁月变化，时光荏苒，它永不褪色，永不黯淡。与诚实同行，与信用为友，经过这次仪式，我们将加快步伐，含笑奔跑在成长的路上。

## 二、青春仪式活动

### （一）活动设计

**活动标题：作别难忘少年时代  相约美好青春年华**

——江苏省南通田家炳中学初二年级青春仪式

设计意图：本着在活动中教育学生、在活动中培养学生的育人理念，在初二年级学生即将告别少年岁月、迈向美好青年时代的这一重要时刻，田中学生处、团委会、少先队大队部、初三年级组共同设计了这一具有情感温度的青春仪式，帮助学生迈好青春的第一步。该仪式率先在 2015 届初二年级举行。将少先队离队仪式和新团员宣誓仪式共同举行，是我校加强团带队工作、培育学生情感素养的又一新的尝试。

活动时间：六一儿童节

活动地点：南通田中本部大操场

参加对象：1. 初二年级全体同学及家长。2. 校内外各级领导、嘉宾。

活动流程：时长约 40 分钟

**第一篇章：青春之迹·难忘少年时光(15 分钟)**

活动之前暖场(3 分钟)：学生代表 10 名，表演唱《青春之歌》。

出少先队队旗(1 分钟)：主持人上台，宣布活动开始。

讲述成长故事(8 分钟)：主题《就这样慢慢长大》，初三年级三位学生代表(1 男 2 女)分别讲述入队、小学、初中成长故事。

深情解红领巾(2 分钟)：伴《少先队队歌》，颁发离队纪念卡。

退少先队队旗(1 分钟)：伴《少先队退旗曲》。

**第二篇章：青春之约·开启梦想之旅(25 分钟)**

团员入团宣誓(5 分钟)：①老团员代表为新团员颁发团员证，并佩戴团徽(伴《共青团团歌》)。②入团宣誓，校团委书记领誓。

学生青春放歌（4分钟）：学生代表1名，表演唱《我相信》。（插播校友祝福音频）

家长青春祝愿（2分钟）：家长代表发言，主题《你的青春·我的心愿》。

亲子读信互动（6分钟）：全体家长向前，为孩子送上青春贺信《致14岁的你——我的孩子》，现场阅读。同时家长还可献上个性化礼物，比如鲜花。

学生青春誓言（2分钟）：主题《热爱生命·放飞青春》。

教师青春寄语（2分钟）：主题《青春里，我们一往无前》。

全场起立互动（3分钟）：集体吟诵《沁园春·雪》，教师代表领诵。

宣布活动结束（1分钟）：主持人上台，宣布活动结束。

### （二）组织者对活动的反思

为了更好地培育学生情感素养，激励更多的少先队员积极地向团组织靠拢，进一步加强团带队工作，校团委会、少先队大队部及2015届初中各班的中队辅导员，共同精心设计了一个仪式，在初二年级学生的最后一个儿童节里，全体少先队员解下红领巾，最后一次齐唱《中国少年先锋队队歌》，又一批合格的学生在全体同学面前，光荣地加入了中国共产主义青年团。举起右拳庄严宣誓的场景，让许多离队的学生感慨万千："我不能没有家。"少先队组织、共青团组织，在许多学生的眼里就是他们的"家"。

从2015年6月1日第一次举行青春仪式到现在，每一次都可以看到、感受到同学收到精心为他们设计的具有田中特色的离队纪念卡时的喜悦和惜别，以及其他同学看到别人宣誓时的渴望。

这一仪式在首次举行时曾邀请团市委、教育局等单位的领导参加，受到较高的评价，目前这也成为学校团队衔接工作的一项重要内容。

### （三）来自学生的反馈

#### 青春无悔
##### ——参加青春仪式有感
##### 初三（5）班　漆馨荃

两年前的一天，天是一层朦胧的淡蓝，寥寥的几片云，但两年后，深深刻在我记忆中的还是这一天。那天是人生的分岔口，是青春的起点。

在青春的舞台上，每个少年都散发着属于自己的光，在幕布上映射出流

169

光溢彩。朝夕相处的同学清脆悦耳的歌声在操场上空回荡，连空气中都洋溢着急于成长的热情。而三位学生代表口中的慢慢成长就如同一股柔柔的清风，陪伴着每一个身边的人度过了十四年时光，其中一位女同学的发言让人难忘，她由内而外散发的自信，感染着我们，带给我们无穷的动力。

一不留神我们跨过了中学的门槛，她现在是我的同桌，同一片阳光下，青春都该有最好的陪伴。接下来就是告别少先队了，或许平时会因每日都要佩戴红领巾而厌倦烦恼，但回忆起自小学入队的点点滴滴，竟对胸前的红色分外不舍。

青春的誓言总是美好而坚定的，伴随着梦想花开。在《我相信》的音乐之下，学长和学姐们殷切的祝福将我们的身心环绕，那一个个自豪响亮的大学名字好似散发着闪闪的金光，如一把金钥匙徐徐地打开了我们面前期盼的大门，或许有一天我们会去到那里，又或许我们能去到更好的地方。

我们从田中的怀抱中如一只雏鹰起飞，我们都应该相信明日的精彩，未来的光明，我们向着更高处飞翔，经历风和雨，品尝酸与甜，而田中也一直为我们敞开大门，毕业之后再回忆，我骄傲我是田中人。

最让人期待的就是父母送给我们的礼物了，猜测期待了那么多天。当看到父母精心挑选的礼物，泪水开始在眼眶中打转。青春如溪，我们拖着梦的一角缓缓前行渐渐远去，留给父母的不应该只是背影，回首的笑是给目送最好的礼物。

在今日我们也都立下了自己的青春誓言，学生代表告诉我们要热爱生命，放飞青春，因为青春只有一次，我们要对自己负责，每个人的青春都应有最好的回忆。老师教导我们要一往直前，青春无悔，从外打破是压力，从内打破是成长，星光不问赶路人，时光也终不会负有心人。

不要责怪自己的轻狂，这是青春最明亮的标记；不要自卑自己的浅薄，经过岁月的打磨你会获得满载的思考和智慧。

数风流人物，还看今朝。在老师和同学们朗朗诵词声中青春仪式走向了尾声。

十四岁，向懵懂的童年挥手作别，火红的青春在招手。我们相信：会牢记自己的青春誓言，迈好走上人生道路，走向成功，走向未来的第一步。

## 想青春

初三(5)班　刘佳琪

今天，我终于站在了青春的转折点，站在了人生的转折点。

青春，是一个令我感到矛盾的字眼，我们一边感叹课业的繁重，规矩的杂多，一边却又享受着青春的甜蜜，憧憬着未来的希冀。童年，我们无忧无虑，天真无邪；小学，我们沉心学习，渴盼假期；初中，我们刻苦拼搏，努力升学。一步步走向成熟，也一步步走入青春。在台上柔和的朗诵声中，我们回忆着过往，就这样慢慢长大。

"我们是共产主义接班人"，熟悉的歌声在耳边响起，我又记起了小学刚戴上红领巾时的喜悦与自豪。而今，同样的阳光明媚，同样戴着红领巾，同样站在五星红旗的面前。从多年前那个稚嫩的我，那个少先队员蜕变成了现在十四岁的青少年的我。时光的飞逝，我将站在田家炳中学的土地上取下脖子上的红领巾，与同学们一起迎来十四岁的天空。从现在起，我是一名光荣的共青团员了！

14岁的我们应该学会活在当下。《我与地坛》的作者史铁生为我们大家所熟知。"活到最狂妄的年龄，忽地残废了双腿"。他说："21岁时，如果我知道这样的日子会成为永远，那将是不可想象的人生！反而30多年过后，回看如今真实的日子，我反倒不觉得悲哀。是啊，一步一个脚印地走过来，人生才更加精彩，更加有意义。所以，不要把目光放的太长，一步一个脚印，活在当下，才能活得充实。"

我对未来生活的憧憬一刻也没停过。我喜欢看电影，希望和里面的主角一样，将欢喜与大家一起分享，把悲伤与他人共同分担。我希望我的未来是金色的，生活因它而充满阳光。我相信我的未来不是梦。在《我相信》激情澎湃的旋律中，我怀抱憧憬，放飞青春。

青春需要感恩，为我们的青春付出最多的是我们的父母。十四岁青春仪式中，当老师让我们和父母面对面时，我和父亲的手紧紧地握在一起，渐渐地手心满是汗水，可是我们依旧握着，正和我小时候一样。老师朗读着致辞，这些话似乎触及人们内心深处的神经，虽然大人们已在克制着各自的心情，仍有许多母亲哽咽了，周围没有声音……她们悄悄地拭去脸庞上的泪，可是眼泪不停地往下流。我朝向父亲，深深弯下了腰……

　　十四岁的这个青春仪式之后，我可能会忘了红领巾的系法，少先队队歌和这深深的一鞠躬我是不会忘记的。我会让这一个鞠躬和这些泪水更有意义，我要用行动告诉所有人，我已经长大了！

## ▸ 第二节　"共创成长路"的情感德育校本化

　　南通田家炳中学作为田家炳基金会的项目学校，有机会参与了田家炳基金会的"共创成长路"项目（简称"共创课"），该项目旨在因应当前青少年发展问题逐步恶化的趋势，着重对青少年正面发展问题的构念进行介绍及培训。这些构念包括促进社交能力、认知能力、分辨是非能力、自我效能感、抗逆能力等共 15 个。该项目的特点在于不仅提出构念，每个构念还有数个相应主题的教学活动设计。所有参与的学校可直接运用现成的教学活动设计及资源开展相关教学活动，当然学校也可以在遵守相关规则的前提下，进行校本化的改造。我们的校本化主要是情感德育的校本化，一是在不改变共创框架和主要步骤的基础上，增加或者放大情感教育的力度，二是在教学设计中更加注重情感维度的教学设计。

　　2015 年 5 月，"教师情感表达与师生关系建构"项目组朱小蔓教授、张华军副教授、香港田家炳基金会董事陈建雄校长、总干事戴大为先生等多位专家到学校指导工作，本校葛晓周老师上了《父母之命》这一节课，充分地展现我们在使用"共创成长路"课程中的校本化努力。课后，专家们对这堂课给予了很高的评价。

　　该课程授课对象为初一年级学生，其模块目标是学习改善与父母沟通和相处的技巧，借此巩固学生与父母的亲子关系。以下是该课的教学实录。

### 一、《父母之命》教学实录

　　师：上课！同学们好！

　　生：老师好！

师：今天老师要和大家来听一段音乐，看一段感人泪下的故事。（放视频）

师：在1999年的一天，一声巨响，一部观光缆车坠落山崖，父亲和母亲不约而同地举起双手，托起年仅2岁半的儿子，父母永远离开了人世间，孩子奇迹般地幸存下来。这就是父母之爱，是那么无私，那么伟大。在生死的瞬间，父母想到的并不是自己，用自己的双手把希望留给自己的孩子。那么，在我们的日常生活里，我们也会看到另外一种情况，会看到孩子和自己的父母之间存在激烈的矛盾冲突。下面我们再来看两则新闻。

新闻一：2014年初三女生小郭给朋友庆祝生日，11时许仍然迟迟未归，母亲便打电话催促，一个姑娘这么晚不回家不像话，不料小郭丢下一句："死外面也不回家"。小郭挂掉电话之后手机关机便失踪了，离家出走了。

新闻二：2014年3月1日，一中年妇女被送往医院抢救，胸部有四处伤口在汩汩流血，凶手就是她一直呵护有加的女儿。

父母的爱那么无私，那么伟大，为什么亲子之间还会有这样的矛盾呢？其中有个很重要的原因，沟通出了问题。沟通是双方面的，孩子可能有问题，父母也可能有问题。今天老师给大家个机会，下面给你们每人30秒的时间，闭上眼睛回忆一下父母曾经讲过的最让你生气的话，引发了激烈的冲突。

（生闭眼回想）

师：同学们睁开眼睛。我们一起来分享下。

生1：考完试后妈妈说这次考试考这么差还在看小说，还不去学习。

生2：有一次我问妈妈一道题，然后妈妈正好在忙，不耐烦地和我说，我忙着呢，别烦我。

173

174

师：你当时听了心里什么感受？

生2：就很难过，妈妈自己忙自己的也不理我。

师：那你当时什么反应，怎么回应妈妈的？

生2：比较生气，然后摔门就走了。

师：哦！自己很生气，有没有男生再来说一下？

生3：期中考试后，妈妈说考这么点分，还好意思睡懒觉。

生4：暑假和朋友出去玩把20元钱都花完了，回来6点多，妈妈在忙，就说，你这个败家子，就知道花钱，学习不好不去用功，花这么多钱干什么！我当时很生气，饭都没吃。

师：感觉到同学们的怨气还不少，老师正好给了你们出气的机会啊！下面我们一起来看两个情境。我们来给父母的语言打打分。看看父母的话是建议，要求，命令还是不予理会。在纸上坐标轴上表现出来。坐标轴横坐标代表父母对事情的严格还是宽松，越往右越严格，纵坐标表示温暖，越往上越温暖。

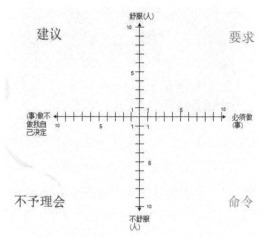

乖女儿，适当吃一点吧！你现在正在长身体！（纵10横−8，建议）

不许再玩手机，立刻给我去看书！（纵−10横10，命令）

师：老师总结了几句平时父母说的话，同学们给这些话打打分。

（生分组讨论8句话，分别在坐标上打分）

师：现在哪个小组先来分享下结果。

生1：你明早要上学，今晚不准打游戏，立刻回房睡觉。这句话是严谨，语气比较冷漠，是命令。

生2：我现在正忙着做饭呢，帮妈妈打个电话给外公，说我星期六去看他。这句话略微严谨，语气带点冷漠。

生3：我觉得这句带点温暖，帮妈妈打个电话。我觉得是要求。

生4：不要烦我！是命令。态度冷漠。

师：读一读，对一切不管是——宽松。所以应该是什么？

生4：是宽松，应该是不予理会。

生5：第四句话应该是建议。上学期你在考试前没怎么玩游戏，发现你成绩进步了呢！我想你以后就不要玩游戏了，这样成绩会越来越好的！口气比较缓和，比较温暖，宽松。

生6：你要我说多少遍你才听？这个星期六我事情比较多，你一定要去奶奶家吃饭！我们小组觉得是命令。

生7：今晚会早点吃饭，你七点钟之前要回来呀！对事严谨，是要求。

生8：哼……态度冷漠，是不予理会。

师：这位同学分析准确，但读得很温暖，看来他家是温暖的。

生9：最近看你经常出去逛街，不如你不要老出去了，待在家里陪弟弟做功课吧。他最近的英语成绩不太好哎！态度温暖，宽松，所以是建议。

师：我觉得这坐标图很神奇，能让我们感受平常感受不到的情感。我们最喜欢哪个？

生：建议。

师：对，又温暖又宽松，我们都能接受。其次是要求。要求的严谨说明什么？

生1：很亲切。

师：说明父母对我们是关心的。陌生人不会对你提要求，关心你的父母才会叮嘱你。我们都不喜欢不予理会和命令。但是不予理会是宽松的，给了我们空间，命令是严谨的，所以最终透过所有的坐标图，看到的是父母的什么？

生：关心和爱。

175

师：想想平时父母责怪我们的时候，那时他们的真实想法你们想知道吗？老师今天邀请了位神秘嘉宾，来看一下。（放视频）

师：我们有的同学哭了。视频声音虽然小，但是我们感受到了满满的母爱，父母在责备批评我们的时候，他们的内心是纠结痛苦的。作为不断成长的中学生就应该去体谅我们的父母，走进父母的内心世界，学会与他们沟通和交流。

下面来看个情境：一位父亲下班回家看到儿子正在玩电脑，父亲立即生气地说："不准玩电脑了，赶快去复习功课。"面对这种情况，我们怎么应对？

老师准备了两类回答（生读）：

1. 不要你管，天天就是学习，我又不是学习机器。

2. 我已经学习了一下午了，我想奖励自己，玩15分钟，然后再去学习。

父亲听到这两种不同的回答，内心是什么感受呢？下面请同学上来扮演父亲和儿子。

（生分角色扮演不同的回答，体会情感）

师：我注意到第二组表演的同学，基本每位父亲离开时都是说好。下面我们的"父亲"分享下听到不同回答的感受。

生1：听了第一个回答会更加生气，火上浇油。

生2：觉得孩子不理解自己，生气，无奈。

生3：特别愤怒。

师：那么第二组回答的父亲什么感觉？

生1：觉得孩子提的还是合理的。

生2：儿子有时间观念，还是能接受的。

师：通过刚才的表演，我们发现用第一种来回答只会让父亲更生气，而第二种能让父亲很乐意接受自己提出来的要求，那么我们有什么收获呢？

生1：父母生我养我不容易，做错事应该态度平缓，有内疚的感觉，不该顶嘴。

师：说得很好，我们要心平气和地和父母沟通，去理解父母。

生2：理解父母的做法，要提出合理的要求，语气要委婉。

师：通过上面学生的回答，我们大概了解和父母交流的一些技巧。前提要体谅父母，然后心平气和地和父母沟通，提要求时，要求要合理，不然就会引发矛盾冲突。其实，没有不爱孩子的父母，只要我们能走进父母的内心，提出合理的要求，父母都会答应的。父母的爱是无私的，为了孩子，父母可以倾其所有。下面再来欣赏一个小视频。

（放视频）

师：还记得这堂课刚开始，同学回忆了曾经父母亲最让自己生气的话，如果现在再遇到这样的情况，我们同学会怎样和父母沟通交流呢？以开始妈妈在忙的事例。

生1：我现在理解了妈妈这么做也是无奈，我会等她忙好了再去问她。

生2：我先回去，等妈妈忙完再找她。

生3：我会帮妈妈一起做事。

师：那你会怎么回答妈妈？

生1：妈妈，你先忙吧，我自己去想一会。

生2：妈妈你很忙，我可以理解，我过会来问你可以吗？

师：今天我们一起交流讨论，我想同学们基本已经懂得了要体谅自己的父母，要理解，走进父母的内心，知道了怎么和父母交流。希望同学们今后能够清晰地把自己合理的想法告诉父母，避免冲突，让家里充满欢声笑语！今天的课就上到这，下课！再见！

生：老师再见！


## 二、对《父母之命》的点评

美国教育家杜威曾经指出，教育的秘诀在于找到学习内容与学生生命的本能和冲动之间的联系。葛老师的这堂课很好地体现了这种思想。因为，初中阶段的孩子自我独立性增强，对家长的心理依附降低了许多，而不少父母对此认识不足，依然用权威的方式来跟孩子交往，造成亲子冲突明显多于小学阶段。无论是成人还是儿童，尤其是亲子之间的血缘关系，使得彼此之间在潜意识层面甚至在意识层面，都有一直希望和谐相处的本能和冲动，没有谁愿意生活在冲突之中。于是，如何处理与父母之间的冲突，是初中生内心渴望解决的难题。

177

　　但是问题在于，长期以来，我们的教育在这方面用心甚少，很少关注到当亲子冲突出现时如何因应。葛老师的《父母之命》这堂课，恰恰有助于消解这种冲突，让亲子之间获得认知上的理解、情感上的相契和行动上的支持。因此这堂课的教育价值意蕴是很高的。

　　从教学设计的心理逻辑看本堂课也是非常值得肯定的。任何课堂教学，总是有两条信息（认知信息与情感信息）在不断流动，最好的状态就是不仅这两条信息流自身顺畅，而且两条信息流之间也能彼此呼应配合。但是目前的相当多的课堂，认知信息流动频繁而情感信息交互不足，更难谈到彼此之间的呼应，故而教学效益不佳。《父母之命》这堂课的信息互动应该说基本上达到了最好的状态。

　　课堂开始是背景音乐下的故事讲解，这个环节让学生感受到了父母之爱的伟大，首次掀起了情感波澜。继而教师转到了认知信息，举了两个亲子之间矛盾冲突的例子，引起学生的思考。接下来，教师让学生谈自己与父母的冲突事件，点燃了学生情感（主要是负面情感）之火，旋即又以理性的方式去分析父母这些话的分类——"命令""要求""建议"，还是"不予理会"。理性之后是一段真实版母亲的录像，再次进行情感熏染。

　　课堂到此已是高潮了，一般就可以总结收篇了。但是更精彩的还在后面。因为从理性的角度看，此刻并不能保证每个孩子在认知上和情感上都认可教师提出的观点——即无论父母何种方式的语言都包含着对孩子的爱。针对这个难点，我们与葛老师一同设计了用情景模拟的方式——孩子扮演父母，体验父母在接受自己子女不同语言后的感受，进而能够体悟到作为父母接受到来自孩子的负面信息之后的不满、忧伤甚至愤怒。课堂授课结果显示，这一情境非常能够抓起学生的注意力，从现场的效果看也很好，学生们非常投入。这一过程不仅仅是情感性的，更是理性的，换位体验其实更多的是理性思考。最后，课堂以一段展现父爱的视频结束。视频观看让学生们懂得了父母的基于对于我们的爱，或者有的时候缺乏表达的能力与技巧，可能导致我们的误解，这个视频环节起到了画龙点睛的作用，是情感与理性的升华。

## ▸第三节　学生情感素养课程之构想

作为以情感教育、情感德育为特色的学校，除了通过常规的学校德育活动开展情感教育外，我们也在尝试努力开设面向中学生的系统性情感教育课程，即学生情感素养课程，全面提升学生的情感品质与情感能力。

关于系统性提升学生的情感素养，或许有人质疑说："我们成人自己在孩子时代也曾经有过各种烦恼情绪，没有学习过情绪技能，现在不是发展得不错吗?"其实我们要知道，如果当时我们学习情绪技能，现在应该会发展得更好，至少会感受到更多的幸福。另一方面，由于生活节奏的加快，压力的增加，现代学生承受的情绪问题远超于我们作为孩子的时代。情绪困扰问题增多，品行问题便也随之增多。因此，关注孩子的情感诉求，提升他们的情感素养刻不容缓。

美国的社会与情感学习"SEL"计划，就开设了很多的专门指向中小学生情感素养的活动课程。其中比较有影响力的有"情绪词汇课程""促进选择性思维策略""关爱学校团体""强健儿童"等项目。其中的情绪词汇课程，通过让学生投入到系统的情绪词汇学习中，帮助学生对情绪词汇有更深入的了解。该课程的具体目标如下：第一，学生能够准确识别自己和他人的情绪，理解情绪的起因和结果，运用精确的词汇描述情绪，以恰当的方式表达情绪，并且有效调节情绪；第二，提升学生情绪素养，使他们能够以亲社会行为方式处理冲突，建立和保持积极的人际关系，增强学生的幸福感；第三，提高学生的学习能力，促进学生的有效学习，并增强学生的学业成就感。[1]

情感是人在关系中的体验，而活动是个体体验形成的主要路径，因此，活动课程成了情感教育实现的重要样态。我们根据中学生情绪、情感发展的特点及其可能性，结合学校实际，就可以设计各个阶段的活动课程内容。

学生情感素养课程的内容，包含着两个维度，一是情感的品类，二是情感的能力。情感的品类指的就是自尊感、敬畏感等情感种类；情感的能力指的是情感觉察、情感调适、情感表达等。

---

[1]　郝篆香、蔡敏：《情绪词汇课程：美国提高中小学生情绪素养的有效途径》，载《比较教育研究》，2013(5)。

学生的情感素养从种类而言，一般分为道德感、理智感、美感、人际与生活情感等。由于研究时间较短，目前我们只是对学生的道德情感素养进行了研究，初步归纳出当前中学生道德情感育成的课程内容。后续还将对学生的理智感与美感等做深入研究。

## 一、中学生道德情感素养的基本构成

学生的道德情感具有多维结构，按其形式划分，可分为直觉的道德感、形象性的道德感、伦理性的道德感。直觉的道德感是由具体情境而引起的，以迅速产生为特点，对道德行为具有迅速定向的作用。比如对落水者的救助行为，就来不及经过深思熟虑，而是基于道德直觉。形象性的道德感与具体的道德形象相联系，通过形象思维发生作用的一种道德情感。如看到汶川地震后的视频，会引起大家情感上的共鸣，产生对灾区同胞的关怀等情感。伦理性的道德感是最高形式的道德情感，爱国主义情感就属于这一类形式。

从道德发生的内容维度上可以将道德分为四类：人与自我的道德、人与他人的道德、人与社会的道德、人与自然的道德。相应地，道德情感也可以分为四类，其中人与自我的道德情感主要包括自我认知感、自尊感和羞耻感等；人与他人的道德情感主要包括合群感、同情感、感恩心、友谊感等；人与社会的道德情感包括集体感、责任感、公正感等；人与自然的道德情感包括敬畏感、崇敬感等。我们从内容的维度对道德情感与道德建构的相关性进行分析。

### （一）指向自我的道德感

道德不仅关涉社会活动的秩序，也关涉自我内在的心理秩序，人与自我的关系在道德情感方面的显现，主要表现为自我认知感、羞耻感、自尊感等。

苏格拉底提出了"人要认识自己"这个命题，说明认识自我的重要性。自我认识不能一直是理性的了解，也应该有情感维度的体悟。这种情感体验就是自我认知感。它是个体对自己生存状态的觉察。自我认知感是个体对自己存在状态的觉察和情感体验，它与人的自我意识、自我评价、自我监控、自我调节等紧密相连。

羞耻感是一个人对自己的行为、动机和道德品质进行谴责时的内心体验，当其产生时，常表现出焦虑、羞愧和内疚等情绪。羞耻感是个体道德建构的主要机制，甚至是最后的屏障。如果一个人连羞耻感都没有，任何违背道德的行为也就不再具有约束力了。

自尊感是一种通过自我评价产生的自我尊重和自我爱护、并期望受到他人、集体和社会尊重与爱护的情感体验。自尊感与自信心之间的共同点在于它们同属自我意识，都是对自我的情感体验，而且自信心是积极自尊的基础，自信心强的人往往自尊感比较高，不过自尊感强的人其自信心却不一定高。自尊感与自信心的区别在于自尊感有积极和消极之分，而自信心只有高低的水平差异。

自尊感表现为自尊和他尊两方面。自尊是个体对自己尊严的维护，他尊是对他人认可自己的期望。自尊与人的价值相连，自尊表现为对自我价值的维护或发展。自尊水平的高低影响着个体处理自我内部问题，处理自我与他人关系，即影响着个体的道德建构。关于自尊感对道德的影响，许多学者明确地作出了论述。布兰登认为，"在自尊感强的人中，我们远比在自尊感弱的人中更容易发现同情与怜悯，就象善心与合作精神一样。"①吕俊华认为，"一个对善恶有着深刻信念或高度自尊之人，在实际生活中，不但能够随时选择善行，也会随时避免恶行。"②约翰·罗尔斯认为，自尊是民主社会中的公民应该具有的最重要的基本美德，是最基本的善，没有自尊，那就没有什么事情值得去做的，或者即便有些事值得去做，我们也缺乏追求它们的意志。那样，所有的欲望和获得就会变得虚无缥缈，我们就会陷入冷漠和犬儒主义。③

自尊感何以促使人履行道德，实质在于个体只有自觉按照道德原则行事，才不会做出有损自己人格尊严的事情，才能保有自尊。因而，自尊感是个体道德行为发生的一种心理机制。

关于自信心与道德行为的相关性，美国心理学家卡普兰做了研究，他对9300名七年级学生进行了十年调查后发现：自卑与行为偏离（不诚实、加入罪

---

① ［美］布兰登：《自尊的六大支柱》，吴齐译，55页，北京，红旗出版社，1998。
② 吕俊华：《自尊论》，111页，上海，上海文化出版社，1998。
③ ［美］罗尔斯：《正义论》，何怀宏等译，北京，中国社会科学出版社，1988。

犯团伙、违法行为、吸毒、酗酒、挑衅以及各种心理变态等）成正比例关系。在自卑心低、中、高的学生中，一年或更长时间以后承认有过小偷小摸的分别占8％、11％、14％；被学校开除的分别占5％、7％、9％；想过自杀或威胁要自杀的分别占9％、14％、23％。[①]

下面的一则案例，教师仅仅是帮助学生写了一下姓名，学生就久久难忘。之所以令学生难忘，原因在于这件事情体现了教师对学生的尊重与关怀，或者说维护了学生的自尊。借由阅读此案例，可感受到尊重感对于学生道德的重要性。

### 写一次名字[②]

因为大学普遍放假早于中学，每当临近学期结束，学校会出现一批"客人"——已经毕业的学生来看望老师。孩子们像放飞的小鸟一样，对母校，对恩师念念不忘，此情此景甚是感人。

我去教室上课，远远望见班主任办公室门口叽叽喳喳地聚集着大学生们，顿觉心头暖暖的。忽然，中间有位气宇昂然的军官越过众人，远远向我打招呼：老师好！走近一看，很面熟，我知道是我教过的学生。因为我任教语数外科目，任教班级众多，又过去几年，一下子还真叫不出名字来。人家倒是还认得我，实在惭愧！我只能说："哦，你现在变了很多啊。""不会吧？老师，你不记得我了吗？我是某某某啊，我可记得，我当时开学交作业忘记写名字了，是你帮我写上名字的。"

我想起来了，是有过遇到一本忘记写名字的作业本，当时，我是拿出学生名单，一个个对，也没和他多说什么，默默地就帮他写上了名字。没想到，这会让他到现在还记得！而且没有忘记我！

"虽然你没有找我，但是我自己还是觉得很惭愧，从那时起，我就提醒自己：以后做事不能粗心大意。我尤其感激你的是，你没有当着大家的面批评我的马虎。当时，除了我之外，同学们都不知道我的名字是你补上去的。"边说，他边笑着摸摸脑袋。

只是帮助学生补写一次名字，很小的关怀和默默地提醒，居然会让一个

---

① ［苏］科恩：《自我论》，佟景韩等译，北京，生活·读书·新知三联书店，1986。

② 撰写者：陆卫娟。

孩子记住很多年！可见教育者一言一行非小事，在孩子的成长过程中，老师的每一点关怀和尊重，都可能是影响其一生的。

### （二）指向他人的道德感

人类是群居的动物，从心理学的视角看，合群、乐群、善群其实就是人归属感实现的表现形态。归属不是依靠一两个人，而是一个团体，这样人的合群感就产生了。联系、亲近可能是一对一或者一对几的，交往的对象比较单一，合群的范围扩大化了，小则一个组织，大到整个人类社会。因此，合群感是指在群体中，每个成员都意识到自己是群体的一员，意识到其他成员的存在，从而感受到了来自群体的认同感及团体给自己带来的归属感、有力感。人要维护与他人的联系，必然要表现出利他的观念与行为，以维持这种联系，这样道德便产生了。

同情心，是最重要的一种他向情感。亚当·斯密有一个论断：无论人们会认为某人怎样自私，这个人的天赋中总是明显地存在着这样一些本性，这些本性使他关心别人的命运，把别人的幸福看成是自己的事情，虽然他除了看到别人幸福而感到高兴以外，一无所得。这种本性就是怜悯或同情。就是当我们看到或逼真地想象到他人的不幸遭遇时所产生的感情。[1] 在斯密看来，同情感是人的一种自然本性。孟子也有类似的观点，他认为，人都有"怵惕恻隐之心"，"恻隐之心"即同情心。同情心既然是一种自然本性，在生命的早期就表现出了出来。有研究者观察到：1 岁的婴儿就已经产生了一种对人的最简单的同情感。婴儿看到别的孩子哭，他也会跟着哭；看到别的孩子笑，他也会跟着笑。[2] 这些心理上的情感共鸣就是最初的同情感的形式。再如一个 18 个月大的幼儿听到另一婴儿哇哇大哭时，马上去给他手上塞一片饼干；当这样做无济于事时，这个幼儿也跟着哭起来，并且用自己的手轻轻地抚摸婴儿的头部，最后把自己的妈妈找来，拉起妈妈的手把它放在这个婴儿的额上。[3]婴幼儿的这种对他人的同情是早期道德上利他行为的直接动机，尽管此时儿

① ［英］亚当·斯密：《道德情操论》，蒋自强等译，北京，商务印书馆，2007。
② 刘金花：《儿童发展心理学》，上海，华东师范大学出版社，1997。
③ 左其沛：《品德心理的发生发展与成长期的德育》，载《教育研究》，1990(7)。

184

童还不知道什么是道德，也不知道要遵循道德规范，但是这种初步的对他人的关怀、移情却是将来形成道德行为的基础。如果一个人对他人的痛苦、困难毫无感觉，不闻不问，就不会有真正的道德行为发生。因此同情心不是一般性的情感，而是道德情感中的核心成分。卢梭、爱尔维修都认为，人类所具有的一切社会美德都是从怜悯心或同情中产生出来的，同情感是人类道德产生的根本原因。

尽管同情心是一种与生俱来的情感品质，但是我们会发现生活中缺乏同情心者仍大有人在。这说明同情心只是潜藏在人的内心之中，或者说每个人只是有同情心的基质，如果要让同情心成为个体意识层面的东西，就需要后天的引导与培育。

## 一次特殊的家访[①]

初一第二学期第一次班主任会上，学生处陈主任通报了春节前慰问特困生的情况，其中特别提到了我班的小顾同学，说她与母亲、哥哥母子三人住在一间不足 20 平方米的简陋平房里，家徒四壁，异常贫困。听到这里，我很震撼。小顾是我们班一位很普通的女生，刚接这个班时，我就了解到她父亲在她开学前不久刚刚患癌症去世，家里欠下了很多债务。母亲失业在家，哥哥在旅游中学读高一。于是，我在平时就尽可能多地关心她，第一学期结束前，我又为她申请了一份"冬暖工程"的困难补助。这便有了学校领导去慰问的情况。

听了两位领导的介绍，我除了震撼，更多的是自责。我曾心安理得地认为，替她申请到困难补助已经算是雪中送炭了，却没想到她家的困难远比我想象的要严重得多。我觉得该为小顾做点什么了。

周一的班会课上，我向全班同学介绍了小顾的情况。为了不致对她造成心理上的伤害，我事先找借口让她回避了。听了我的介绍，班上掀起了轩然大波，有表示惊讶的，有表示不理解的，更多的同学流露出深深的同情。我突然注意到小邢、小孙两位同学却明显流露出不屑和冷漠，仿佛这与他们毫无关系。我征求同学们的意见，如何帮助小顾，有的说，在学习上与她结成

---

① 撰写者：薛自军。

帮扶对子，有的提议为她募捐。最后我决定，在即将到来的全校为贫困学生捐款活动中，我班每人另为小顾捐一份。

事情本可以到此结束了，谁知第二天就有同学告诉我，小邢、小孙等几个人对小顾冷嘲热讽，令小顾痛哭流涕。原本就比较自卑的她变得更自卑了。我马上找来小邢几人了解情况，原来，他们压根儿就不相信现在还有这么穷的家庭，误以为小顾的经历肯定是瞎编的。联系到小邢等这几位同学家境都很富裕，平时穿衣都很讲究名牌。小邢爸妈都在上海做生意，她寄住在亲戚家里，平时花钱如流水，经常光顾肯德基、麦当劳，请客摆阔，一个月零花钱就要上千。小孙父母都是白领，父亲经常出国，每次都带回进口名牌服装，优越的家境使小孙从来就不知道什么叫艰苦和贫穷。我觉得这正是一次教育他们的好机会。可光对他们说教显然缺少说服力，应该用事实来教育他们。

3月9日是开学后的第二个星期天，我叫上班长和小邢、小孙，以学雷锋、献爱心的名义去小顾家里看望。一路上，小邢和小顾毫无顾忌地聊天、说笑，只有我和班长沉默不语。当我们一行四人走进小顾家里时，眼前的窘境让我们呆住了。小邢和小顾的变化更大，他们脸上早已没有了笑容，小邢甚至眼眶都红了。短暂的寒暄后，我拿出了事先准备好的600元钱，硬塞给了小顾妈妈，然后就带着班长他们告别了小顾家。走在车水马龙的人民路上，我们都一言不发，小邢和小孙一直埋着头，好像在想着什么心事。

第二天下午班会课，我们按计划进行捐款。在捐款前，我向同学们简单介绍了去小顾家家访的情况，接着请三位同学补充介绍，并谈谈自己的感受。小邢说："我要感谢老师的良苦用心，这一次的活动让我深受教育，我再也不能像过去一样大手大脚花钱了，我也要学会节俭，把省下来的钱捐给那些需要帮助的人。"小孙说："我也要感谢老师，他让我看到了自己的自私和虚荣，我决定告别过去，并真诚地向小顾同学说一声对不起。"他俩的发言，赢得了同学们热烈的掌声。最后我作了简短的总结："有一首歌叫'世界需要热心肠'，在这个世界上，在我们国家，在我们身边，还有不少人生活在贫困线以下。当我们有能力帮助他们时，不要犹豫，更不要吝啬。赠人玫瑰，手有余香。在帮助他人时，我们的心灵也得到了净化。学雷锋，献爱心，重在行动，贵在自愿。作为班主任，我希望我们的班级是一个充满爱心的大家庭。"

捐款结束后，我的心情久久难以平静。我除了感动于同学们的爱心奉献，更为小邢、小孙的进步感到欣慰。我相信，那一次特殊的家访不仅令我无法忘记，也会让小邢、小孙他们终生难忘。

"投我以桃，报之以李""滴水之恩，当涌泉相报"，个体受到来自人与自然等多方面的恩惠，就会产生对这些恩惠的回馈体验，这就是感恩心。懂得感恩，才懂得尊重、懂得回馈、懂得奉献。一旦失却感恩心，人就成为自私的动物，其行为要合道德性就变成了美丽的谎言。

友谊感，是青少年阶段非常重要的一种情感，它是一种来自双向（或交互）关系的情感，即双方共同凝结的情感，是在交往中相互信任的基础上建立起来的，它是由双方的信任、尊重、交流和精神支持等组成。友谊感一方面是中学生联系需要的重要表征，另一方面，中学生在与同伴分享自己的内心喜与忧的过程中，感受存在的幸福。

### （三）指向社会的道德感

苏联著名教育家马卡连柯认为，集体具有共同的目标、组织性和纪律性、一定的组织制度、各部分之间有一定的相互关系和相互依赖的特点。拥有集体感的人，能够自觉履行诺言、忠于职守、完成集体的重托，这种"义不容辞、责无旁贷"的神圣感情，能有力地促使他们主动为集体增光、添彩。中学生一旦对集体产生了深厚的感情，便会把集体的荣誉看成与自己的利益息息相关的事，把玷污集体的荣誉看作不可容忍的。

社会责任感是对社会应尽义务和应负责任所持的积极、自觉的态度体验。社会责任感是一种包蕴理智成分的情感，其理智的成分是指对履行责任的必然性认识，是对责任和义务的认同。人只有具有责任感，才能具有驱动自己一生都勇往直前的不竭动力，才能感到许许多多有意义的事需要自己去做，才能感受到自我存在的价值和意义，才能真正得到人们的信赖和尊重。

在《现代汉语词典》中，"公平"指人们处理事情合情合理，不偏袒哪一方。"公正"指公平正直，没有偏私。在西方有关公正性的文献中，公正与公平是两个可以通用的概念，在不严格的情况下，公平、公正可以相互替代。所谓公正（公平）感是公正观念在社会成员身上的现实体现，是社会成员渴望公正（公平）、认同公正（公平）并实现公正（公平）的道德情感，它是公正(公平)产生的内在心理基础。公正感与道德紧密相连，或者说就是一种道德。普罗塔哥拉把公正和尊敬视为人类的两种美德，苏格拉底将公正视为一种知道如何行动是最好的美德。而亚里士多德在《伦理学》中更明确指出公正自身是一种完全的德性，公正是一切德性的总汇，公正不是德性的一部分，而是整个德性。因此，对中学生进行公正感的培养，十分必要。

### （四）指向自然的道德感

自然是人类赖以生存和可持续发展的保障，如何处理人与自然的关系，是当今时代的重要主题。在当前，大气污染、水质恶化、土壤重金属超标等问题已经对人们的生活造成了困扰，表明在一段时期以来，人与自然的关系没有处理好。"稻花香里说丰年，听取蛙声一片。"寥寥几句诗，一片自然和谐共生的景象浮现脑海。随着环保意识的提供，人们越来越清晰地认识到，经济社会快速发展决不能以环境的破坏、资源的浪费为代价，必须要处理好人与自然的关系。

人与自然的道德情感，主要表现为敬畏感和热爱感。敬畏感可以保证人们在自然面前有理性的认知，能够遵循大自然的规律，而不是一味地追求"人定胜天"。对于敬畏感，甚至有学者将其与安全感、归属感和自尊感一起，作为基础性道德情感的重要组成部分。[1] 在个体的成长和发展过程中，通过敬畏教育培养和发展个体的敬畏感，能够丰富个体的道德情感体验，对道德情境中表现出的比自己强大的道德力量的崇敬、欣赏、羡慕等情感倾向以及由于认识到自身与之存在一定差距而表现出来的畏惧、距离感以及引起的内心的羞怯感。[2]

## 二、中学生道德情感发展的特征

在讨论了中学生道德情感主要品类及其重要性的基础上，为了做好课程实施工作，我们需要对中学生道德情感的特征进行分析，如此，我们的教育活动才更符合科学性，更有效应性。

① 于俊如：《敬畏感：一个关于道德教育价值的话题》，载《中国青年研究》，2005(8)。
② 易美媛：《高中生敬畏教育探析》，硕士学位论文，江南大学，2011。

### （一）中学生指向自我的道德情感特征

一项关于初中生自我认知感的研究表明，初中生自我认知感发展存在年级差异，初中生的自我意识随着年级的增高而不断发展。具体说来，初一到初二发展较快，初二到初三发展速度较为缓慢，其中初二是自我认知感发展的一个重要时期。城市初中生各分量表得分及总分均高于农村学生，存在显著性差异。①

另一项关于高中生自我和谐的研究表明，大部分学生的自我和谐程度比较好，能正确客观地评价自己、认识自己，对外界环境适应良好，与周围关系和谐。只有小部分高中生容易出现心理不和谐状态，无法很好地做到自我接纳、自我认同，出现学校、生活、学习、人际关系适应不良等问题，从而产生一系列心理和行为问题。但是高二与高一有差异，高一学生才到高中，来到一个新的环境，善于调节自我以适应新环境，因此自我与经验的不和谐以及自我刻板性程度比较低。②

就中学生的自尊感而言，刘春梅研究发现，初中生的总体自尊发展和各个特定领域的自尊(利他自尊、人际自尊、生理自尊)发展都存在着显著的年级差异，初二年级明显低于初一年级，但初二与初三之间差异不显著；生理自尊在年级与性别上的主效应都达到了显著性水平。这表明初中二年级是利他自尊、人际自尊、生理自尊发展的转折点。全小山等对中学生自信发展特点的研究发现：城市学生的自信水平高于农村学生，具体表现在成就自信、应对自信、和人际自信等方面。在成就自信、应对自信和人际自信上男生得分高于女生($P<0.05$ 或 $P<0.01$)；在成就自信、才智自信、应对自信、品质自信、人际自信各维度上不同年级学生差异有统计学意义($P<0.01$)，城乡学生之间比较差异有统计学意义($P<0.01$)，城市学生高于农村学生；在成就自信、才智自信和人际自信上独生子女得分高于非独生子女，差异有统计学意义($P<0.05$ 或 $P<0.01$)③

---

① 肖晓玛：《初中生自我意识的发展及其与心理健康的关系》，硕士学位论文，广西师范大学，2002。

② 唐洁：《高中生自我和谐状况的相关调查及对中学的教育建议》，硕士学位论文，天津师范大学，2012。

③ 全小山、潘运、林伟民：《中学生自信发展特点研究》，载《保健医学研究与实践》，2011(3)。

有关中学生羞耻感的研究表明，高中生在行为羞耻维度上的得分显著大于初中生，表明高中生比初中生具有更强烈的行为羞耻体验，但在认知维度羞耻感的总分上，都未发现初中生和高中生之间的显著差异。初一是羞耻感体验最小的年级，这也预示着从初一到初二是羞耻感变化很大的转折性时期。12 岁的中学生体验到的羞耻感程度最小。12 岁的中学生一般都在初一或初二，这再次说明初一或初二年级的 12 岁中学生在羞耻感负性情绪的体验强度最小，与 12 岁的中学生相比，除 15 岁的中学生与其没有显著差异外，其余年龄段的中学生都有比较强烈的羞耻感体验。[①]

**（二）中学生指向他人的道德情感特征**

一项关于中学生感恩心的调查显示，各个年级的学生都表现出强烈的感恩心。中学生对于父母、老师恩情的回报很大一部分停留在成绩上面，给父母回报的时候成绩优先，给父母、老师造成的麻烦中成绩也位居前列。中学生团体、社会、自然层面的感恩意识不足。13％～29％的中学生不知道或者没有给班级、社会、自然回报什么。还有 37％～67％的同学不知道自己给班级、社会、自然带来过什么麻烦。这种状况反映出他们的感恩对象、感恩意识还只是停留在个人层面，感恩对象没有扩展延伸到团体、社会以及自然层面。[②]

**（三）中学生指向社会的道德情感特征**

一项关于中学生社会责任感的质化研究发现，在现实生活中，绝大多数中学生有较强的社会责任感。他们能够时刻关心祖国的前途，时刻关注民族的兴旺；能够坚持正确的理想与价值取向；能够主动地适应剧烈的社会变革，逐步缩小自己同社会需求间的差距。但是也不能否认部分中学生的社会责任感也存在一些问题，表现在：集体观念淡薄、合作精神欠缺；理想信念模糊、责任意识缺乏；价值取向扭曲、奉献精神不足。

梅仲苏等人在 20 世纪 90 年代通过实证的方法，专门研究了中学生的爱国主义情感，发现中学生爱国情感指向对象的重点，已经由自然实体和人文

---

① 刘长敏：《中学生社会自我、学业自我、羞耻感及其关系研究》，硕士学位论文，曲阜师范大学，2009。

② 张丽：《中学生感恩意识现状调查分析个案研究》，硕士学位论文，华南师范大学，2007。

实体转向经济实体和政治实体，调查结果还显示出中学生爱国情感的表现形式十分丰富，共有21种表现形式，这些形式都可纳入我们理论框架中提出的爱国情感的三大类表现形式：亲切依恋感、自尊自豪感和责任使命感。安全感、温暖感、热爱、依恋感等可纳入亲切依恋感；对祖国过去和今天所取得的成就的自豪、对历史上侵略我国的敌人的痛恨、对我国近代遭受帝国主义列强欺凌所感到的悲愤、对祖国前途充满信心等可纳入自尊自豪感；对祖国前途的关心、立志报效祖国的热情和决心、对当前社会中不良现象的焦虑等则可纳入责任使命感。①

**爱国情感的指向性：理论框架与调查结果的比较**

| 爱国情感指向对象的理论框架 | | | 中学生爱国情感指向性调查结果（数字皆为人次） | |
|---|---|---|---|---|
| 爱国情感 | 对祖国自然实体 | 居住地 | 家乡、里弄、乡镇、区县、城市 | 家乡 15　　　　　15　4.4% | 21.5 |
| | | 自然环境与国土资源 | 地理地貌、土壤水文、物产资源、风光景色 | 河山 43；物产矿藏 3；领土 2；风景区 2；国宝（如大熊猫）1　　51　14.7% | |
| | | 民族与人口 | 民族肤色、发色、体形、人口数量和素质 | 民族 5；人口 3　　　8　2.4% | |
| | 对祖国人文实体 | 人民与人际关系 | 人民包括亲人与他人的交往关系（父母、亲属、老师、同学、伙伴） | 人民 62　　　　　62　10% | 26.7 |
| | | 历史传统 | 历史传统、语言文字、文学艺术、科学技术、民间风俗、民族英雄、道德情操 | 悠久历史 17；灿烂文化 6；科学成就 2；礼仪之邦 1；风土人情 1　　27　7.7% | |
| | | 现代文化 | 现代生活方式、价值观念、情感特点、思维模式、国际文化交流 | 社会文化环境 13；社会良好风气 4；教育环境 3；科学技术进步 11　　31　9% | |

---

① 梅仲荪、顾海根：《爱国情感心理成份的三维结构和中学生爱国情感的调查》，载《上海教育科研》，1994(7)。

| | | 爱国情感指向对象的理论框架 | | 中学生爱国情感指向性调查结果<br>（数字皆为人次） | |
|---|---|---|---|---|---|
| 爱国情感 | 对国家经济与政治实体 | 国家标志 | 国歌、国徽 | 国旗10；国歌2；领导人21<br>　　　　　　　33　9.7% | 66.9 |
| | | 经济生活 | 经济制度、经济政策、经济生活 | 经济发展30；爱护公物9；生活水平提高2；爱护钱币4；待业解决1；前景很好1<br>　　　　　　　47　13.6% | |
| | | 政治制度 | 政治生活、民主自由、国体、政体 | 军事强大16；和平生活社会稳定10；社会主义制度20；共产党13；国家主权3；大国地位5；四化建设2；关心下一代1<br>　　　　　　　70　43.6% | |

**爱国情感的表现形式：理论框架与调查结果的比较**

| 爱国情感表现形式的<br>理论框架 | 中学生爱国情感表现形式调查结果 |
|---|---|
| 亲切、依恋感 | 可爱、热爱；安全感、温暖感；胜似亲人的感情；依恋 |
| 自尊、自豪感 | 崇敬、自豪；高兴、赞美；自尊；充满信心；（对侵略者的）痛恨；（对祖国过去遭受的欺凌的）悲愤；（对有损国格、人格的人和事物的）愤慨、蔑视 |
| 责任、使命感 | 对祖国政治、经济发展和前途的关心；报答祖国培养之恩的深情；继承发扬光荣传统的责任感；为祖国努力学习，提高自我素质的决心，为祖国取得荣誉的雄心；保卫祖国建设祖国的使命感 |

近年来关于中学生爱国情感的研究发现，中学生的爱国情感显现以下三个特征：第一，中学生的爱国情感仍然是积极向上的，但仍有进一步提高的空间。第二，性别之间没有显著差异，即在爱国情感上男生和女生是相当的。第三，初一、初二存在显著差异，初二得分显著低于初一；初三、初二存在显著差异，初二得分显著低于初三；初一与初三没有显著差异。也就是说爱国感的年级中差异存在"初二现象"，在初中三个年级中，初二年级学生的爱

国情感最低。[①]

192

### （四）中学生指向自然的道德情感特征

在关于高中生敬畏感的研究中发现，在被问及平时是怎么做到保护自然环境的时候，大部分高中生表示自己平时并没有特别注意保护自然环境的行为，只有极少数的学生回答自己在平时的生活中非常留意与保护环境相关的行为，并努力在生活中做一些力所能及的小事情来保护自然环境。研究者还发现，高中生虽然能够认识到自然和社会规律的强大意义，认为自己不应该违反自然和社会生活中的相关规则，对于违反这些规则的行为表示不满和谴责，但是在具体行动时，往往做不到"知行合一"，即由于缺乏对自然的敬畏感，他们在实践中往往是避免消极行为，而不是采取积极行为，表现上存在着认知、情感和行为的矛盾性。[②]

## 三、学生情感素养课程的实施路径与方法

就学生情感素养培养的内容而言，包括两个维度，一是道德感、理智感、美感等各类情感品质维度，二是情感觉察、情感调适、情绪表达等能力维度。目前，我们仅对中学生道德情感的构成进行了初步归纳，后续我们还将梳理出中学生需要培养的理智感、美感等的具体品质内容，然后再研究学生情感的能力维度，便可以构建出中学生需要培养的情感素养体系。

当然，考虑到中学生学习时间的实际情况，我们的课程将更多关注该学段学生的情绪困扰问题，以及在该阶段迫切需要培养的重点情感品质与情感能力，而不贪大求全。比如学生的乐学感、探究感等理智情感，在各学科的"情感—交往"型课堂中就可以培养，故不会单独作为一个学习内容列出，再如各类美感，在艺术类等学科中有培养通道，我们也不单列培养。

确定了中学生情感素养的培养内容，便可以开展相关的系列化教育活动，这些活动需要有具体的实施路径和实施方法。在此方面，美国的情绪词汇课程给我们提供了有益的参考。该课程通过一系列明确而具体的步骤（参见下表），便于教师操作。

---

[①] 周栋梁：《青少年爱国感的现状、影响因素及其干预的实证研究》，硕士学位论文，上海师范大学，2011。
[②] 易美媛：《高中生敬畏教育探析》，硕士学位论文，江南大学，2011。

## 情绪词汇课程操作示例

| 步骤说明 | 范例：兴高采烈 | 技能练习 | 重要性 |
|---|---|---|---|
| 步骤1：介绍情绪词汇。<br>分享与此词汇相关的个人经历，学习情绪词汇 | 教师和学生讲述各自感到非常兴奋和高兴的经历。教师正式介绍情绪词汇"兴高采烈" | 识别情绪：回想和描述情绪经历以及倾听同伴和教师的分享。<br>理解不同情绪的起因和后果。<br>描述情绪体验：运用新学的词汇或其同义词 | 增强学生对词汇的理解和记忆 |
| 步骤2：设计图示或表演并做个性化的解释。<br>解释自己对情绪词汇直观再现的设计 | 学生解释为何这个图示设计表达了"兴高采烈"的含义 | 识别情绪：识别呈现词语意义的抽象设计。<br>表达情绪：通过非言语方式的设计 | 学生运用发散性思维，并设想呈现情绪词汇意义的元素和行为 |
| 步骤3：将情绪词汇与真实世界相联系。<br>将情绪词汇与时事、文学、历史等主题联系起来 | 学生将"兴高采烈"与路易斯和克拉克的故事联系起来，并用几个句子描述人物兴高采烈的体验 | 理解情绪：分析唤起情绪的事件类型和情形，以及因各种情绪而造成的事件和情形。<br>表达情绪：讨论不同情形中不同的人如何传达情绪。<br>调节情绪：考虑不同的人调节情绪的策略 | 学生评价不同社会和不同时期的人们如何体验、表达和调节情绪 |
| 步骤4：家校联系。<br>与家人分享情绪体验并讨论情绪词汇 | 学生询问家长感到兴高采烈的经历 | 理解情绪：了解家长情绪体验的起因和后果。<br>描述和表达情绪体验：运用情绪词汇和家长交流。<br>调节情绪：发现家长调节情绪的不同策略 | 家长参与学生的学习；同时增进学生对家长的感受、行为和过去的了解 |

续表

| 步骤说明 | 范例：兴高采烈 | 技能练习 | 重要性 |
|---|---|---|---|
| 步骤5：课堂讨论。讨论并分享步骤3和4中涉及的主题和内容 | 当学生因赢得比赛而兴高采烈的时候，教师询问学生完成有意义的事情之后有怎样的感受 | 表达情绪：讨论在不同的情形中表达自己情绪的得体方式。调节情绪：创建、评价并采纳调节情绪的策略 | 学生接触到他人的观点，相互扩展了知识，同时学习调节情绪的策略 |
| 步骤6：创造性写作。运用情绪词汇进行创造性写作 | 学生以开头、经过和结尾的格局讲述一个人从绝望到兴高采烈的故事 | 识别情绪：书面描述处于情绪当中的人们的感觉、外表、思维和行为。理解情绪：随着情绪的发展和变化，思考起因和后果。描述情绪：在写作中运用不同的情绪词汇 | 学生将个人观点和经历融入写作，同时批判性地思考情绪如何得到改善并进而改变生活体验 |

应该说，此情绪词汇课程的实施具有很强的操作性。当然，考虑到中学生的学习时间及操作的可能性，我们的课程不会仅围绕一个情绪词汇来做如此多的活动设计。不过，内容的体系化、路径的适切性、方法的可操作性，是我们课程建构必须考量的。[1]

关于我们的学生情感素养课程实施的路径与方法，考虑到中学学习的实际情况，思考主要在班会课中由班主任老师来实施。在实施时间上，有两种设计路径。一种设计是，在初中某一年级，比如初二，用一学期的时间系统地学习该课程，这种设计的好处是授课集中，缺点是不能照顾到不同年级有各种的需求。另一种设计是，各年段依据该年龄段学生易出现的

---

[1] 郝篆香、蔡敏：《情绪词汇课程：美国提高中小学生情绪素养的有效途径》，载《比较教育研究》，2013(5)。

情绪困扰问题及非常重要的情感品质，来开展几节课的学习。此种设计的优点是能够照顾到各年级的特殊性，缺点是授课不太集中，班主任是否进行此课程的随意性增大。故具体何种方式更为合适，需要以后开展专门的研究来确定。

# 第五章 引领家庭情感教育

## ▶ 第一节 情感文明建设需要家庭参与

家庭是个体接受情感教育的第一课堂，学生早期生命中的情绪、情感都是在特定的家庭环境中形成的，其情绪模式和情感基调与其父母的教养方式、价值取向、家庭氛围等都密切相关。当学生进入中学阶段，尽管其基本的情绪品质及情感能力等都已经大致形成，并显现出个性化特征，但是，由于人的情绪情感始终在不断发展变化，而家庭情感教育仍然是一个重要的教育影响源，故此时的家庭情感教育仍需要充分关注。

当前，不少家庭的情感环境未必理想，突出表现为自私心、冲动性等特征偏多，尚未达到情感文明的程度。因此，借由学校的力量，对家庭教育，尤其是家庭情感教育加以调理加工、修补改造，便显得非常必要。

### 一、家庭在情感教育中的特殊价值

#### （一）家庭是情感教育的第一课堂

在家庭中，母亲的情绪，是儿童体验和认识世界的最初途径。早在胎儿期的时候，胎儿对母体的情绪和活动等都有所感受与反应。当儿童被抛入了这个世界的时候，啼哭是他向这个世界发出的第一次宣言，他告诉这个世界——我来了。他睁开了自己的双眼，他看到了母亲亲切的微笑。在婴儿眼中，母亲的微笑就是这个世界。母亲的微笑展示了世界对儿童的欢迎，这个微笑惊醒了他的昏迷，偿还了他的天真，于是因为有了母亲的微笑，儿童庆幸自己来到这个世界。

美国心理学家坎普斯利用"视崖"实验演示了婴儿的社会性参照行为，证明婴儿对外部事物的态度是以母亲的表情为中介的。从此母亲、父亲及其他家人的情感便成了他认知世界的窗户，他与家人的情感联系是他初始把握这个世界上的唯一依凭。

当儿童发展到去自我中心阶段，父母的情感支持同样重要，因为儿童要体验父母的情感，父母就要展示自己的情感，"皮亚杰认为，儿童最初的认知结构（感知—运动图式）的形成使他能够在认知上形成主客体的分化，形成永久客体。但是，离开了与他人之间的情感联系，这种永久客体认识是不会孤立地形成的，因为'最早被认为是永久客体的就是作为非我的别人'。否则，儿童的情感也始终只能停留在自我中心阶段。……这种道德判断能力是在前面所说的角色扮演过程中达到的相互同情的基础上发展起来的，没有情感上的角色互换，就不可能站在一个更高的立场上作出公正的判断。"①

当学生步入中学，自我独立性增强，但是仍然身处于家庭生活之中，每日与父母家人之间有着或和谐或矛盾的情感互动，故而家庭对学生的情绪情感仍发挥着重大影响。实践中我们发现，如果一个学生在家庭生活中形成了良好的情感品质与情感能力，这样的学生就很容易与周围的人相处，其知识学习、道德发展等诸方面也大多积极健康。但是如果某些学生在家庭中情感关怀缺失，负向情绪较多且无法自我调节，就会大大增加学校的管理成本，给教师造成诸多教育压力。

**（二）在情感教育方面，家庭比学校更具优势**

由于时空上的便利，以及亲子之间的血缘关系，父母与孩子之间有着强烈的情感连带，充溢着频繁而精致的亲情互动，故家庭的情感教育影响力是学校教育所无法替代的。无论家长是否考虑到情感教育的问题，无论家长与其子女如何交往，其本身天然的就是一个情感的榜样。

与家长相比，教师与学生的互动则较为复杂，教师有双重角色，教师教书时更多展现出"工具角色"，育人时在需要体现"情感角色"。于是，教师时而是工具角色，时而是情感角色，这种情况对教师自身也造成了很多调适方

① 钱伟量：《道德意识的个体发生机制》，载《中国社会科学》，2000(7)。

面的困顿。此外，由于现在教师面对的学生数量比较多，导致教师工具角色会呈现得更多，这种工具角色很容易带给学生冷淡、疏远的感受，进而让学生体验到不同程度的挫折感。事实上学校带有情感抑制的作用，学校在价值取向上具有浓厚的普遍主义、成就本位的情感抑制、专限性及集体取向。①

因此，比较而言，在情感教育方面，家长占据着很多天然的优势。但是，由于不少家长自身的情感素养不高，或者教育观念偏颇，导致这些家庭的情感教育是不作为甚至是反情感教育的，比如溺爱、基本爱的缺失等。

父母的情感熏陶，家庭情感教育的影响，是否能够促进学生情感的积极发展，是否可以达到情感文明的高度，关键在于家庭微环境的不断改善。"由于情感文明、情感文化具有相对的稳固性、恒常性，同时又具有弥散性、裹胁力，所以情感文明和文化对深处其中的个体是重要的生活微环境，具有很强的感染力和深刻的影响力。"②家庭恰恰是学生高度关切与长期浸润其中的微环境。如果家庭能够让孩子在生活环境中获得了健康的情感支持和丰富的情感体验，提高了情感文明的程度，这些学生就容易形成健康的自我认识，在社会生活中有更好的沟通交往能力。即是说，当家庭具有学生情感发展的良好微环境，就为学校教育提供了有力的支持。从这个意义上说，学校就需要肩负起引导家长进行情感教育的责任，只要家庭有效地展开情感教育，学校的情感教育才有可能真正获得成功。因此对于家庭的引导，看似分外之事，实为分内之事。

## 二、当前的家庭情感教育存在的问题

近年来，媒体曝出的中学生自伤或伤害他人事件，与这些学生对自我和他人情感的茫然、麻木，以及心理知识和情绪调节能力的缺乏密切相关。中学生情绪控制、情感管理能力之不足可以追溯到是受其家庭的不良影响，尤其是家庭情感教育不力。

2017年4月19日至21日，中央电视台社会与法频道的《天网》栏目，播

---

① 吴康宁：《教育社会学》，北京，人民教育出版社，1998。
② 杨桂青：《情感文明：情感教育研究的新境界——来自第六届全国情感教育年会的思考》，载《中国教育报》，2015-12-23。

出了中国首部家庭情感教育剧《镜子》，首次在央视使用"家庭情感教育"这个概念。以下是对该剧的相关介绍。

由中央电视台社会与法频道10年策划、2年摄制的中国首部深度探讨家庭情感教育的真实电影《镜子》讲述了一个关于心灵回家的故事。

三个家庭因孩子辍学而陷入困境，父母们无奈将孩子送入一所特殊学校接受"改造"，却意外地让自己接受了一次触及灵魂的启蒙教育。父母对孩子满满的爱有时却造成了满满的伤害，这究竟是为什么？"问题孩子"的背后往往有一个问题家庭教育模式的存在。

影片以代际情感问题为切入点，通过客观冷静地真实记录，呈现三个家庭的社会学样本，以情感教育缺失这一新视角，重新审视当今时代中国家庭面临的亲子关系、亲密关系等情感问题。孩子是家庭的一面镜子，而家庭更是社会的一面镜子。纪录片在充分呈现社会生态复杂性的基础上，给观众提供了充分的思考空间，让心灵回家！让爱不再变成伤害。

2018年8月，台湾影响力最大的《天下》杂志，封面故事为"失控的爱"，提出每个家庭最迫切需要的是情感教育，而不是知识、能力教育。以下是刊物中的部分内文。

这半年来，台湾已发生20多件骇人听闻的情杀事件，唤起为人父母的恐惧：要怎么做，才能让孩子在情字这条路上免于成为伤人或被伤害的人？

台湾犯罪率逐年下降，但亲密关系暴力事件却不断上升，一年发生超过6万件，平均每天有160件。这一刻深情相待的人，为何下一刻爱之欲其死？

为情自杀和情杀的案件，和其他类型的犯罪截然不同。大部分加害者都不是来自传统认知的高风险家庭，甚至有着高学历、出身中产阶级以上的家庭，没出事前的他们，就像我们身边的任何人。

在父亲节的前夕，这个属于家庭亲情团聚的节日，推出这篇封面故事，盼望你给孩子的教育不是重视考试竞争力，而是爱与关怀，引领他们找到真正的生命价值观。一个有爱、有安全感的孩子，比较能用正向的态度面对人生将遭遇的挫折与磨难。

如果是心中有创痛的家庭，也还来得及彼此和解，修复伤口，重建关系。

199

无论父母是否有情感教育的意识与能力，每日在与孩子互动的时候，由于其自身经常会表现出某种情绪情感，同时也要因应子女的情绪情感，于是家庭或积极或消极的情感教育，便展开了。而一旦错误的情感教育在家庭中大行其道，便产生了如上文所述的种种问题。归纳当前中小学家庭情感教育的问题，至少表现为三个方面。

**（一）家庭教育功能错位，情感教育让渡于知识教育**

家庭对于个体的生存与发展具有诸多功能，比如经济功能、安全功能、休息功能、教育功能等。就教育功能而言，有具有身体健康教育、知识教育、情感教育等功能。

从教育发展的历史看，家庭教育是早于学校教育的，当家庭教育无法实现社会赋予的育人职能以及生产力的发展要求时，专门的学校教育才成为可能。这里说的家庭教育功能让渡于学校教育，主要的让渡就是知识教育。即家庭教育无力进行知识教育的时候，才将儿童交于学校教育。

按照常理，当家庭将知识教育功能转移到学校方面时，其自身其他功能比如情感教育功能应该得到放大或者加强。但实际情况是，由于考试竞争导致家庭知识教育的学校化，以家教和补习班等这些家庭教育的越俎代庖，接替学校承担它所难以胜任的那种教育职能，扭曲了本应是"最自然"的家庭关系。当家庭不遗余力地充实在学校吃不饱的"胃肠"时，不能不造成家庭其他教育功能的匮乏，尤其是情感教育的匮乏。突出的表现之一便是，当孩子从学校回来，大部分家长所关心的不是孩子今天的心情如何，交友情况如何，他们最关心的永远是知识方面的考试。我们不否认家长要关心其子女的知识学习，但是如果仅仅关注子女的成绩，而不关心孩子们的情绪与心理，则不仅影响孩子的心理健康，也影响学习成绩本身。

每个人经常身处在各种情绪情感状态之中，比如，学生完成了一项艰巨的任务，他们就会感到骄傲；要考试的时候他们就会感到焦虑；被人欺负的时候他们会感到害怕；受到同学不公平对待的时候他们会感到愤怒。

情绪情感又影响着学习与考试的成效。我们假设有一个学生十分担心即将到来的数学考试。如果他具有较高的情绪素养，他就会识别自己的这种感受，并且将其准确地描述为由考试产生的焦虑（他注意到自己的心跳加速，并且时时惦记着考试这件事情），他知道自己之所以有如此感受，是因为他既没有在之前的数学考试中取得好成绩，也害怕自己的下一场考试会不及格，于是他向他的父母和老师表达了他的情绪，最后他通过深呼吸自我调节，并决定在考试前一晚不去参加足球训练，在父亲或者母亲的陪伴下花额外的时间来复习备考。这样的结果是，这个学生会获得他所需要的关注和支持，心理上变得更加健康，并且在考试中表现得更好。

### （二）不少学生在家庭中感受到的情感关怀缺失

在马斯洛看来，人的生理需要和安全需要满足之后，就产生了爱、情感和归属的需要。人对于爱的需要在情感世界中是最普通的基础核心，爱的需要的威胁是贯穿在全过程的基础。

父母对于儿童的情感关怀对于儿童的健康成长是至关重要的。在早期的生命中，人经历过两个胚胎期——生理胚胎期和心理胚胎期。在生理胚胎期，孕妇豁达乐观情绪愉快，将有助于胎儿身心健康发育。这说明母亲的情感是胎儿成长的营养。心理胚胎期是新生儿期，心理胚胎期既区别于儿童在母腹中的生理胚胎期，又不同于成人的心理活动，是儿童通过无意识地吸收外界刺激而形成各种心理活动能力的时期。正如生理的胚胎需要在母亲的子宫内才能成长一样，此时的儿童也需要外界环境的保护而不受伤害，需要各种的营养，其中最重要的就是成人世界提供的情感滋养，比如，母乳喂养。

母亲母乳喂养的重要性在于，其不仅是提供营养的供给，更是在于这种精神交流的肌肤传爱。哈洛曾经进行过关于"丧失母性的母亲"的研究，他发现那些从小遭到社会剥夺或单独隔离的母猴对它们的子女缺乏慈爱。

父亲的情感同样对儿童的发展起到积极的作用，西方有过关于"父爱缺失症儿童"的研究，由于父爱的缺失，导致儿童人际交往能力低下，移情能力较差、性别发展、自我认同困难等问题。

以上的研究均表明父母的情感关怀，对于其子女身心健康成长的重要性，即便中学生已经不再是儿童了，但是其作为人的存在，对于情感关怀的需求仍然是非常渴望的。

按照《正面管教》一书的观点，尽管当前中学生的心理与行为问题很多，但是若归结起来就是四大类，即寻求过度关注、寻求权力、报复和自暴自弃。从心理学的视角看，以上四类问题，都与学生的归属感和价值感缺失有关，这些学生在潜意识中错误地认为，采取这种问题行为，就可以获得归属感或者价值感。

具体言之：之所以寻求过度关注，是因为他们错误地认为，只有在得到你的关注时，我才有归属感和价值；寻求权力的目的，是他们感觉只有当我说了算或至少不能由你对我发号施令时，我才有归属感；之所以采取报复行为，理由是我得不到归属，但我至少能让你同样受到伤害；自暴自弃则是基于这样的思考：我不可能有所归属，于是我放弃。因此，我们可以做出这样的判断，当前中学生的心理与行为方面的不良表现，最关键或者最根本的原因，在于其在家庭中感受到的情感关怀缺失，尤其是归属感与价值感的缺失。

**（三）一些家长情感的理性内蕴不足， 更缺乏情感教育力**

2002 年 3 月美国纽约州地方法庭一桩看似普通的案件吸引了教育界的眼球。一位 29 岁母亲对自己 9 岁儿子监护不当受到指控，而其涉嫌违法的根本原因是因为她把自己的儿子"培养"成了"神童"，当神童被确认是造假出来的之后，作为母亲的伊丽莎白为了使儿子应付各种超常儿童的检测，对孩子进行了近乎残酷的教育和培养，使年幼的孩子承受了太大的压力，而母亲的解释是完全仅仅是出于母爱，母亲本身为之也付出了很多。

上述案例中，父母所谓对孩子的爱，因为缺乏理性色彩，导致了很多的问题发生。当前，我们有太多类似的母爱或父爱，他们以"不能输在起跑线上"作为自己行动的口号，让孩子承受着不堪的重负。不能说这些家长对孩子没有情感或关爱，只是他们对于孩子的情感缺乏理性的内蕴，缺失情感的自控性、协调性和价值追求的高品位性，其情感给予常违背教育伦理或者教育规律。

关于什么是情感教育，杜威的提法非常简洁，他认为将理性植入情感便是情感教育。人是情绪情感的动物，人不缺乏动物性的情绪。但是如果只是按照动物本能的情绪行事，缺乏理性内蕴，经由这些情绪情感启动的行为就很容易存在风险或者造成诸多的不良后果。

就家庭教育而言，父母的情感是否具有理性内蕴，体现为他们在子女面前表达情感或者与子女进行情感互动时，是否能够尊重子女的存在，是否考虑到自身的情感表达对子女可能构成的影响。应该说，相当一部分的家长，其情感表达非常随意，理性不够，缺乏对情绪表达产生不良影响的觉知力，即是说缺乏情感教育能力。家长若具有一定的情感教育力，对孩子的健康成长非常有益。华盛顿大学研究小组的专家发现，擅长处理情感问题的父母与处理情感问题能力较差的父母相比，他们同子女的关系较为密切，感情较深，摩擦较少。这些孩子的情感处理、社交能力，乃至考试成绩都优于后者。

当然，希冀家庭情感教育能够如上文所述的学校情感环境建设一般系统与专业，显然是不现实的。家庭中的情感教育，其操作并不需要太复杂，除了家长增强情感教育重要性的认知之外，主要就是家长自身提高情感素养，好的家庭教育就是父母有个好脾气，父母情感状态健康积极，便可以为学生营造良好的家庭情感教育微环境。

## ▶ 第二节　引领家庭情感教育的基本理念

走向情感文明的学校德育，需要关照到人的感受、体验以及人与物、人与人、人与群体、人与自然等之间积极的、具有情感正能量的关系建构。学校对家庭情感教育的引领，主要体现为两个方面，首先是处理好教师与家长之间的关系，密切亲师的情感联结；其次便是运用多种路径与方法，帮助家长增强提高情感素养水平的意识。

审视亲师沟通的现实会发现，当前的亲师沟通存在着一些问题。比如交流讨论的话题过多集中于知识学习方面，且过多地关注到知识学习的非积极面即问题面，对于学生的进步，对于品德、身体发展等方面的讨论还显得不够。再如在亲师交往中，一些家长感觉教师过于强势，对他们呼之即来挥之即去，家长感觉到自己受尊重不够，或者一些老师感觉到家长对学校工作配合不到位。由于研究的限定，本书不研究亲师沟通的所有问题，而只集中于情感方面，运用"情感之眼"，重新透视亲师关系存在的问题，并基于"情感之眼"阐释学校对家庭教育引领的相关理念。

### 一、引领家庭情感教育是学校分内之事

由于家长教育素养所限，以及传统家庭利己性文化的影响，导致家庭文

化反映出来的价值观念常带有一定的功利性、短视性。当这种切身利益与社会整体利益一致时，主流文化便成为家庭的主导文化，而一旦它们之间发生冲突，家庭亚文化往往会占据主导地位。

帮助家庭克服不良文化对孩子可能造成的负面影响，引导家庭文化向主流文化趋近，学校对此责无旁贷。苏联著名教育家马卡连柯有一个简洁而鲜明的观点，那就是："学校应当领导家庭"。美国北佛罗里达大学隆巴那教授也提出，学校应在家校合作中起"主导"作用，认为学校应吸引并组织家长参与其孩子的教育活动，给家长提供参与的机会，对家庭教育进行指导。

学校对家庭教育的参与，并非只是付出。因为当前学校在挖掘内部资源越来越困难的情况下，就需要拓宽思路，从外部寻求帮助，而利用家庭教育的资源，往往会助益学校的发展。联合国教科文组织教育丛书《教育——财富蕴藏其中》中举的菲律宾的例子就是一个典型。菲律宾的学校和家庭携手共同提高学生成绩，通过家长教学支持系统（PLSS），提高了学生的学习成绩，并更加密切了学校和家庭的联系。

2013 年《人民日报》发表了一篇题为《教育改革从家长教育开始》的文章，在社会上引起了比较强烈的反响，该文旗帜鲜明地提出了家庭教育改革对于整个教育改革的基础性作用。

## 教育改革从家长教育开始①

大家经常问这样的问题：美国教育与中国教育的区别是什么？如何改革中国教育？中美教育区别可能很多，但大家都忽视了中国教育的一个重要问题：家庭教育缺失。

大家对教育不满，主要体现在哪里？无非是孩子们出了问题，即现在的学生脆弱，抗挫折能力差，动辄离家出走，或者轻生；只知道做题，创造力差，解决实际问题能力差；太自私，团结协作能力不足，等等。这些，归根结底还是做人的问题。

家长是孩子的第一任老师，也是最重要的老师，但目前中国家长在这方面是严重缺失的。

---

① 马振翼：《教育改革从家长教育开始》，载《人民日报》，2013-10-31。

家教是什么？是家长对孩子的言传身教，往往体现在非智力因素方面。比如感恩、尊重别人、基本的规矩等等，其实就是让孩子成为一个合格的社会人。孩子成为一个什么样的人，在某种程度上，首先取决于父母。

但遗憾的是，家长们对此几乎没有太多的重视，更谈不上正确的教育理念、人才观念。一谈到家教，就变成了花钱请老师教文化课，而不是家长的身体力行。中国家长在孩子的教育上很舍得花钱，不惜砸锅卖铁，却忘记了自己的责任与付出。更有甚者，一些权贵和富有人群，用金钱换责任，在孩子很小的时候，花巨资让孩子一个人出国留学，表面上为孩子做出贡献，实则是不负责任。

一旦孩子出现问题，我们经常是指责学校、社会，而不是反思自己。当我们控诉应试教育的时候，我们是否反思自己也是一个积极的推动者？是否逼迫孩子报了很多的辅导班？当我们指责社会无序时，我们是否给孩子做出了表率？

如果不是从事专门研究工作，那么，在学校学的知识大部分都会遗忘，但是，协作、感恩、创造力、想象力、忍耐力、反省能力等等，最终会沉淀下来，而在这些教育方面，家长可以也应该发挥更大的作用。

美国的教育制度与理念并不完美，在美国，因为教育理念原因，家长不满意，有大约 260 万学生是在家上学的。在美国前 10 名大学中，有 7% 来自此类学生。家长们在以自己的力量去做调整，修正对美国教育的不满。

世界上没有一种教育制度与理念是完美的，美国也同样。大家觉得，中国教育目前问题很多，政府、社会舆论都在反省、检讨，试图解决这个问题，很多中国专家动辄讲美国教育如何如何好。的确，美国的教育在理念上、方法上，都有其先进的东西，有值得汲取的地方。但是，我觉得，在借鉴美国经验的同时，中国家长应当首先补上家庭教育这一课；教育改革，首先应当从改变家长入手，让家长们明白自己的责任，树立正确的人才观，真正懂得如何引导孩子成长成才。

从世界角度来说，对于培养一个优秀的人，理念、做法其实没有本质的差别，比如付出，比如严格的规范与要求，待人友善、懂得感恩等等。因此，我们不需要动辄讲美国，而是应当先把本民族优秀的教育观念继承下来，把正确的家庭教育理念发扬光大。家长到位，正确的理念到位，中国的教育问题才会有根本性的改变。

就情感教育而言，学校引导家庭情感教育，不仅可以为学生营造良好的情感生活环境，更可以为教师及学校提供了良好的外部环境支持。当前教师工作压力大，除了考试压力、职称晋升压力之外，更主要的压力源便是日常教育过程中，教师需要付出很多心力去因应学生的各类心理与行为问题，并由此导致教师的职业倦怠。而通过引导家庭情感教育，学生的各类情感需求获得满足，学生的负向情感得到有效安顿、学生的情感觉察力、表达力与管理力得以增强，于是，教师需要应对与处理的学生问题将会大大减少，相应地，教师的职业幸福指数便会获得提升。

## 二、尊重家庭的主体地位

最近，某校初三(5)班李某的妈妈王女士，内心特别烦躁，很压抑。

"怎么了?"李先生在家里关切地问。

"还能怎样，今天又去了趟儿子学校。"

"你真是模范家长，儿子怎么了?"

"班主任打电话来，说儿子的校服没有穿，叫马上送到学校去。"

"这也没什么呀，可能学校有集体活动，就我们儿子没穿，会影响整个班集体面貌的呀，你也要理解老师。"说到这里时，李先生没想到，孩子妈妈竟然涨红了脸，和他大吵了起来。

"你说理解、理解，你以为就你懂，我不懂吗?学生偶尔忘记带东西到校，作为班主任，是不是一定要求家长，马上送到学校呢?如果某学生习惯不好，经常忘带，那么是不是要求家长每次都送呢?老师是不是有更好的办法帮助学生养成不丢三落四的习惯呢?你知道，这个学期开学才两个月，我到学校几次了吗?——都6次了。有4次是班主任打电话要求送儿子忘交的作业，还有一次和这次一样，送校服!"

"送不就行了嘛，你怎么这么激动?"

"你看，班主任一个电话，我就得马上跑。到了学校，送到班主任手上，班主任居然是冷冷的一句话：放这儿吧。你说，谁受得了。你一个电话，我就要浪费个把小时。想想心里就堵得慌。"……

"哎，谁让咱儿子丢三落四呢，我活该。"说完这句话，家里就陷入长久的沉默之中。

这里我们暂不去讨论当学生忘记带必备品到学校，班主任请家长将物品送到学校的这种做法是否适切。我们主要讨论案例中家长王女士的感受。王女士为什么有抱怨情绪？一是因为她本学期到学校送物品的次数比较多了，更重要的是这次班主任的态度比较冷淡。"班主任就冷冷一句话"，容易让家长感觉到了教师的强势，家长感觉到教师对他们呼之即来挥之即去，感觉到了不被尊重。

在一些家长甚至老师的内心理解中，一般都是家长有求于教师，故教师基本上在亲师互动中占据主导地位。其实，家庭教育和学校教育都有各自的个性和独特地位，家庭教育若成了学校教育的附庸，对二者都是一种伤害。学校教育要明确家庭教育的地位、作用、特征，逐步还家庭教育的本义，家庭教育也要努力寻求自身的合法地位，力求保持自己的个性。亲师之间相互尊重、相互理解，才能保障家校合作的和谐。

## 三、亲师交流要从关注知识扩展到关注情感

接新班没有多久，就发现这个学生，名字叫吴优，正如其名字，在大家眼里，这个学生还真没有什么地方值得表扬的，倒是问题不少，比如比较懒散，集体活动不愿意穿校服，胸卡不能够按照规定正常佩戴，作业经常拖拉不交，等等。

打电话给他妈妈，妈妈反而和我抱怨："能够怎么样，他爸爸对他从小就管得很凶，但是现在爸爸在外地工作。"妈妈说的话，吴优根本就听不进去，整天都生活得很开心的样子，嬉皮笑脸。

又过了一段时间，吴优的表现实在是到了让人无法容忍的地步，有一次英语课上，他把手机偷偷地带在书包里，而且忘记设置振动，在课上铃声响起来了，英语老师课后来跟我抱怨，当时课上为了不影响课堂，英语老师并没有收他的手机，下课以后，准备问他手机是怎么回事的时候，吴优居然一口否定，说自己没有手机，这个行为已经不是一般的犯错，而是诚信的问题，

是在有意和英语老师作对。

正好最近吴优的表现并没有太大的改观，我也想好好和他妈妈当面交流一下，于是我就约了他妈妈到学校来。

他家离学校很近，很快吴优妈妈就赶到了学校。我把情况和他妈妈一五一十的说明。我觉得需要他妈妈一起来对吴优进行教育，他妈妈来了以后，并不是太关注我说的这些事情，而是问我："我儿子最近考试成绩怎么样？在班上能够排多少？怎样能够提高吴优的成绩？"

我和他妈妈说："学习是一个很复杂的过程，学习成绩不理想只是结果，我们要先找到孩子学习成绩不理想的原因，解决了原因，相应的在过程中改变了行动，才能够带来结果的改变。如同我们成年人工作挣钱，挣钱是个结果，做事是过程，做事情的态度、方法等是原因，只有事情做好了，才能够把钱挣到手是一样的"。面对我的话语，吴优妈妈礼节性地点点头。

在接下来和我的交流中，吴优妈妈依然只是礼节性地用嗯嗯等语气词作答，在她眼里，只有孩子的学习才是重要的，其他的她感觉我是在浪费她的时间。离开的时候，她对我说："现在高考，关键是看分数，其他的能够怎么样？"就这样，我们失败地结束了这一次交流。①

由本案例不难看出，当前的家校合作内容过于单一，主要体现为两点。其一，家长期待与老师之间的交流沟通，主要集中在学科考试方面，或者说知识学习方面，对学生的人格、身体等方面关注不够。不难发现，中学的家长会中心主题基本上都是考试。这也不难理解，社会、家长、上级组织对于中学生的考试成绩关注度很高。由于教师自身分配到与家长交往的时间十分有限，故无论是亲师私下交流，还是家长会上的集中交流，基本上都聚焦于考试问题上。在家长会之外，家长与教师的主动交流与沟通，孩子的学习情况讨论也是家长的首要指向。其二，家长与教师之间一般是当发现了学生有各种问题的时候，才开展沟通，或者说，亲师之间关注学生的存在问题解决的矫正性探讨比较多，对于学生发展性的讨论则相对比较少。至于说，如何让孩子感受到来自家庭与学校情感关怀的主题则更少。

———————————

① 撰写者：仇彬。

人是情感的动物，当人的情感需求得不到满足，当人的情绪困扰占据着心灵，学习考试便成为了束缚或者应付。因此，我们建议教师与家长的沟通，除了学生的学习主题之外，更要多引导家长关心孩子的情绪情感状况。老师们会发现，很多时候，当学生的情绪困扰问题得到纾解，学习问题便常常迎刃而解了。

### 四、避免亲师交往的歧化

学生张宇，是我这一届刚刚接手的新高一学生，爸爸在政府部门工作，妈妈自己开有一家公司，家庭条件优越。

开学没多久，就到了教师节，那天我接到了张宇爸爸的电话。

"老师，开学几天，听张宇回来说，你对他很照顾，这两天我来学校看看你，可以吗？"

"张宇爸爸，你好，你家儿子自己在学习上很主动呢！虽然才开学几天，但是我已经发现他各方面表现都不错。"我在电话里回复到。

"老师，你办公室在哪？我中午过来看看你，顺便聊聊张宇的情况。"

我知道，张宇爸爸话里的意思，但是一下子拒绝家长来学校交流孩子的情况，又觉得不是很礼貌。于是我就答应他，中午可以到办公室里来，正好也可以和其他任课教师聊聊，看看其他各科的学习情况。

根据约定的时间，张宇的爸爸如约来到办公室，那天中午我约好了张宇自己，还有数学、英语老师一起在办公室等张宇爸爸。

他爸爸一到办公室，我就一一介绍，这个是数学季老师，这个是英语吴老师。张宇爸爸和数学、英语老师打招呼，你们老师挺辛苦啊，中午也不休息。

我先把张宇叫到一边，叫他们都坐下。我先和张宇说："你看你爸爸，才开学没有几天，就特地到学校里来，和老师交流了解你的情况，看来你爸爸对你真的是非常关心啊，一定不能够辜负了你爸爸对你的期望呦。"

然后张宇爸爸和我聊了一些关于张宇在初中时候的一些学习情况，这孩子还是挺自觉的，就是初中的时候爸爸、妈妈由于工作忙，可能也疏忽了对孩子的教育。平时有时候都要自己解决晚饭问题。

209

不知不觉中，张宇爸爸和我们几个老师交流了一个多小时。

晚上我又接到了张宇爸爸的电话，他问我家住在哪里，意思是要给我送东西。我回复他："张宇爸爸，首先，教育好你家小孩是我应该做的，其次，你这样也是在害我呀！"被我这么一说，他可能也没有想到，觉得有点唐突。他在电话那头也开始语无伦次，我继续说到："你的心意我领了，你放心，我会一如既往地教育好你小孩。"后来随便寒暄了几句，这次对话结束了。

又过了一天，晚上在家备课，突然有人按门铃。张宇爸爸真是有"恒心"，他居然找到我家，我只好礼节性地让他进来，一进家门，他首先解释："我们孩子以前的老师家里我们都会拜访的，不来我们心里不安。你家的住址，我是多方打听才知道的。"简单寒暄之后，他硬要塞给我一张购物卡。我坚决不同意，而且我给他下了最后的狠话："不可以这样，要是再这样，我可要生气了"，最后我把装有卡的信封放回他的口袋，对他说："多买点书给你孩子看看吧"。

经过几个回合的交流，张宇爸爸觉得我这个人还是比较正直，以后的交流中也没有再出现这样的情况。

有一天，接到一位领导的电话，说他一个朋友××在他面前夸我班务工作做得好，他家小孩现在进步很大。这领导的朋友正是张宇爸爸。[1]

估计不少老师也会遇到文章作者面临的尴尬。现在家长与教师之间的交往，尤其是家长对教师的感谢，很容易演变为送礼。案例中的教师对家长送礼要勇敢地说"不"，难能可贵。这不仅是一种自我保护，也是一种教育情怀的体现。"拿人手短，吃人嘴软。"收礼之后，就会产生心理变化，就有可能会对送礼的学生格外关照。而由此就可能造成不公平的教育结果，这不仅会造成学生集体中的人际关系的复杂化，也会使一部分学生失去了公正教育的机会，而受到偏爱的学生最终也不会获得预期的发展。

亲师之间的交往变成一种物质的交往，是交往歧化的一种情况。但是，我们还需要防备另一种歧化现象，即亲师交往中的矛盾与冲突现象。教师或家长任一方对对方不尊重，加之平时交流不密切，缺乏信任基础，很容易造

---

[1] 撰写者：仇彬。

成亲师之间的矛盾冲突，甚至爆发恶性事件。

## 五、密切亲师日常情感沟通

请比较下面两个案例，如果您是案例中的学生家长，您在家长会期间，会是何种情绪状态？

**【案例一】**

2015年夏天，初一新生家长会。这一天，家长们怀着新奇和期待的心情走进了教室，耐心地等待着素未谋面的班主任老师。大家打量着四周，教室窗明几净、干净整洁，黑板上也精心布置有"初一（某）班家长会"的字样。在欢迎语的下面，用小号字体写了一个友情提醒，大意是：为确保家长会正常进行，请各位家长在家长会期间配合关闭手机或将手机保持静音状态。

孩子的班主任老师是个什么样的老师呢？大家相互猜测着，热烈地攀谈着。忽然，一个手持文件夹的中年女教师健步走入了教室。她表情严肃，不苟言笑，还没开口讲话，目光便开始威严地扫视着全场，教室里瞬间安静了下来。

简单的自我介绍以后，家长会正式开始了。一切正有条不紊地进行着，忽然一阵急促的手机铃声不合时宜地响了起来，班主任老师非常敏锐地发现了铃声的出处，她暂停了讲话，用犀利的眼神毫不留情地盯着那位家长。顿时，除了那刺耳的手机铃声外，教室里一片死寂。时间一秒一秒地流逝着，在班主任老师无声的抗议中，那位可怜的"肇事者"很是窘迫地匆忙挂了电话。对于这起突发事件的处置，班主任老师还算满意，她没有再追究什么，家长会继续进行着。

不一会儿，手机铃声再次响起，搜索目标，竟然还是那位家长！只见他正低着身子，埋着头，压着嗓门儿，跟对方着电话呢！这次班主任老师显然生气了，她猛地摔下了手中的文件夹，一边拍着讲台，一边毫不留情地质问道："难道有家长到现在还没有看到黑板上的友情提醒吗？参加家长会关闭手机或者静音手机，这是最基本的要求，也是对老师和其他家长最起码的尊重，难道这都无法做到吗？没有规矩不成方圆，我们若遵守不了起码的规矩，将来怎么去教育我们的孩子？这位家长，如果您实在忙，实在必须在此刻接电话，那么只有两个选择，要么你离开教室去接电话，要么我离开教室等你接完我再来继续开家长会！"

班主任老师特别威严且不容商榷的语气，使得整个教室的氛围很是凝重，其他家长也纷纷把抱怨的目光齐刷刷地聚焦到接电话的家长身上。无比尴尬中，那位家长连连说着对不起，并赶紧起身，慌乱地离开了家长会现场，直到会议结束也没有再回来。

**【案例二】**

阿哲的学习状况一直是班上最糟糕的孩子，他的糟糕不仅仅在于学习成绩差，而且学习习惯和行为习惯也非常令人担忧。比如，他会在课堂上拿出一个玻璃杯子喝自制的"啤酒"，或者是带着大头针来学校，当着同学的面把大头针放进嘴里。更让老师感到教育有困难的是，家长对孩子不管理的态度，离异的父母双方，均不愿意参加家长会。初二上学期的家长会，我好不容易做通工作，阿哲的父亲如期来参会了。

家长会开始前，考虑到孩子的特殊性，我悄悄地把阿哲的父亲拉到一旁和他交流起来。谁知道还没等我开口，他的父亲反而向我倒起了"苦水"。讲述自己在教育孩子上花了多少精力，花了多少钱，并讲了许多的"教育无用论"。遇到这样的情形，我先向孩子的父亲挥手示意了一下，让他先入座开会。

在整个家长会的过程中，我下意识地注意了孩子父亲的反应。并有意识地向家长讲述家长应该如何去配合学校教育——家长应更多地关注孩子的学习过程和良好习惯的养成，给予孩子更多的关爱，让他们有被重视的感觉。

家长会结束以后，令我吃惊的是，阿哲的父亲主动走到讲台前和我交流，认识到了自己在对孩子教育过程中的问题，并保证一定配合老师，且欢迎老师经常沟通孩子在学校的情况。①

在学校管理过程中，经常会发现有这样一种现象，当某位老师与家长发

---

① 撰写者：葛婷婷。

生矛盾冲突的时候，通过找到与这位家长比较友好的学校老师来从中调和，一般比较容易平息事端。我们需要追问这个现象的背后机理。人是情感的动物，如果甲老师平时与家长的关系比较疏远，甚至在某种情形下得罪过家长，家长当时可能未必会对甲老师表现出什么不满，但是对甲老师的这种不满情绪却有可能会积聚在家长的内心，待到某个他认为适合的时候，就会发泄出来。相反，如果乙教师平时非常注重与家长保持沟通，建立了比较好的情感关系，即便乙老师对学生的某个行为令学生家长不满，但是该家长基于对乙老师的信任或者包容，一般也不会与乙老师发生冲突。

上述的第一个案例中，接电话的家长或许开始没有注意到黑板上的友情提醒，或许他正好有紧急事情必须联络，如果班主任老师能够换一种方式，用"温和提醒"取代"冷面指责"，用"双方沟通"取代"单向说教"，充分体谅家长的困境和难处，那么这件事情或许会有一个更加温情的结局，而不至于发展为家长尴尬离场且再也没回来的局面。

亲师之间的情感关系的建立，并非一蹴而就，它需要一个过程。当教师与家长之间注重平时的及时沟通，在交往沟通的过程中彼此尊重、宽容和信任，那么随着时间的推移，亲师之间的关系就会变得密切起来。微信，是当前密切亲师关系的一个比较好的方式，合理使用微信，有助于亲师良好关系的建构。

### 我交给你一个小男孩[①]

小男孩走出大门，返身向四楼阳台上的我招手，说："再见！"那是好多年前的事了，那个早晨是他开始上小学的第二天。

我其实仍然可以像昨天一样，再陪他一次，但我却狠下心来，看他自己单独去了。他有属于他的一生，是我不能相陪的，母子一场，只能看作一把借来的琴弦，能弹多久，便弹多久，但借来的岁月毕竟是有其归还期限的。

他欣然地走出长巷，很听话地既不跑也不跳，一副循规蹈矩的模样。我一个人怔怔地望着巷子下细细的朝阳而落泪。

想大声地告诉全城市，今天早晨，我交给你们一个小男孩，他还不知恐

---

① 撰写者：张晓风。

惧为何物，我却是知道的，我开始恐惧自己有没有交错？

我把他交给马路，我要他遵守规矩沿着人行道而行，但是，匆匆的路人啊，你们能够小心一点吗？不要撞倒我的孩子，我把我的至爱交给了纵横的道路，容许我看见他平平安安地回来。

我不曾搬迁户口，我们不要越区就读，我们让孩子读本区内的国民小学而不是某些私立明星小学，我努力去信任自己的教育当局，而且，是以自己的儿女为赌注来信任——但是，学校啊，当我把我的孩子交给你，你保证给他怎样的教育？今天清晨，我交给你一个欢欣诚实又颖悟的小男孩，多年以后，你将还我一个怎样的青年？

他开始识字，开始读书，当然，他也要读报纸、听音乐或看电视、电影，古往今来的撰述者啊，各种方式的知识传递者啊，我的孩子会因你们得到什么呢？你们将饮之以琼浆，灌之以醍醐，还是哺之以糟粕？他会因而变得正直、忠信，还是学会奸猾、诡诈？当我把我的孩子交出来，当他向这世界求知若渴，世界啊，你给他的会是什么呢？

世界啊，今天早晨，我，一个母亲，向你交出她可爱的小男孩，而你们将还我一个怎样的呢？

这篇散文表述出了家长对社会的嘱托，尤其是对教育工作者的信任和期待。就教育工作者而言，让家长感受到信任，有两个操作的关键点，一是班主任及时将班级发生的重要事件向家长告知，增进家长对班级工作的知悉，让家长有知情权及参与度；其二是班主任在家长面前充分展示自己的高水平教育能力，进而让家长感受到此班主任值得信赖与尊重。

一旦亲师之间建立了这种密切的信任型情感关系，那么教师后续的教育要求获得家长的支持度就大大增加了，或者说就不太容易产生亲师冲突。这样就达成了卢曼所说的一方暂时信任另一方，会成功地驾驭暧昧不清的情况，换言之，将简化复杂性；确实，在这种信任基础上，另一方实际上有更好的取得成功的机会。

## 第三节　引领家庭情感教育的路径与方法

### 一、引领的基本内容

"情感文明"，意味着个体的情感结构层次在不断调整中走向一种和谐状态，并表现出情感在生物性以及伦理和审美方面的品质都不断得到生长和提升的过程。情感的文明化是个体的基本情感欲求得到合理满足并且情感的"人类的""社会的"价值和意义也越来越丰富和升华的过程。家庭情感文明，需要家庭充分认识情感教育对孩子生命成长的价值，并具有情感教育的相关能力。我们思考，学校对于家庭情感教育的引导，可包括以下的几项主要内容。

第一，以央视首部家庭情感教育剧《镜子》等为案例，从正反两个方面，论述家庭情感教育的重要性，同时分析当前家庭情感教育存在的问题及其原因，据此提升家长对于情感教育的价值认知，激发家长开展家庭情感教育的动机。

第二，通过生动的案例引导，帮助家长初步把握家庭情感教育的四个基本目标及相应的教育方法。这些目标包括：尽量满足孩子的情感需求、促进孩子形成各类正向情感、引导孩子安顿与处理好自己的负向情感、培养孩子的情绪情感能力。

第三，引导家长明晰中学阶段孩子情绪、情感具有两极性的特点，以及孩子在中学阶段可能出现的自我认同感不足、学习兴趣缺失等各类典型的情绪问题，并提供因应孩子情绪问题的方式方法，比如情绪阅读疗愈的方法。

第四，带领家长厘清父母在家庭情感教育中的不同角色分工，尤其强调父亲对于孩子情感发展的重要意义，并分别给出父母双方参与情感教育的操作性建议。

第五，帮助家长认识到夫妻关系对于孩子情感发展的重要性，了解夫妻的情感交往基调与模式，不仅决定子女能否获得安全感与爱，还将影响子女未来的恋爱与婚姻，进而促进夫妻情感关系的和谐发展。

### 二、引领的路径与方法

家长自身有着诸多的本职工作，不可能像学校教师一样系统地学习情感

216

教育的理论与方法，学校可以采取便捷、切实的方式，增强家长的情感教育动机，助力家庭提升情感教育活动的频次与质量。

**（一）为家长提供家庭情感教育的相关培训**

依据上述的引领家庭情感教育的内容，我们的实践团队设计与开发了相应的专业课程。基于家长参与学习的可能性，采取了点面结合的方式进行。所谓"点"的方式分为两类，一是每学年的上学期利用周末的半天时间，分年级开展面对面的讲座活动，帮助家长了解该年级家庭情感教育的要点与方法，讲座的主讲人为高校教师与该年级参与课程研发的教师。二是每学年的下半学期，分年级开展一次体验性的家长成长课程活动，由各班主任执行。研究团队认为，情感是关系中的体验，体验式活动的效果远胜于说教。为此，团队设计了不同类型的家长体验式课程，其中最常见的体验方式便是让家长扮演孩子的角色，让家长在现场即时体验错误教养的方式给孩子造成的内心痛苦。家长反映自己不仅当场受到感动与震撼，还能在面临类似的现实情境时，及时提醒自己采取适切的行为避免对孩子造成伤害。所谓的"面"的方式，指的是利用微信平台，定期向家长发布家庭情感教育的相关文章，家长可以利用碎片化时间开展持续的学习活动。

**（二）邀请家长参与学校与班级的情感德育活动**

学校经常会组织"青春仪式""诚信仪式"等情感德育活动，并邀请家长参与。每次活动前，学校一般都会安排学生结合活动主题，提前给家长写一封信，通过信件的方式，道出自己平时想向父母表达却难以道出的心声。在仪式的过程中有一个环节，活动现场，所有学生将自己的信当面交给其父母，家长当面阅读信件。我们发现，信件中孩子很少以知识学习为主题，大多表达的是内心的压力或者情感需求等内容。家长阅读信件的场面都十分感人，比如一位从未给女儿梳过头的父亲，满足了女儿想让他梳一次头的愿望；再如，泪流满面的母亲当场拥抱自己的孩子，许诺再也不打孩子了。应该说，仪式所产生的激动和兴奋的状态，让家长感受到与平时完全不同的情绪体验，充分释放出了内在的热情，密切了亲子的情感联结。

除了仪式活动，我们还邀请家长参与《共创成长路》等班会活动的课堂，家长可进班听课，或者是将课堂精彩片段的视频在班级家长群播放。在这类课堂中，学生会道出自己害怕、焦虑、沮丧等各类情绪的状况以及产生原因，家长借此可以更好地了解孩子的情感世界。同时，这些课程都会教授学生如何应对这些情绪的方法，家长亦可从中获得启示，以提升自己的情绪能力。

### （三）亲师沟通过程中，帮助家长调节情绪情感

## 我请家长喝杯凉水[①]

我是娟的高一数学老师兼班主任，开学不久，娟就出现了上课看小说，不完成作业，抗拒老师的提醒，甚至在期中考试中，因为作弊受到学校的警告处分。作为班主任，我多次尝试去进行常规的教育与管理，去接触并了解她以及她的家庭。娟告诉我，她母亲在她初中的时候去世了，她爸爸对她要求非常严格。除此以外，她拒绝透露有关家庭的任何情况，拒绝透露她的家庭住址和联系电话。

一次，偶遇了她初中时的班主任，那是我市重点中学的一位名师。说起娟的情况，她愤怒中充满怜惜，她告知我为娟付出的种种努力。经由这位老师的介绍，我知道了娟不懂事的程度。当时老师家访，给她买衣服，跟她谈心等，给予了一个老师能给的一切关怀。可一切似乎都是徒劳，家庭的不幸并没有触动她的灵魂，"她怎么可以这样，我从来没有遇到过这样的学生。"这是她初中班主任的原话。

其实娟生在一个大家族，其中才子能人很多，大家对她充满了关爱，但一次次的失望与不解，渐渐也失去了耐心，亲戚中只剩下一位小姨，跟她有些接触，她没钱了会去找小姨，没衣服穿了会去找小姨。尽管一次家长会（她不肯通知她爸爸，而是叫小姨来参加的），之后的交流过程中，小姨也表达出了极大的怜爱与无奈。

一日，她爸爸来学校找我，说想开个学校证明，领取补助。听说来者是娟的爸爸，我欣喜若狂。觉得这是难得的跟她爸爸交流的机会。忽然一个身影从办公室门前晃过，是娟，刹那间，我心中五味翻腾，难道她知道她爸爸会来？

果然，她口中的暴力爸爸就站在了我的眼前。我首先为他办完了学校的

---

[①] 撰写者：顾建兰。

证明，她爸爸问起了我孩子在学校的表现。我请她爸爸先坐下，聊了聊孩子以往的情况和在家里的表现。在娟的爸爸进入我的办公室到办完证明手续的整个过程，她爸爸的语言充满了对女儿的不满与愤怒。娟的身影一直在我眼前晃动，她在探查我和她爸爸的交谈。

见此情景，我走到饮水机旁，给娟爸爸接了一杯凉水说："请喝水，虽然天气有些冷，但我还是给你接了杯凉水。"娟爸爸的脸上有些不自然。

"我一直在想办法跟你联系，想跟您交流孩子的情况，确实孩子在学校的有一些不太好的表现，我想你应该可以预料，但我今天不准备跟您讨论孩子的问题，我只想请您喝一杯凉水，然后我们商量有没有解决问题的可能。"

娟爸爸迟疑地摇摇头说："我没办法，这孩子我每天看着就生气，没有一件事情能做的让我放心。"娟爸爸表现得很焦躁，"孩子曾告诉我说，很怕您，说您有些暴躁。"

"是有些怕我，但那只是表面上的，怕我打她，但我的话她没有真正听进去，要听进去了也就不会是现在这个样子了。"

"她初中班主任是很有名的张老师，对吗？"

"是的，张老师对她很好，很关心，可她不领情，越来越叛逆。"

"我有个看法，不知道您是否认同，我想先从我们俩开始改变，我作为孩子的班主任，和你有着一样的心情，面对娟的时候更多的是着急，我想，我们是不是先改变我们自己，这就是我今天请您喝这杯凉水的理由，我希望我们在面对娟的时候，心中装着一杯凉水，浇灭心头的怒气，当愤怒解决不了问题的时候，尝试换一种方式，换一个心态。"娟爸爸沉默了一会，说我试试。我们一起努力试试，我这样回应他。

第二天，我走进教室，发现娟的眼神里有些变化，一丝感激一丝信任，也或许是我的心理作用，隔了几天的一个下午放学后，娟主动到我的办公室，跟我说了一些班级某些同学的情况，最后她说这个周末要和爸爸一起去超市，脸上洋溢着抑制不住的快乐。

一次毕业后的聚会上，我跟娟聊着天，她说高中生活最害怕的就是她爸爸来学校的那天，她不知道回家后爸爸会怎么惩罚她在学校的表现，可当她忐忑地回家后，却发现爸爸好像只是去学校开了个证明，其他什么也没有发生，而且自从那以后，爸爸似乎也很少对她发火。那一杯凉水又浮现在我眼前，也许它发挥了一点作用。

教育的对象是有着不同遗传基因，不同生存环境，不同成长历程，不同思维深度的有思想有灵魂的人，教育不可能千篇一律，不可能工厂化，模式化，每个孩子一定有专属于他自己的成长方式，只是需要我们不断地去探寻，就像今天这样，教育的对象是娟，可要改变的却先是作为老师或作为家长的自己。

美国社会学家库利在其 1902 年出版的《人类本性与社会秩序》一书中提出，人的行为很大程度上取决于对自我的认识，而这种认识主要是通过与他人的社会互动形成的。库利认为，他人对自己的评价、态度等，是反映自我的一面"镜子"，个人通过这面"镜子"认识和把握自己。依此理论，如果家长内心对子女充满抱怨，总是在孩子身上找各种问题，那么孩子必然会接受到来自家长的负面评价，心理和行为的问题反而会有增无减。倘若家长改变对孩子的看法，多看到孩子身上的积极面，孩子也会感受到，进而不断让自己有更多的积极成长。基于这种认知，案例中的班主任老师给家长倒了一杯凉水，目的是提醒这位家长，要改变自己对孩子的抱怨情绪，调节为积极的情绪来观照孩子、帮助孩子。结果证明，这位班主任老师的工作起到了效果。

**（四）为特殊家庭提供更多情感关怀**

### 感恩的力量[①]

有一年我担任班主任。开学没几天，就发现在教室最后一排独坐着一位女生。她身穿牛仔裤，衣服有点显旧，在蓬乱的短发中藏着一双胆怯、惊恐的眼睛，她的名字叫季莉莉。下课后，一群男生蜂拥而至，在教室后面互相猜拳打闹。忽然有一位男生讥讽一句："这儿坐着一位不男不女的同学！"这时，班上所有的眼光立即投向小莉。本来内心怯懦的她，此时立即涨红了脸，继而眼神凝重起来，嘴角嗫嚅着重复几乎听不到的几个字："你敢！……"这下，男生们的嗓门忽然高了八度："就是就是！哈哈！……"这笑声似乎充满了整个教室，惊动了整栋教学楼。猛然，小莉站起来，脸色变得铁青，眼中

---

① 撰写者：姚霞。

220

充满了愤怒，嘴里蹦出一个字："你!"抡起一拳，重重地打在了男生的脸上。此时，男生没有防备，紧接着，小莉把他放倒在地上。顿时教室里一片沉默，继而又爆发出尖叫声。

班委立即来向我汇报，到场后，我怒斥他们停下来，拉开了正打得不可开交的他们。这时的季莉莉气冲冲地斜视了我一眼，气呼呼地踢着倒在一旁的凳子，回到了自己的座位上。教室里霎时安静了下来，我静静地注视着他们，只见刚才气宇轩昂的她，在我的默默目光中慢慢地低下了头。

接下来的几天，我注意观察她。她开始不说话，经常坐在桌旁看着窗外发呆，神情有点恍惚。我感觉到她似乎有心事，于是经常叫她在课堂上回答问题，请她为班级做事情，并推举她为生活委员。通过一段时间的相处，她似乎愿意和我接近了。在与她的交谈中了解到她的家庭和父母的情况，父亲生病在家，仅靠母亲一个人的微薄的工资养活全家，还要照顾生病在家的父亲。听到她的讲述，我的内心酸楚万分，当即决定放学后到她家进行家访。

按照她给的地址，我带了一些水果敲响了她家的门。门开了，在桌子旁的木椅上坐着一位脸色蜡黄、面容清瘦的男子。一见到我，立即站了起来："老师来了，孩子让您费心了!"声音中带着一丝愧疚。我连声说："没有，没有，孩子很懂事! 在班级担任生活委员，为班级做了很多事情。我代表班上的同学感谢她!"她的母亲迎上来招呼我坐下，脸上露出喜悦。闲聊中得知，她的父亲两年前患肝癌，做化疗，花去很多费用，给并不宽裕的家庭带来沉重的负担。

我渐渐了解她的一切生活和学习状况，开始关心和帮助她，看到她的衣服单薄，我送些衣服给她。家庭的不幸也让她变得更加沉稳、忍耐，不怕吃苦。班上的同学也主动和她做朋友。有时借些励志的书与她分享，渐渐地她的性格变得开朗起来，两年后她顺利考取了天津的一所美院……

这些年来，我和她经常保持着联系。从工作、结婚到生子，她经常在微信中分享着他们一家三口的幸福时光，一直感恩老师曾经的关心和帮助。随着时间的推移，这份师生感情变得越来越珍贵起来。

俯下身子，倾听孩子内心的声音，感受孩子内心的脉动，以真挚的感情感染孩子的心灵，融入孩子的精神家园。也许孩子应该感恩老师。但作为老师，内心很感恩孩子，是他们让我认识到生活中的万象。与其悲观地感叹命运的不公，不如坚强地承认和担当。困难和险境，对人生是一种挑战和磨炼，只有用感恩的心去面对，内心才变得柔和、淡定、从容和坚强。

单亲、贫困等特殊家庭，其家长遭遇到的生活困顿及情感缺失比其他家庭更多，这里家长如果内心的情绪弹性不够强大，很容易产生自卑、抱怨、沮丧等各种负面情绪困扰，进而也影响其子女的情绪状态及情感发展。家长借由进入到这些特殊家庭，给这些家庭送去关怀，即便这种关怀的力量是有限的，但是也能够让这些家庭感受到"雪中送炭"般的温暖。或许就是这么一抹暖阳或者一丝微光，就能够温暖与照亮整个家庭前行的路，重新点燃起他们生活的希望。

### （五）为家长提供家庭情感类活动指导

亲子之间有着很多的交往时空和活动机会，无论是晚餐还是旅游，都是很好的情感教育机会。具体言之，家庭可以从以下几个方面来拓展这些活动的情感教育资源。

#### 1. 文化旅游类活动

父母在寒暑假，带着饱览山水之美，体悟在外出过程中亲人间的相互关怀、照顾，这是一种非常好的家庭情感教育方式。当然需要指出的是，在这个活动的过程中，要充分尊重孩子的意见，包括活动线路的安排，物品的购买等，既让孩子感觉到受到尊重和关怀，又让孩子学会调节自我的情感需求。

#### 2. 影视欣赏类活动

台湾新北市的李伟文医生，精心选择了62部电影，与自己的两个女儿一同观影并分享观后感。李医生认为，当家人共同观赏影片，跟着剧中人物一起哭、一起笑，一起面对生命的困境与选择，我们的心也跟着柔软了，更愿意表达内心深层的感受。通过影片交流，亲子彼此有了共鸣、理解、分享和体谅，共织家庭的甜美回忆。这甜美的回忆就像亲子银行的存折，存款越多越好，多到孩子进入狂飙青春期或长大离家的空巢期还足以提领；而这些亲情存款也将伴随孩子一生一世。当他们遇到挫折困顿、忧伤沮丧，甚至感觉世界就要崩毁，这些记忆会适时的抚慰他们，成为支撑他们继续前进的动力。

### 3. 看望老人行动

我们学校的学生大多数都是靠父母居住，祖辈要么在农村，要么在城市的另一处居所，平时父母对老人的孝道表现孩子未必可以看到。而逢节假日，带着孩子去看望老人，则是非常好的情感教育。"孝悌也者，其为仁之本与。"爱子女是本能，不需要学习，而爱父母不是本能，是需要学习的。父母在孩子面前提供孝顺的榜样，孩子才能有孝心。一个人有孝心，能够爱家人的孩子，才可能真正地爱学校、爱家乡，并推展到爱社会、爱国家。

# 第六章　教师情感胜任素质的提升

忙完了家里的一套活儿，终于在上班时间匆匆赶到了学校，快步冲向教室，主任刚好飘过，熊孩子们把早晨的时间当成了交谈会，顿时火就噌噌地涌上心头。组织他们交完作业，检查完卫生，等到晨读课老师进班后，抱着家联本的我走进办公室开始了一天的工作。

上午第四节课，中午看班，下午例行班主任会议，年级主任开始一周任务的布置，将学校评选"最美教室"活动和一周后初一远足活动的注意事项进行培训。今天会议结束时，主任还对今天各班早晨和中午的情况进行了点评，他说："大部分班级能及时进入晨读状态，教学秩序井然，但有部分班主任到岗不及时，教室比较吵闹，有5、8班，当然我知道大家都很忙，有的家里有小孩有老人。但是学校工作希望大家尽可能支持。中午巡视时各班都很安静，继续保持。"

在年级主任说完后，响起的下课铃声刚好掩饰我的尴尬。拖着身心的疲惫和委屈，我走进了自己班的教室开始上课。下午讲的是《与快乐相伴》，本该轻松愉快的课堂我实在是没心情跟学生笑呵呵的。

教师长时间工作超负荷，备课、批改、辅导……每天都重复着三点一线的工作，无休无止，积极的心态、乐观向上的情绪早已被时间、环境和繁重的工作打磨掉了，长此以往导致教师身心疲惫，造成极大的压力。中学教育的工作性质让教师陷入两难。在学校的时间多了，自然留给家庭的时间就少了，如果家人能够理解并支持老师的工作还算欣慰，但如果家人不能提供后勤帮助，不仅不能理解还总是闹矛盾，这无疑也是教师产生压力的缘由，有些教师还会觉得自己没有好好关心家人而产生内疚。

情感文明学校的建设，无论是环境建设，还是课堂教学、德育活动、家校合作，要想有成效，都离不开高情感素养的教师。如果教师自身情感缺失，或是情感能力不足，就无法希冀他们有效推进学校的情感文明教育。

由于本课题重点研究的是情感德育，因此本章主要对教师情感对于学校德育的价值进行详细阐述，至于教师情感促进学校智力活动、美育活动等，后续的研究将进行探讨。本章的另一个重点，则是对教师情感素养的架构以及如何培养进行探讨。

## ▶ 第一节　教师情感如何促进学校德育

20世纪90年代以来，教师情感逐渐成为道德教育学术界的关注点，研究者们或直接或间接地提及教师情感、论述教师情感对于学生道德学习价值的为数不少。比如，生命德育认为，教师之爱能够激活个体生命中爱的种子，播撒爱的种子，培育爱的能力。欣赏性德育认为，教师的道德人格美感（师表美），可以充分发挥德育主体的德育潜能，充分促成学生的榜样学习，改善道德教育的效能。

20世纪70年代，美国学者伯利纳和泰库诺夫的研究发现：在区分高低效率教师的52种教师特征或特性中，有38种（约占75％）实际上是属情感方面的，只有14种表示知识或特别教学技能等方面。[①] 也就是说教师的教育效能发挥，主要是靠其情感（比如热情、有耐心、幽默等）而不是靠其认知或技能。因此，道德教育界重视教师情感对学生道德学习的影响是抓住了关键要素。

不过，德育实践工作者所关切的，不仅在于其情感是否有重要的教育价值，更在于如何发挥其自身情感的教育价值，即需要了解教师情感影响学生道德学习的机制问题。在此基础上，教师才可以有效地调节自身情感，促进学生的道德发展。

### 一、教师情感作为道德价值的彰显机制，激起学生道德学习的意向

心理学家奥苏伯尔认为，有意义学习需要两个内部条件：一是学习者具

---

① 瞿葆奎：《教师》，北京，人民教育出版社，1991。

有同化学习材料的适当的认知结构；二是学习者具有学习的意向。在引导学生产生道德学习意向方面，教师的情感起到了积极的作用。

（一）教师对于道德内容的情感性阐释，具有对道德学习内容的增效解释功能，进而激起学生的学习意愿

对于基础教育阶段的学生而言，某种道德学习内容之所以具有吸引他们学习的魅力，是因为该内容对他们而言是具体、灵动、富有色彩和生命气息的。不过以教材文本形式呈现的道德学习内容往往是静态化的、抽象的，因此其往往不能自然地激起学生学习的热情。这时候教师作为教育中介者，需要通过各种方式，将道德学习内容加工、转译、直接化，让学生能够切近地感受到这些道德学习内容内蕴的芬芳。为了达到这个目的，教师可以借助于多媒体设备，也可以借助于各种教学活动的设计，而其中最普通最常见的方式就是教师对学习内容进行情感性的加工。有一个许多人比较熟知的理论，人类日常生活中，55%的信息是靠非言语的表情传递，38%的信息是靠言语表情传递，只有7%的信息才是靠言语传递的。也就是说，大部分的信息传递是靠情感传播而不是语言传播的，因此教师对于道德内容的情感性阐释与平淡的讲解相比，能够大大增强对于道德学习内容解释的力度。教师的语气、声调、表情、手势等情感性表达，将道德原则、道德规范立体式地展现了出来，强大的冲击波让学生深受感染，情绪振奋，他们不自觉地被卷入到学习情境之中，学习的欲望油然而生。

（二）教师对于道德学习内容的热情向学生证明了该内容的价值性，进而激起学生的学习欲望

从本质上来说，一个人之所以选择某种内容作为学习对象，原因在于该内容对他而言有意义、有价值。人不会主动选择去做没有意义的事情。因此道德教育成功的前提是让学生认识到道德学习内容的价值性，价值牵引着学习者敞开自己，进而感知、理解、接纳该内容。

学生如何确定某一道德学习内容是否具有价值呢？在很大的程度上，学生对学习内容价值的认定取决于教师对该内容的情感态度。现象学家马克斯·舍勒研究认为，人的情感受着价值的引导，情感感受是对价值"招引"的"应答"，教师对某一学习内容的情感意向越强烈，证明该学习内容的价值性越

高。人同此心，心同此理，教师对于某一道德学习内容的热情成为学生视这些内容有价值的根据，学生进而会产生对这一内容的学习热情。反之，如果教师在授课的过程中，对学习的内容表现出的冷漠、麻木、无情，自然就会削弱学生对这些内容的兴趣，因为教师对于学习内容的无情给了学生这样的暗示：此类内容没有价值。

## 二、教师情感构建了道德学习的信任机制，促进学生认同道德学习内容

知识学习的要点是"懂不懂"，技能学习的关键是"会不会"，而道德学习的核心是"信不信"，道德学习过程中信任机制的构建非常重要。构建学习的信任机制有两种路径：其一是间接的路径，学生因信任教师而认同、接纳道德学习内容；其二是直接的路径，学生与道德学习内容零距离接触，产生对于道德学习内容的认同，将其纳入自己的主体意识。无论是直接还是间接的路径，教师情感都具有构建学习信任机制的价值性。

### （一）教师密切与学生的情感联系，学生因信任教师而认同教师提供的道德学习内容

许多教师都有这样的体验，学生由于与其关系亲密，由于信任自己，就会自然地认同其提供的道德学习选择、接纳其所传递的道德价值观。相反，在一种非信任的师生关系中，由于学生对教师不信任、关系疏远，即便学生对教师提供的德育学习内容是不反感的，但是学生却因为不认同教师本人而不认同这一内容，甚至选择与教师要求相反的道德价值信念，教师成为横亘在道德价值和学生之间的障碍。

学生对教师亲密的信任如何产生呢？克莱默和泰勒曾经提出过一个信任形成发展的三阶段模型：第一阶段以个人对交往中得失结果的精确计算为基础，第二阶段以个人对交往对象的认知了解为基础，第三阶段以交往双方在感情及认知上的相互认同为基础。只有在第三阶段上，交往双方之间的关系达到亲密无间的程度，并建立起真正的相互信任。按照这个模型，学生对于教师亲密的信任是一种情理交融型的信任，不仅基于理性，更基于情感。由于教师不断地给予学生敏感的谛听和智慧的支持，尤其是在情感上给予学生

不断地关怀与呵护，师生之间才有可能建立起一种真正的亲密信任关系。当然，这可能是一个很长的过程，需要教师不断的积极情感的给予，有研究显示，"提供非连续性支持的教师不会被学生视为支持者，他们同不提供支持和在开学第一天感情明显消极的教师没什么两样。……不断的积极的感情支持有助于建立承担风险和接受责任所需的必要的信任基础。"①在教师积极情感的不断给予中，学生产生了对于教师深厚的信赖关系。

**（二）教师对于道德的遵从感、敬畏感及教师道德实践之后的幸福感，加强了学生的道德认同**

学生因信任教师而认同教师提供的道德学习内容，这样的道德学习过程尽管有效，但却存在着隐忧，因为这一活动本质上仅仅是学生对于道德的一种依附，学生缺乏对于道德学习内容的独立审思与质疑。甚至可以说教师通过学生信任自身而让学生认同自己提供的道德选择，是一种非法的活动，因为学生只知道迎合教师的"应该……""禁止……"，没有"为什么应该如此行为"，只有"应该如此行为"，"这种在价值上的事先承诺从一开始就是非法的"②。正因为这种非法性，当学生走出了学校之后，甚至在没有离开学校的时候，一旦开始去追问"为什么应该如此行为"时，他们在行为的源头上却找不到合法的证明，于是他们可能会毅然抛弃很多的道德规范，甚至体验到一种被蒙蔽和被欺骗的感觉。因此，在可能的条件下，教师要给予学生道德原则、道德规范的合法性证明。需要指出的是，"对规范的怀疑并不意味着准备反对规范，只是要求合法性的证明。没有人否认任何规范，但是人们需要对规范保持怀疑主义的态度以免受骗。"③只有当学生在寻求到道德原则、道德规范的合法性证明之后，他们才会真正认同与接纳这些内容，将其纳入自己的主体意识之内。

给学生以道德合法性的有效证明，除了给学生可以理解的比喻、类比等理性分析之外，有一个非常有效的路径，那就是教师在学生面前展现其对于道德的遵从感、敬畏感以及道德实践之后的幸福感。教师实际上感受到了他

---

① ［美］舒尔茨等：《教育的感情世界》，赵鑫等译，上海，华东师范大学出版社，2010。
② 赵汀阳：《论可能生活》，4 页，北京，中国人民大学出版社，2010。
③ 同上书，26 页。

228

身上有他必须传达的权威，他也必须传递对这种权威的某些感受。……除非权威来自他的内心深处，否则就不会在他身上出现……教师是他的时代和国家伟大的道德观念的诠释者。……（权威）是通过他对牧师般的职责的尊重而产生的，这种尊重又通过语言和手势从他的心灵传递到儿童的心灵，铭刻在儿童的内心中。

教师对于道德的遵从感、敬畏感向学生表明：教师不是道德的权威，道德规范与原则不是教师任意制定的，教师也受道德的制约，教师自身对道德也是如此的虔诚和敬仰。与教师道德实践伴随的幸福感的呈现，则向学生传递这样的信息：道德帮了教师的忙，每次采取符合道德的行为都会给教师带来愉悦和满足，学生们敏锐地感受到，与教师的道德行动相伴随的是教师眼眸中幸福荡漾。由此，学生坚定了对于道德学习内容的认同，他们敞开了心扉、拥抱道德。

### 三、教师情感作为最主要的道德学习评价机制，促进学生道德意识和道德行为的形成

在德育活动中，教师评价的意义在于它可以激励、调节学生的道德意识和道德行为。教师对于学生的评价可以是非情感性的，不过格雷海姆和韦纳的研究发现，与教师的语言评价、行为评价等相比，学生更关注教师的情感评价，因为，"无论什么——我们的言词、思想，甚至我们的行为，都不能像我们的情感那样清晰、确切地反映我们自己和我们对待世界的态度。在我们的情感中可看到的并非个别的思想和个别决定的特点，而是我们心灵及其结构的全部内容的特点"。[1]

### （一）教师积极的情感评价，促进学生道德意识的强化和道德行为习惯的形成

教师在学生道德行动之后展现出来的喜悦、认同、赞赏等情感性评价，作为学生道德行为之后的褒奖，带给学生愉悦的感受，进一步强化了学生的道德意识和道德行为。涂尔干认为，尽管这种用酬报天才的方法来酬报道德

---

[1] ［苏］雅科布松：《情感心理学》，王玉琴等译，27 页，哈尔滨，黑龙江人民出版社，1997。

功绩的做法会让我们感到厌恶。但是在一种内心平静的状态中，在德性带给我们的那种尊敬感和同情中，以及由此产生的惬意中，人们发现对德性的真正奖赏。尤其是在当前的学校评价完全倒向智育一边的情况下，学生道德优劣常常不在教师评价的体系之列。即使学生表现出道德行为，教师却不能敏锐地发现并作出支持性反应，学生没有感受到这种行为带给自己的价值感，渐渐地学生们开始远离道德，变得麻木与放任自流。所以涂尔干非常坚定地认为：我们有理由相信，在学校中，荣誉可能过于单一地依附于知识价值，我们应该把更多的荣誉赋予道德价值。

**（二）教师消极的情感评价， 对学生偏离道德的意识和行为进行矫正**

对于学生违背、破坏规范的行为的宽容心和愤怒等情感，也是教师经常性的表现。教师消极的情感性评价，则是旨在将学生意识和行为的不良之处剪除，使他们的意识和行为重新回到道德的轨道。需要指出的是，教师对于学生的消极情感表达，不是使违反规范的学生通过痛苦来赎罪，而是通过学生负性体验来防止规范权威性的失却。在这里，教师消极情感表达有一个注意点，这里以教师的愤怒为例。要让学生懂得，教师的愤怒因他的问题而起，教师的愤怒是对其错误意识或行为的愤怒，而不是对他这个人的愤怒，教师的愤怒是对错误意识或行为的否定，而不是对他这个人的否定。只有这样，才能将学生的意识和行为引导到正确的轨道上。

## 四、教师情感作为学生道德生活的涵养机制，催发学生心中的道德花朵

道德种子的萌芽、发育，直至开出道德的花朵，需要一种适宜的外部环境，而教师情感无疑是一种极具价值性的环境影响因素。威尔逊曾建议学校采用"家庭模式"为学生提供满足需要的"道德"情境，其用意在于认为在家庭中，孩子与父母、兄弟姐妹之间有一种牢固的情感关系，这为儿童的情感和行为的学习提供了适宜的社会基础。麦克费尔、诺丁斯等也认为，必须创造一个符合关心人的校园环境、课堂环境和社会生活环境，只有让学生生活于富有关怀的校园中，才能培养具有爱心的学生。因此，教师应该为学生生命世界和生活内容拓展空间，为学生的道德生活提供涵养的条件，让学生的生

230

活空间充满着情和爱的滋润、流淌着奶和蜜的芳香，让学生的生命生生不已，充满活力，进而催生学生心中的道德花朵。

**（一）教师情感作为一种即时性的促发机制，促进学生形成道德**

在一则案例中，在教师对于班级中一位失去双亲的同学王某的同情、关怀等情感引导下，学生们也被情感卷入了，教师的情感与学生的情感弥散、交织在一起，形成了一种"道德体验所发生的功能性关系情境与氛围"，即"道德体验场"。在这种体验场中，学生们不仅体验到了王某的悲苦、忧伤，体验到了老师的同情、关怀、爱，更体验到了其他同学的同情、关怀与爱。学生们被卷入到这种情感体验场之中，他们的善良、利他之心、对他人的同情与怜悯等自然地生发了出来。

**（二）教师情感留存在学生的脑海中，在学生人生的某一阶段促发其产生道德**

教师情感滋养的学生生活，既可以引起学生即时的道德性反应，也可以以一种潜藏的状态存留在学生的脑海中，成为学生日后产生道德意识和道德行动的基础与动力。下面的一则案例，就证明了这一点。

二十年前的一位被许多老师定性为"超级笨蛋"的"差生"，内向而自卑。新调来的语文老师在一次测试后，把她叫到办公室，指着写在满是叉号的试卷上的名字，意味深长地说："小燕子，知道吗？你是春的使者，聪明而又伶俐，只要勤奋努力，一定能够拥有春天般美好的未来……"一番真诚的话语，如同天际边滚滚的春雷，深深地震颤了她的心灵：母亲随便起的名字被语文老师赋予了它丰富的内涵，寄寓了美好的期望！消极怠慢的身体内仿佛注入了一股强大的动力，打那以后，她背起自信的行囊，在这位老师鼓励、期待的目光中，开始了快乐的学习之旅……

二十年后，这位学生成了一名人民教师。对于学生，她满怀爱意，像恩师那样，用一双敏锐的眼睛去解读学生的姓名，为他们的心中插上一面希望的旗帜。并且，采取各种方式激励学生按照姓名的内在含义去实现美好的未来。

对于文章的作者来说，二十年前那位语文教师对她的关怀与期望的话语，让作者记忆犹新，并且时时促动了这位作者的心灵，成为她在教育活动中采取各种具有道德性行为的动力。很多人都有这样的体会，经过很多年之后，人们不再记起某个知识或者某个技能源自某位教师，但是某位教师的一次痛苦、忧伤，某次对自己的认同、赞赏、期待或者担忧、愤怒，却常常让人们难以忘怀。就如同案例中的作者难忘语文老师为她解读名字的情景一样。为什么难忘？是情难忘，而不是知识难忘，感情为什么难忘？是因为有情景，有情节，有故事，有情结，这才难忘。难忘一个事情一定是有情景，有图像，是生动的、形象的，是情感所致。情景是完整的，场合、氛围、人物、衣服、表情等让人不忘记，纠结在心。正是基于这样那样的具有情感性的场景的记忆，人们道德的种子日益滋长，在未来的某一时刻，绽放出绚丽的花朵。

## ▸ 第二节　教师情感胜任素质

教师的情感，不仅仅对教育活动和学生的发展具有价值性，对教师自身生命的生存、生活也具有积极的价值。因为人不仅仅需要情感、认知的接受，也需要情感、认知的表达。只有不断地进行能量转换，接受与付出，机体才能保持生机勃勃，人格才能趋于和谐健全。在杜威看来，能够表达情绪情感、善于表达情绪情感是人获致幸福的一种重要方式，他认为，许多人不幸福，内心受折磨，就因为他不掌握表现性动作。在不掌握表现性动作的情况下，由于情绪冲突混乱而五内俱焚。

尽管教师的情感如此重要，但事实上一直以来并未引起人们的足够重视。在 20 世纪 90 年代以前，人们对于教师情感及其表达的关注是很少的，因为人们已经习惯于用认知理性的方式来考量教师的工作，他们所关心的是教师的知识、策略、计划、管理、反省、批判等。直到情绪智力的观点受到了关注，情绪议题的重要性才开始受到重视。但是由于人们对于情绪智力的理解有所不同，如有的是从文化与政治的角度加以阐释，而有些人则将其理解为对于生活成功非常重要的一组人格特质，如坚持、成就动机以及社会技能，还有人将其理解为与情绪信息加工有关的一系列能力。[1] 这导致许多错误与扭

---

① 徐长江：《教师情绪胜任素质探析》，载《教育研究与实验》，2010(3)。

曲的观点到处流传，误用与滥用的情况也时时出现。

吴宗佑、郑伯埙在系统地分析了情绪智力概念的沿革与发展的基础上，认为在组织管理的研究中探讨情绪胜任素质在组织中所扮演的角色，似乎比探讨情绪智力更有意义。这是因为胜任素质与个人工作表现或组织绩效有直接的关联性，此外，胜任素质是以个人特征的方式来进行界定，而不仅仅只是限定在能力上，这更有利于员工的训练与发展。在吴宗佑、郑伯埙研究的基础上，徐长江提出了教师情绪胜任素质的概念，并进行了探讨①，扩大了人们对于教师情感的认识。本章在前人研究情绪胜任素质和教师情绪胜任素质的基础上，着重讨论教师情感胜任素质的内涵结构及培育的方法。

## 一、胜任素质的内涵

胜任素质由来已久，早期罗马人在选择"优秀的罗马士兵"时就曾尝试过胜任素质的雏形。"科学管理之父"泰勒在对"科学管理"的研究的过程中，则提出了"管理胜任素质运动"。② 最早系统的提出并进行胜任素质研究的是哈佛大学麦克里兰。1973 年，他在《测量智力而非胜任力》一文中提出了胜任素质的概念。文中他对以往的智力和能力倾向测验进行了批评，认为智力和能力倾向测验并不能预测人们的职业成功或生活中的其他的重要成就，并主张用胜任素质评估代替智力、能力倾向测试。1994 年，在其与斯班舍等人发布的《胜任素质评估方法》(Competency Assessment Methods)中谈到了胜任素质的定义："胜任素质可以是动机、特质、自我概念、态度和价值观、具体的知识、认知或行为技能——也就是可以被准确测量或计算的某些特性，这些特性能够很明确地区别出高效率的绩效执行者和低效率的绩效执行者。"③

麦克里兰的呼应者甚多，他们对胜任素质下过不同的定义，使得胜任素质的内涵丰富了起来。博亚特兹(Boytazis，1982)认为胜任素质是个人所具备

---

① 徐长江：《教师情绪胜任素质探析》，载《教育研究与实验》，2010(3)。
② 黄云碧、荣鹏飞：《胜任素质研究综述》，载《商场现代化》，2009(26)。
③ 岳龙华、戚玉静：《胜任素质内涵及构成研究》，载《商场现代化》，2006(16)。

的能影响个人工作表现或工作绩效及结果的某些基本特质；斯班舍夫妇（Spencer & Spencer，1993）将胜任素质定义为：综合个体潜在的特性、技能、个性、知识和动机，与工作中的优秀绩效相关；Dubois（1993）认为，胜任素质是为达到或超出预期质量水平的工作输出所必须具备的能力；胜任素质是一名员工潜在的特性，如：动机、技能、自我形象、社会角色、知识等，这些因素在工作中会导致有效或杰出的绩效表现。1998 年，Parry 对于胜任素质的定义作了一种总结性的梳理：①一个包含知识、态度以及技能的集合体，是影响一个人工作效果的最主要因素。②与工作绩效密切相关，可以又一个可以接受的标准加以衡量。③胜任素质可以经由训练与发展来加以增强。

在胜任素质定义研究的基础上，斯班舍夫妇还根据弗洛伊德的"冰山原理"提出了胜任素质冰山模型。他们认为，胜任素质由五种要素构成，分别是动机、特质、自我概念、知识及技能。（如下图）

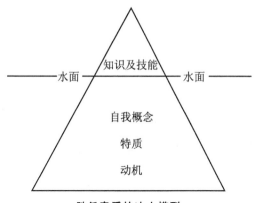

**胜任素质的冰山模型**

知识：一个人在某个特定领域中所拥有的专业知识。比如教师的学科知识、教育学、心理学知识等。

技能：指运用知识完成某项具体工作的能力。比如一位牙医师的技巧是，在不伤害神经的情况下，进行补牙的工作。

自我概念：指一个人的态度、价值观或对自己的看法，例如对于教师身份的认同。

特质：指天生具有的生理特质及对周围环境或各类信息的持续反应。比如一架战斗机的驾驶员，具备灵敏的反应力和极好的眼力。

233

动机：是个体对某种事物的持续渴望，它推动个体为达到一定目标而采取行动。比如儿童为了获得家长的表扬而努力学习。

此后，R. 博亚特兹(Richard Boyatzis)在斯班舍的基础上又提出了"素质洋葱模型"(见下图)。素质洋葱模型中的各核心要素由内至外分别是动机、个性、自我形象与价值观、社会角色、态度、知识、技能等。

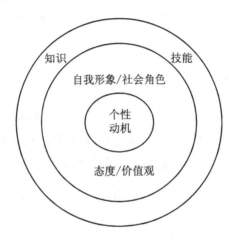

**素质洋葱模型**

洋葱模型的本质内容与冰山模型是一样的，但是此模型对胜任素质的表述更突出其层次性。在这个模型中最表层的是知识和技能，由表层到里层，越来越深入，最内层、最核心的是个性特质与动机，是个体最深层次的胜任素质特征。知识、技能这些表层素质易于培养和评价，可以通过教育形成与改善。相对于知识、技能而言，自我概念、个性特质与动机属于胜任素质中的潜在部分，它们更多跟先天的遗传因素有关，依靠教育培训显得比较困难。

这个模型还揭示出胜任素质各要素之间存在着因果关系：自我概念、个性特质与动机是原动力，决定着知识和技能的获得与有效运用，因而自我概念、个性特质与动机是区分个体是否合适某一岗位的最佳指标。这样，对于一个组织来说，要选择一个与某一岗位要求相符的员工，首先要考察对象的动机和特质是否具备这一岗位要求，而不是首先考察知识和技能。比如，一个对教育事业缺乏热情、一个对学生缺乏爱的人，即便他有演员般的情感技巧和表达知识，也未必能胜任教师的工作。

## 二、教师情感胜任素质

戈尔曼将胜任素质的概念延伸至情绪胜任素质。他将情绪胜任素质定义为一种基于情绪智力，并能导致工作上杰出的绩效表现的后天习得的能力。[①]在其基础上，徐长江提出了教师情绪胜任素质的概念，认为它是能够导致教师在工作上杰出的绩效表现的潜在的、个人情绪方面的素质。这些情绪素质是教师在觉察自己和他人情绪，调节自己和他人情绪过程中所表现出来的知识、技能、自我概念、特质和动机。……教师情绪胜任素质的具体内涵包括：觉察自己情绪的胜任素质、调节自己情绪的胜任素质、觉察他人情绪的胜任素质、调节他人情绪的胜任素质。[②]

我们发现，上述"教师情绪素质"概念仍可完善。上面的概念忽视了情感表达这一重要方面。戈尔曼在《情感智商》中提出，如何表达自我的情绪是一项关键的社会技能，表情规则有若干类型：缩减、夸张和替代，知道怎样娴熟地运用这些技能，运用适时适地，正是情感智商的一个方面。[③]许远理等人也认为情绪智力包括表达。[④]

此外，按照吴宗佑、郑伯埙的观点，调节包括对于情绪感受的调节和对于情绪表达的调节。[⑤]这样，表达就成了调节的一个下位概念。我们认为表达不能完全包含在调节之内，因为"表达式是创造性的，因为它们并不只是体现或者反映我们如何去知觉情境，而是增加了某些的东西。我们已经遇见过这种情况的发生方式，表达式把某些东西从无意识的深渊中擎举出来。"[⑥]表达出来的东西比调节期望的内容更多。此外，有些情感是不需要调节的。Rafaeli和 Sutton(1987)认为，情感的反应有三种状态：情感协调、情感失衡及情感偏差。其意义如下：第一，情感协调指工作者所表达的情感符合他人对该角

---

① Goleman D. Working with emotional intelligence. NewYork：Bantam，1998。

② 徐长江：《教师情绪胜任素质探析》，载《教育研究与实验》，2010(3)。

③ ［美］丹尼尔·戈尔曼：《情感智商》，耿文秀、查波译，上海，上海科学技术出版社，1997。

④ 许远理、李亦菲：《情绪智力魔方》，北京，北京广播学院出版社，2000。

⑤ 吴宗佑、郑伯埙：《由情绪智力到情绪才能——一个整合性的模式》，台湾科技大学企管系 2002 年管理新思维学术研讨会会议论文。

⑥ ［英］H·P.里克曼：《狄尔泰》，殷晓蓉、吴晓明译，北京，中国社会科学出版社，1989。

色的期待，与自身的真实感受；第二，情感失衡。意指工作者所表达的情感符合情感规则，却与自身内心感受产生冲突；第三，情感偏差，工作者只表达自己真实的感受，却漠视了该遵守的情感规则。情感协调与情感偏差都不存在一个调节的问题，只有在情感失衡的情况下，调节才发挥出其价值。本研究认为，一般而言，情感调节与情感觉察都是在表达之前产生的，表达常常是觉察和调节的产物。

基于以上分析，本研究将教师情感胜任素质定义为：教师能够胜任教育工作和学生发展需要所表现出来的关于情感方面的知识、技能以及影响这些知识和技能发展的自我概念、特质和动机。其中，知识与技能处于胜任素质的表层，而自我概念、特质和动机处于胜任素质的深层，前者改善比较容易，后者改变则比较困难。

## （一）教师情感的表层胜任素质

教师情感表层的胜任素质，首先包括对角色表达规则的认知和表达的能力，同时，觉察和调节自我情感素质影响到了情感的发生和改变，因而也可以纳入到情感的胜任素质之列。

### 1. 对教师情感规则的认知

Gaffman 认为，在社会交往中，人们总要遵守一定的社会规则。Ekman 则提出了情感规则的概念，认为情感规则实际上是一种行为规范。"在运用表达规则时，人们借助表层操作改变外在的表现与行为，使其符合规范。"[①]教师情感规则是指教育职场中的行为规范，它规定了教师作为一个特定的社会角色，在教育情境中、面对学生时应该或不应该表达出什么情感，又如何表达情感。

### 2. 觉察自己与学生情感的能力

有效表达自我情感的前提是对自我情感的觉察。觉察自我情感是指能够辨识并确认自己情感的内容、极性、强度等，知道自己处于怎样的情感状态。有研究表明，人们识别自己情感的能力分为三种水平：敏感型、适中型、麻木型。敏感型的人能够准确、细微地识别自己的情感，并知道情感发生的原

---

① ［美］舒尔茨等：《教育的感情世界》，赵鑫等译，上海，华东师范大学出版社，2010。

因；适中型的人能够识别自己的情感冲动和一些基本情感，但是无法区别一些性质相似的情感，比如他们把愤怒、悲哀、失望通通体验为"难受"；麻木型的人则很少感受到自己的情绪冲动，对喜怒哀乐等基本的情绪缺乏明确的区分，属于一种病态特征。①

表达一定是对于某种对象的表达，因而，觉察对象的情感状态也是有效表达的前提。教师需要能快速、准确地觉察学生的感受，然后采取适切的情感反应与之应对，这样教师不仅可以使自己的情感有的放矢，而且不至于因表达失误引起学生的反感甚至伤害。比如，在一个需要对学生表达同情的情境中，教师对学生的感受没有觉察，不能给予同情，就会招致学生对教师的反感。斯密就曾有过这样的提醒，"我多半会宽容自己的同伴，对于同我和他都无关的一般客观对象所具有的情感，同我的情感不一致；而不大会宽容自己的同伴，对于像落在我身上的不幸或伤害那样的同我关系密切的事物所具有的情感，同我的情感不一致。"②也就是说，对个体而言，如果他人对自己的不幸视而不见，将引起自己强烈的不满甚至愤怒。至于他人对与我无关的不幸是否同情，或者与我的感受不一致，自己并不会太介意。

觉知学生情感的意义还在于，教师可以顺着学生的情感，进入到对方的心理世界。因为"如果善于顺应他人的情感基调而调谐，或能轻而易举地将他人的情感纳入自己的主航道，那么交往中情感进展将一帆风顺。强有力的领袖或富于感染力的表演家都具有这一特征。"③这就可以达到赫尔巴特所提出的与学生情感的和谐了。④

### 3. 调节自我情感的能力

当体验到的情感与教育情境不符合时，教师需要对自己内在的情感体验进行调节，从而使表达出的情感与情境、对象相称。调节自我情感的能力，不仅表现为对负向情感的压抑与调整，也包括对正向情感的调节，使正向情

---

① 许远理、李亦菲：《情绪智力魔方》，北京，北京广播学院出版社，2000。
② ［英］亚当·斯密：《道德情操论》，蒋自强等译，上海，商务印书馆，2007。
③ ［美］丹尼尔·戈尔曼：《情感智商》，耿文秀、查波译，上海，上海科技出版社，1997。
④ 赫尔巴特在《普通教育学·教育学讲授纲要》中认为，爱所要求的感情和谐可以通过两种方式产生出来：教育者深入到学生的感情中去，十分巧妙地悄悄融合在学生的感情中；或者他设法使学生的感情以某种方式接近他自己的感情。

感的强度符合要求。

### 4. 表达自我情感的能力

"心中之竹、笔下之竹、画上之竹"常常是不一致的。对于某一种情感体验，采用何种表达的载体，表达的强度、持续的时间等如何安排，都显示出情感表达能力的高低。情感表达能力不仅仅是一种技巧，也包括一种直觉能力。我们经常有一种看法，即认为我们心中经常涌动着很多的情感体验，却无法表达出来，原因是我们缺乏表达的技巧。其实这种理解并不全面，我们可能不仅仅是缺乏技巧，而是缺乏对一种情感敏锐的直觉能力。克罗齐说："画家之所以是画家，是由于他见到旁人只能隐约感觉或依稀瞥望而不能见到的东西。"[①]演员之所以能够表现丰富的情感，也就在于其对情感敏锐的直觉。那么，教师要想提高自身的情感能力，仅靠所谓的外在的情感技巧培养显然是不够的，还需要在与师生互动的过程中，在对于艺术、自然、生活的观察和体验之中，去直觉、去表达、去体味，只有这样，才能表达出更为适切的情感。

### （二）教师情感的深层胜任素质

"一个人的具体情感的特点、性质以及特殊属性与他人的情感差异，取决于个人的气质和特性，取决于作为社会成员的人赖以生存和进一步发展的那些需求的本性，也取决于昔日的全部经验，取决于以前形成的对待现实中各种对象的态度，取决于人的以往的，曾是他对周围生活作用做出的反应并因此形成其经验的行为举止。"[②]个人气质、特性、本性、经验、态度等都属于胜任素质模型中的深层因素，它们影响着情感是否表达以及表达的效果。按照博亚特兹的胜任素质模型，模型中最表层的是知识和技巧，再往里是自我概念（包括角色意识、态度、价值观等），最内层、最核心的是动机和特质。

### 1. 自我概念

一般而言，一个人连"我"都搞不清楚，其一切的行动包括情感反应就有可能是无序而盲目的。哲学史上第一个给自我概念下定义的是笛卡尔，他认

---

① ［意］克罗齐：《美学原理 美学纲要》，北京，人民文学出版社，1983。
② ［苏］雅科布松：《情感心理学》，王玉琴等译，哈尔滨，黑龙江人民出版社，1997。

为："我是一个实体，这个实体的全部本质或本性只是思想。"①笛卡尔之后，康德、费希特、黑格尔都对自我下过定义，黑格尔认为："自我是自我本身与一个对方相对立，并且统摄这一方，这对方在自我看来同样只是它自身。"②詹姆士一反哲学界仅仅将自我规限在精神领域的局限，把自我扩展到物质领域和社会领域。把自我分为身体与物质的自我、社会的自我、精神的自我、纯粹的自我，这四种成分以其价值的不同在层次上是有序的，各成分自我概念的总和构成了总体的自我概念。此外，胡塞尔的"先验自我"、海德格尔的"此在"，萨特的"反思前的我思"等关于自我的理解不一而足。

自我概念影响着人的心理体验和外在行为的发生。弗洛伊德就把自我看成是本能冲动和超我需求之间的传递者和调控者。哈特曼则认为自我概念包括了对自我的认知评价，主要体现在个体人际关系中的自我调节作用。埃里克森则认为自我概念的基本功能是建立和保持自我的同感，同感调节保持个体的自我认同。在罗杰斯看来，自我的功能是，既反映经验又影响经验，个体可以通过自我概念评价调整各种经验，从而使个体具有自我导向和自我抉择的能力。马斯洛则认为，正是自我概念调节、改进和提高的作用，推动了人的自我实现。而社会认知观强调自我在人们获得信息的方式以及如何与周围人交往方面起着重要作用。

概言之，自我影响着人的对内调节、人际交往调节和各种经验信息的处理，也包括对自我情感的调节与处理。在教师自我概念对情感的影响方面，有研究者发现，不同自我概念水平教师之间的主观幸福感存在显著差异，自我概念越好，主观幸福感越强。自我概念与主观幸福感之间存在显著正相关。刘晓明、秦红芳在中小学教师的自我概念其职业倦怠关系的研究中发现，持有消极自我概念的教师，对事件的不良感知和评价会使他们带着压力去工作，甚至有的会有厌恶感、胁迫感。而持有积极自我概念的教师会以乐观的方式看待事件，并能更好地应对变化环境。由此就不难推断出，持有积极自我概念的教师会更多地机会表达出正向情感，而持有消极自我概念的教师则会更多的负向情感展现，或者不愿意表达情感。此外，赵福菓、黄希庭的研究发

① 北京大学哲学系外国哲学史教研室：《西方哲学原著选读（上卷）》，北京，商务印书馆，1981。
② ［德］黑格尔：《精神现象学（上卷）》，贺麟、王玖兴译，北京，商务印书馆，1979。

现，中学教师教学效能感与教师的自我概念之间有极显著的相关，而教师的效能感又与个体的情绪情感关系密切，对情绪情感的调节和表达起到影响效应。

## 2. 特质

"林黛玉多愁善感""诸葛亮足智多谋"，"多愁善感"与"足智多谋"指的就是人的特质。奥尔波特认为，特质是一种概括化的和聚焦的神经生理系统，它具有使许多刺激在技能上等值的能力，具有激发和引导适用性和表现性行为一致的形式。卡特尔认为特质是指人在不同时间和情境中都保持某种行为形式和一致性。

特质深刻地影响着行为的发生，并使行为具有了某种内在的一般倾向性，因而我们可以通过个体的行为来判断个人的特质。一个人遇到一个陌生人时，是开朗而愉快的；他与同事相处时，会经常给同事以有益的帮助和鼓励，那么我们就会说他具有"友好"的特质。而另一个人总是回避社会聚会、缺乏同辈友谊，厌恶集体讨论，喜欢单独活动，就属于一个"害羞"特质的人。总之，个人以特质来迎接外部世界，以特质来组织自己的活动。

我们可以借助奥尔波特的观点来透视教师的一些特质。奥尔波特把特质区分为三种：首要特质、核心特质和次要特质。首要特质指个人生活中具有渗透性的、占优势的特征。但是首要特质只有在少数人身上才可以观察到，比如林黛玉与诸葛亮等典型人物，在教育界，斯霞、霍懋珍等也具有某种首要特质，即表现为教育爱，他们属于师爱的化身。

中心特质又称为核心特质，比如人的聪明、责任、整洁和创造性。热忱、激情等都属于教师角色的中心特质。苏霍姆林斯基认为："除了教师和医生的职业以外，未必有其他的职业需要如此多的热忱。"关于激情，新教育实验的倡导者朱永新教授有过这样的表述："一个理想的教师，他应该是个天生不安分、会做梦的教师，教育的每一天都是新的，每一天的内涵与主题都不同，只有具有强烈的冲动、愿望、使命感、责任感，才能够提出问题……要有激情。对于一个成长中的教师来说，平静的思考是需要的，但更要富有激情。"中心特质的渗透性稍微差一些，但是仍然具有相当的概括性。

次要特质的概括性比较差，比如包括人的某些偏好、一些偏向看法及其他由情境制约的特性。次要特质同样影响着教师的教育行为，比如有些教师对漂亮的学生有偏好，要求 504 个小学校长，各对一个附有照片的五年级学生，根据他们的成绩报告单作出评价。校长们并不知道成绩单上的成绩是相同的，而照片则是经过千方百计地化装，使这个学生显得好看或者是不好看。男女校长们对五年级学生的评价是：漂亮的更有智慧，有教养，有社交潜能。……小学校长对一年级学生的评价，也发现相同的结果。好看的孩子比不好看的孩子聪明，作这种假定的不限于小学校长。小学教师对长得漂亮的小学生的学习能力和改错能力，都给较高的评价。可见，如果教师的这些次要特质过于强烈，将影响其公正地进行教育活动。

为了更好地了解教师的特质，我们还可以运用卡特尔的理论。卡特尔认为构成个性的各种特质彼此之间紧密相连，构成一个有机的整体。他用特质的阶层联系表示个性构造。第一层次分个别特质和共同特质两种。第二层次分表面特质和根源特质。这些特质和第一层次的特质交互联络。由于根源特质被认为是因子，因此，它具有复杂的下位构造。即是说，根源特质的下层为第三层次，包含有体质特质和环境形成特质两种，第四层次分为动力特质、能力特质以及气质特质三种，它和第三层次交互联络。第五层次从动力特质中分出能和外能两种，从能力特质中分出知觉和运动两种（见下图）。

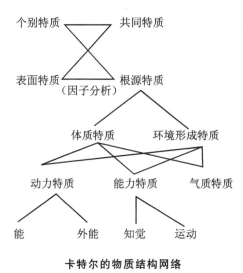

**卡特尔的物质结构网络**

教师的个别特质是教师个体独有，而共同特质是所有教师都具有的，比

242

如对于学生的教育爱就是一种共同特质，每个教师表现出来的教育爱不尽相同，这就属于个别特质。表面特质是经常发生的，从外部可以看到的，而根源特质则是内隐的。体质特质是生理方面的，受先天遗传影响很深，也有后天引起，而环境形成特质是习得的。体质特质与环境形成特质又划分为动力的、能力的和气质的特质三类。动力特质分为基本动因，能与外能。能与生俱来，包括知觉的选择性、情感反应等，外能由能派生，如态度、情操、兴趣等。能力特质表现在知觉与运动的个别差异方面，气质特质是遗传因素之一，不随环境而改变，具有一贯性。

个人的特质与情绪情感密切相连。希波克拉底认为黏液质的人情感稳定，表情不外露；多血质的人乐观外向，情感比较外露；抑郁质的人容易产生悲观的负面情感，而胆汁质的人容易发怒。斯匹尔格（Spielberger）曾提出愤怒情绪有即刻的状态性愤怒和人格特质性的愤怒。状态愤怒是指在某种特定情境下愤怒的感受或体验，特质愤怒是指在稳定的去情境的愤怒体验倾向，即愤怒情绪诱发的阈限低，对于竞争、拒绝和不公平容易产生愤怒。

气质与情绪情感并非完全对应与等同，沃森发现，负面情感状态和神经质确实有显著的相关，但这并不意味着二者是等同的。沃森认为负面情感状态和正面情感状态更应该作为那些更高要求的特质的线索，即神经质和外向性分别由更专一地低要求特质或成分组成，如外向性中的社交和支配，这样的低要求特质与负面情感状态和正面情感状态有更高的相关。

艾克森用统计学的方式找出情绪稳定性——情绪不稳定性和内心——外向两个方面变化的相互制约关系，揭示出情绪情感与特质之间的密切关系。比如，如果一个教师在开朗的特质上得分高，就可以认为他在情绪稳定性和外向方面相关性高。陈巍等（2007）利用艾克森人格特质调查了小学青年教师的个人特质，发现，在执教不同年级段的教师身上，L（掩饰性）因子上，存在着显著差异，高段教师显著高于低段和中段教师，其中中段教师的掩饰性最低。这种差异可以解释，低年级和高年级的教师，比较注重情感可能对学生造成的负面影响，低年级学生很弱小，太强烈的负向情感会伤害学生，而高年级强烈的负向情感则会引起已经开始具有独立意识的学生的反抗，恰恰是中年级的教师情感比较自由。

此外在男女特质上，存在着 N（神经质）的显著区别，女性教师得分要明显高于男性教师，这就是为什么女性教师情感丰富，容易感情冲动的特质原因。也可以看出文化对特质的影响，中国传统文化鼓励"男儿有泪不轻弹"，男性的情感比较隐匿一些，性别角色鼓励女性比男性更多的进行情感，这样女性教师的微笑就比较多。而男性教师往往在高兴和感兴趣的时候才笑。"和男人不同，女人在给予否定性信息时也常露笑容。"这也导致了学生体会的差异。"尽管女性教师比男性教师笑得更多，学生们对男性教师的笑却更报以好感，理由之一，可能是儿童认为男性的笑更真诚。"

教师特质影响情感的另一研究来自宜人性与情感的研究，宜人性与外向性、神经质等是人格特质的一种类型，研究发现，高宜人性的教师对待学生耐心细致，有很好的忍耐力和宽容度，他们在理智的作用下，情感表现正向积极。但是由于精力的过度消耗可能也会磨灭工作热情，甚至导致内心的真实情感是负面消极的。也就是说，过多的正向情感表达，有可能成为一种情感劳动负荷，导致工作压力和倦怠的产生。

### 3. 动机

一般而言，人的活动总是由一定的动机所激发，并指向一定的目的。很多理论家对动机进行了研究并下了相关定义，这些定义大致可分为三个类：一是将动机作为推动行为的内在力量，比如詹姆士的本能论和赫尔的驱力论；二是将动机看成是外在诱因、目标或者刺激的趋势，比如洛克的目标论和阿特金森的成就动机论；三是将动机视为引起、维持某一活动的中介，比如班杜拉的自我效能论等。张爱卿在整合各种理论的基础上把动机定义为，在自我调节的作用下，个体使自身的内在需求与行为的外在诱因相协调，从而形成激发、维持行为的动力因素。这个定义，特别强调了自我调节的重要性，表明动机作为人的主观性征。

与动机对各种行为的功能一样，动机对情感的产生及其表达具有引起行动、维持行动和调节行动的作用，由于动机的不同，一个"严师出高徒"的信奉者与"苟以其情，虽过不恶；不以其情，虽难不贵"的信奉者情感的频率与种类有很大的差异性。

教师的情感及其表达受成就动机的影响比较强烈。成就取向的行为被阿

244

特金森视为接近和逃避倾向之间冲突的结果。与成就有关的行为相联系的是成功的可能性（伴随着自豪的情绪）和失败的可能性（伴随着羞愧的情绪）。基于成就动机，人们会努力追求成功、规避失败，但是成就性动机过高，却因个人主观因素与外界客观因素的关系，不能有效地应对工作压力、紧张和焦虑，就会产生情绪情感和生理上的症状，于是就会以负面的情感对待学生和同事，最后导致对工作失去热情和信心，甚至逃避、放弃工作。

## ▶ 第三节 教师情感胜任素质的培养

雅科布松认为，如果我们说锻炼记忆力、意志力、想象力这是符合规律的，通过这一途径确实在这些方面已取得成就，而'训练情感'一说，我们听起来不免感到怪异。我们从不说训练自己对某人感激或者尊敬之情，而只是讲培养自己的这种情感。[①] 由于知识和技能这类表层的胜任素质改善比较容易，而自我概念、特质与动机等深层胜任素质改变比较困难，因而培养活动要有针对性。按照胜任素质模型，我们可以将教师情感胜任素质的两个方面分为四类，根据师范生和在职教师的类别，采取不同的素质培养方案。

**分层分类的绩效提升方案**

---

① ［苏］雅科布松：《情感心理学》，王玉琴等译，哈尔滨，黑龙江人民出版社，1997。

对于一个教师而言，我们通过将其素质与其所承担职位情感胜任素质模型相对照，可分为四种类型来培养：①如果表层素质和深层素质都与胜任素质模型相匹配的教师，要赋予其更大的权限和空间，比如适合班主任工作，适合不同年级的教育工作；②对表层素质与胜任素质模型不匹配，而深层素质与胜任素质模型相匹配的教师，教育组织要有针对性地对其施以培训和训练，提高其相关知识与技能，修正其行为；③表层素质与胜任素质模型相匹配，而深层素质与胜任素质模型不匹，则教育组织就要对其进行辅导和教育，着重对其深层素质进行开发和挖掘；④对于那些表层素质和深层素质都与胜任素质模型不相匹配的那一类教师而言，一般这些人很难胜任教师这一职位。诚如沛西·能所说："一个明显的结论是，要是师生之间缺乏共同的情感，没有一个学校集体的道德情况会是健康的。要有共同的情感，一个教师必须在他成人的精神中，保持着对年轻人的爱好和热情的纯真的同情心。假装有同情心是不够的，因为没有一种弱点会比情感的不真诚更加会被发觉，并且没有一种东西会那样肯定地导致不信任和嫌恶。一个人无论他怎样忠心耿耿于教育事业，要是他发现自然不给他这种永远年轻的天才，就应该把他的劳动转移到葡萄园的另一个角落。"①

## 一、表层情感胜任素质的培养

### （一）教师教育课程中增设指向情感的知识与技能教育

社会上不少行业都制定了行业情感规则，并开展了相关的员工的情感训练，甚至开设了情感训练课程，并且发现效果良好。比如，霍赫希尔德研究达美航空公司空中小姐的训练课程时发现，公司把职前训练的重点是放在了如何对乘客表达情感上，尤其是学会如何处理自己的愤怒。比如在职前训练中，为了灌输"微笑"的情感规则，在所有的课程中，学员不断被提醒道：她们自身的工作安全及公司的利益，皆是维系在笑脸上。训练中，当训练员示范如何处理坚持抽烟的人、登错机的人，以及生病或其他造成麻烦的乘客时，一张写着"放松并且微笑"的卡片被举起来了。结果表明，这样的训练相当有

① ［英］沛西·能：《教育原理》，王承绪、赵瑞英译，165 页，北京，人民教育出版社，2005。

246

效。再如，调查显示，汽车推销员惊人的销售业绩总是与其独具魅力的友好笑容分不开的。

目前，在国外的教育界，也已经有了与情感训练相关的课程。英国的情感教育课程则有 P. S. H. E 课程(Personal Social and Health Education)和精神关怀(Pastoral Care)课程。在美国"社会与情感课程""情感判断与分析"等已被列入正式教育之中。美国的情感师范教育就强调人和人之间感情和技能的发展。比较而言，我们的教师教育在教师情感的培养方面是有很大的努力空间。我们对这类体现在教学、教育中的独特情感能力还没有进行科学实证性的概括，更没有对教师做出普遍要求并进行有目的的训练。

不过随着人们对情感教育认识的增加，尤其是新课程改革中情感、态度、价值观的目标提出之后，人们对教师情感及其表达也开始关注了起来，钟晨英以训练目标和教师情绪素养相关理论为基础，围绕情感情绪劳动素养的内容，确定了设计的职前教师情绪劳动素养实训项目单元设计内容一览表(见下表)①。这样的训练使得教师对于情绪情感的知识和技能提升比较系统且具有一定的操作性。

职前教师情绪劳动素养实训项目单元设计内容一览表

| 单元活动名称 | 单元目标 | 活动 | |
|---|---|---|---|
| | | 课堂活动 | 延伸性活动 |
| 教师情绪规则 | 1. 简要介绍课程目的<br>2. 帮助学生认识教师情绪的类型及重要性<br>3. 理解教师情绪规则，并区别正面及负面情绪 | • 情绪故事<br>• 情绪规则演示<br>• 情绪变脸 | • 给自己打分<br>• 写教师情绪规则建议 |
| 我的喜怒哀乐 | 1. 认识情绪的重要性与自我特性<br>2. 辨别自己正面及负面情绪发生时的生理特点<br>3. 学会接纳自己的情绪 | • 情绪体验<br>• 情绪温度计<br>• 接受生气情绪的你<br>• 转换心念 | • 情绪脸谱<br>• 情绪行李箱 |

---

① 钟晨音：《职前阶段教师情绪劳动素养训练的设计与实施》，载《教育研究与实验》，2010(3)。

| 单元活动名称 | 单元目标 | 活动 | |
|---|---|---|---|
| | | 课堂活动 | 延伸性活动 |
| 情绪猜猜猜 | 1. 辨别他人不同情绪感受在情绪表达上的差异<br>2. 学习察觉情绪的方法<br>3. 通过演练建立辨识他人的情绪状态的能力<br>4. 通过练习帮助学生感受他人的想法 | • 情绪故事<br>• 建立情绪词汇库<br>• 角色扮演与互换<br>• 他人情绪辨识 | • 情绪观察<br>• 同理心训练<br>• 悦纳他人情绪 |
| 做自己情绪的主人 | 1. 帮助学生认识情绪的可控性和可变性<br>2. 学习能对自己的情绪负责<br>3. 掌握控制不良情绪的方法<br>4. 通过应用练习建立缓和情绪克制冲突的能力 | • 理性思考<br>• 价值澄清<br>• 角色扮演<br>• 情绪放松训练 | • 整理情绪事件<br>• 写情绪日志<br>• 平静角落<br>• 情绪反应控制练习 |
| 有效表达与沟通 | 1. 帮助学生借助活动了解情绪沟通的重要性与影响<br>2. 通过实例帮助学生察觉自己情绪沟通的方式及特点，并观摩较适当的表达方法<br>3. 教导学生应用"我信息"方法沟通<br>4. 学习面对他人情绪的技巧<br>5. 学习非语言情绪表达方式<br>6. 学习认同与激励他人，以及良好的团体氛围的营造 | • 情绪描述<br>• 情绪模拟剧<br>• 非口语表达方式训练<br>• "我信息"练习<br>• 团体训练<br>• 表达与接收赞美<br>• 学习倾听 | • 给家长的一封信<br>• 开学讲演<br>• "我信息"自我训练<br>• 教师适宜表情练习<br>• 情绪快乐屋<br>• 对他人正向陈述 |

　　但是这样的设计仍然有许多需要完善的地方，比如，教师到底需要掌握哪些情感规则，这些规则制定的依据是什么？再如，单独的情感训练课程的时间如何安排？如何与教师的其他素质训练相配合？因为情感训练显然不仅仅是情感训练本身的问题，情感是无法从人的整体素质中抽离的，其中意志力的训练就是一个与情感很相关的素质训练。伊万诺夫就认为，"借助意志力的作用可以改变情感，首先可以随意改变或者创造这种或那种情感的外部表

现。……情感的培养主要是通过人本身的意志来实现的。"①因为一个意志成熟的人，他就能够很好地控制情感的外露，即使他心中充满痛苦，他仍然可以克制自己，自己的真实的主观体验不会被他人觉察。

按照马丁和瑞戈鲁斯等人的说法：教育必须与情感相关，且对情感的教育不能脱离课程。可以包括在一门学科中，也可以作为单独的课程。② 课程具有系统性和操作性，可以保证训练的效果，我们期待着一门教师情感训练课程的真正诞生。

### （二）教师情感技能的自我提升

职前的课堂情感训练都是虚拟的，只有真正地进入教育职场，与学生相遇，教师真实的情感才会发挥效益，教师关于职业情感的知识和技能才能内化到个人化的情感领域或个人化的经验领域中，才能真正成为教师内在的情感胜任素质。

在日常的教育实践活动中，有两种方式可以比较好的提升教师的情感胜任素质：反思与阅读。

### 1. 情感反思

自从美国学者萧恩于20世纪80年代把教师定义为"反思性实践者"以来，"反思"便成为教师教育理论研究和教师成长实践的主流话语。比如艾略特提倡教师的批判意识和反思能力，认为反思能力是教师的专业化成长的重要标志。对自我情绪的反思被称为情绪反刍，当一个人进行情绪反刍时，往往以联想为纽带，沿着自己心灵发展轨迹反向信步溯流而上，慢慢体味、细细咀嚼自己过去所曾经体验到的各种情绪；对情绪的倒嚼可以使人变得心平气和、性情陶然。③ 但是，事实上对自我情绪情感的反思并非总是陶然的，尤其是一些负向情感之后，往往会给教师带来烦恼，即便是一些正向情感的表达，也可能存在着表达强度过大、频率过多等问题，因而情感的反思应该是喜忧参半的活动，而且教师往往更偏向于对自我情感不当的反思，因为这种反思更具有提升自我情感能力的意义。

教师的情感反思的形式常见的是写情感反思日记，记录情感事件的整个

---

① ［苏］雅科布松：《情感心理学》，王玉琴等译，哈尔滨，黑龙江人民出版社，1997。
② 巴巴拉·L. 马丁、查尔斯·M. 瑞戈鲁斯、张铮：《情感领域的教学设计理论》，载《开放教育研究》，2004(1)。
③ 许远理、李亦菲：《情绪智力魔方》，北京，北京广播学院出版社，2000。

过程及记录教师对该情感事件的评价，并发现情感中存在的问题。另一种方式可以是填写如下的情感反思记录表。（见下表）

情感反思记录表

| | | | 认 | | 知 | | | | 表达、调节 | |
|---|---|---|---|---|---|---|---|---|---|---|
| | 要项 | 目的 | 正向情感 | 负向情感 | 情感满意 | | 情感不满意 | | 策略 | |
| | | | | | 原因 | 条件 | 原因 | 条件 | 原则 | 方法 |
| | 对己 | 我对己 | | | | | | | | |
| | 对学生<br>（人际关系） | 我对学生 | | | | | | | | |
| | | 学生对我 | | | | | | | | |
| | 对教材 | 我对教材 | | | | | | | | |
| 分析 | | | | | | | | | | |

### 2. 阅读教师情感的经验文本

马克斯·范梅楠对教师教育提出一种设想：如果在人类生活中真的存在一种教育学的氛围，如果我们与某人一起进入一种教育的关系之中，如果有一种神秘的教育力量(就像爱情和友谊一样的魔力)促使我们在与儿童或成人的关系中生成一种特殊的智慧，如果我们形成一种涉及大脑、心、身体的神奇的话语——因而可以知道什么时候孩子需要一个拥抱，一个微笑或一些表扬，一些帮助，或者是语速的改变，或者是眼神的关注，那么，真正的教师便由此产生。而所有这一切不由理性——技术的手段产生，但可以由一种恰当的文本或恰当的经验被唤起。[①] 这种恰当的文本即是教师记录自我情感的故事以及学生对于教师情感的体验之类的文章。阅读这样的文本，教师就可以学习到，在这样的情境中，面对这样的对象就应该采取这样的表达，或者不应该采用这样的表达，这样就使教师获得了一种情感行动的敏感性，在将来面对相同或相似的情境或对象的时候，会比较快速地做出适切的情感行为。同时，这样的阅读也增进了教师对生活世界的真正理解，感受到生活世界的

---

① ［加］马克斯·范梅南：《教学机智——教育智慧的意蕴》，李树英译，109 页，北京，教育科学出版社，2001。

无限丰蕴和教育智慧的妙趣，从而以一种生存、生活的视角关怀学生的生命成长。这，恰恰是回复到了教育活动的本意。

## 二、深层情感胜任素质的培养

### （一）价值观、态度、自我概念、教育特质、动机等的教育与濡染

用卡克赫夫的话说，美国的情感师范教育首先"强调个人本身的价值观和态度的形成，其次，它强调人和人之间感情和技能的发展"。[①] 卡克赫夫切中了教师情感深层素质的重要性，深层素质（价值观和态度）影响着表层素质（人与人直接的感情与技能）的发生。因此，教师情感素养培养的第一目标是强调教师的教育价值观和态度的形成。

教师情感的深层胜任素质除了价值观与态度，还包括教师的自我概念，对教育特质的理解和职业动机等。前文已述，深层素质的改善与发展是比较复杂的，但是也并非无可作为，改善这些因素的教育策略也不少，它包含在教师教育的理念教育和实践培训之中。在 2005 年版的《教师教育课程标准》中，深层胜任素质属于教育理念的范畴。不过真正意义上的深层胜任素质仍然是在具体的教育活动中形成的，是在不断地师生交往的过程中形成的。2018 年，朱小蔓教授主编的《教师情感表达与师生关系构建——教师操作手册》的幼儿、小学和初中三卷本出版，对于教师情感深层素养的提升具有很强的操作性指导意义。

实践的立场是培养教师情感深层胜任素质的重要保证。在这方面，日本的做法具有参考价值。日本自 1998 年 4 月起，以法律的形式规定，要成为小学和初中教师，申请教师资格证书者必须有在生活福利部门或特殊教育学校等地看护、帮助老年人或残疾人，或与之交流等生活体验 7 天以上，才能获得教师资格证书。[②] 我们认为，这种做法的目的，主要是增强初中和小学教师对于弱势学生的同情心和同理心，形成关怀他人，尤其是关怀弱者的情怀。因为对于作为成人的教师而言，学生始终是处于弱势的未成年人，需要教师更多地去理解他们、关怀他们，甚至同情他们。因而，这种体验式

---

① 邓金主编：《培格曼最新国际教师百科全书》，教育与科普研究所编译，北京，学苑出版社，1989。
② 罗兰：《日本中小学教师的培养与录用》，载《教师教育研究》，2007(6)。

的教师情感教育，对于教师自我概念、态度价值观和动机等都具有深刻的影响意义。

如果真是要涉及自我概念、特质、动机等的改善与培养，这是一个很大的课题，或者是整个教师教育的重要课题，限于本研究的目标及精力限制，这里不作详述。在此，只是要说明一点：教师情感的培养，绝不仅仅是专门的情感课程就可以快速提升的，它关涉到教师教育的全部。因为，人是整体的生命存在，情感无法真正从人的整体性中抽离出来，而情感的水平高低正显示着教师整体教育素养的高低。

**（二）创设教师情感胜任素质发展的良好生态环境**

教师的个人情感胜任素质受到其所处的生态环境影响，学校的情感性管理有助于教师的情感、情绪保持在一种良好的状态。当前，忽视教师的教育工作现场，忽视教师的生存状态，忽视教师的教育过程，只关注教师的教育成果——学生的考试成绩，这种"物化"而非"人化"的管理造成的是对教师情感、生命的漠视。而教育研究和学校的"唯学生中心"的倾向，也造成了教师的情感和职业信念等的失落。再者，不少的教育培训也缺乏对教师情感因素的考虑，教育改革者在推行教育改革的过程中很容易采取双重标准，即要求被改变的通常是他人，而非自己。他们要求教师能够关注每一个学生，能够因材施教，让学生能够愉快的学习。但他们在培训教师的过程中却始终以课程专家或权威自居，依然习惯于将自己的一套东西拿出来让教师无条件接受，根本忽视教师在面对改革时可能出现的心理体验。[①]

如果教育管理或者教师培训活动，缺乏一种情感性的生态环境，不能给予教师情感上的关怀，不能给予教师一种职业的幸福感，那么教师的情感存在的很多问题，比如不表达的问题、强权表达的问题、负向情感过多的问题等，就很难有效改善。教育管理部门、培训部门应努力创建能够使教师借着希望而继续前进的系统生态环境。

---

① 操太圣、卢乃桂：《抗拒与合作：课程改革情境下的教师改变》，载《课程·教材·教法》，2003(1)。

▶ **第四节　教师情感胜任素质专题课程的初步实践**

### 一、课程缘起

美国在 20 世纪 70 年底启动了情感师范教育（affective teacher education）项目，把人和人之间感情和技能的发展作为教师培养的主要目标，并取得了积极成效。① 根据国家卓越教师培养要求以及国际经验，我们依托南通大学情感教育研究所的专家团队，在南通田家炳中学开展了《教师情感与师生关系》的课程实践，期望通过专门性课程方式提高教师的情感胜任素质。

该课程定名为"教师情感与师生关系"而非"教师情感胜任素质提升课程"，原因有二：1. 教师情感分为教师作为普通人的喜怒哀乐之情和作为职业者的关爱、信任等职业情感。本课程所论的教师情感，主要指教师的职业情感。我们认为，只有在师生关系的情境中，教师才能更为准确地进行角色定位，也只有在师生关系的真实情境中，提升教师的职业情感才更为有效。如果抽离了师生关系情境，教师情感培养工作就很容易成为空洞的说教；2. 师生关系的作用过去常被忽视，实际上在多数学校，原本用来教学的时间却浪费在因师生关系不畅导致的各类学生问题的处理上。师生关系建构的关键是教师情感，具体表现为：师生自身对彼此信息的接纳，是以以情绪活动为初始线索的，同时，师生交往的过程充满着情感互动，并且，形成情感依赖是师生关系良好的典型特征。概言之，师生交往的整个过程，都离不开情感因素的参与。

可以说，教师情感素养提升与良好师生关系二者之间是相互滋养、协进共生的关系，教师情感在师生关系情境中得以提升，通过提高教师情感素养建构良好的师生关系。该课程的优势在于，可以将所学即时运用，更能检验该课程的效果，也有助于本课程活动设计的进一步优化。

### 二、课程架构

本课程以教师情感能力培养为主线，分为五个模块：导论、教师情感觉

---

① 邓金主编：《培格曼最新国际教师百科全书》，教育与科普研究所编译，北京，学苑出版社，1989。

察与师生关系、教师情感表达与师生关系、教师情感调适与师生关系、教师情感与师生关系综合运用。每个模块都设计了相应的活动，共计 18 节课。此外还有两类拓展活动，可在课后进行。

**教师情感与师生关系建构课程框架**

| 模块 | 活动主题 | 活动目标 | 活动设计 |
|---|---|---|---|
| 教师情感师生关系建构的基石 | 关系决定人生幸福 | 1. 理解人生幸福主要取决于人际关系<br>2. 懂得情感对于人际关系建构的重大意义 | 1. 哈佛 TED 演讲《什么是幸福》观看及其讨论<br>2. 讨论：人生幸福取决于四种人际关系：亲子关系、师生关系、同侪关系、夫妻关系<br>3. 案例分析：情感影响人际关系形成的开始、过程和结果 |
| | 师生关系：几多欢喜几多人忧 | 1. 理解良好师生关系对于学生发展的价值<br>2. 分析师生关系的异化表现及其危害，理解师生关系重构的必要性<br>3. 初步理解提升自身情感素养是师生关系的重构之道 | 1. 案例分析：良好师生关系对于学生身心健康与学习的促进作用<br>2. 当前师生关系异化及其危害的案例分析：（1）功利化——家教班，(2)冷漠化——北京某小学师生乘车故事，(3)紧张化——临川二中弑师事件<br>3. 师生冲突、生生冲突解决示例及其分析 |
| | 情感素养与职业幸福 | 1. 理解情感素养对于教师职业发展和自身幸福的意义<br>2. 懂得教师情感能力的主要构成 | 1. 案例分析：情感与教师效能——美国 20 世纪 70 年代的研究<br>2. 情感与教师身心健康——《黄帝内经》、奥尔马情绪汽水<br>3. 分析情感由生理体验、外显表情与主观体验构成<br>4. 分析教师情感能力的三个构面：情感觉察（自我与学生）、情感表达（自我与学生）与情感调适（自我与学生） |

254

| 模块 | 活动主题 | 活动目标 | 活动设计 |
|---|---|---|---|
| 教师情感觉察与师生关系 | 明明白白我的心 | 1. 了解教师情感自我觉察存在的几类问题<br>2. 学习自我情感觉察的基本方法 | 1. 分析《老师的眼神》和《老师，请走出第八步》两个案例，分析其存在问题<br>2. 视频及文本案例分析：漂亮孩子情结和差生情结<br>3. 教师情感自我觉察工具介绍：(1)情绪记录表；(2)情感日记 |
| | 知心人 | 1. 懂得教师不能有效觉察学生的即时情绪是导致师生冲突的主要原因<br>2. 掌握觉察学生即时情绪的基本方法 | 1. 教师无法觉察学生痛苦情绪的案例分析：《萨沙为什么恨老师》<br>2. 教师无法觉察学生愤怒情绪导致师生冲突的案例分析<br>3. 学生情绪觉察练习：(1)学生情绪辨识表填写；(2)学生非言语情绪表达辨识练习<br>4. 其他相关方法介绍：(1)情绪脸谱绘制法案例展示；(2)学生情绪选择卡介绍 |
| | 孩子的情感世界 | 1. 认识到掌握所任教年级学生情感发展特点的重要性<br>2. 了解不同年龄阶段学生情感发展的特点 | 1. 某学校学生跳楼事件分析：教师需要了解不同年龄学生的情感发展特点<br>2. 学生不同年龄阶段情绪情感发展的基本特点分析——朱小蔓、梅仲荪的研究 |
| 教师情感表达与师生关系 | 强颜欢笑的背后 | 了解教师情感表达的基本内容与层级 | 1. 介绍教师情感表达的主要内容及学生体验：正向情感——喜爱、关怀、满意、期望；负向情感——担忧、失望、愤怒<br>2. 教师情感表达的层级：表层表达与深层表达 |
| | 我的情感风格 | 了解教师情感表达的风格类型及其发生机制 | 1. 自然表达与艺术表达案例分析<br>2. 豪放型表达、婉约型表达与淳雅型表达案例及分析 |

| 模块 | 活动主题 | 活动目标 | 活动设计 |
|---|---|---|---|
| 教师情感表达与师生关系 | 情绪变变变 | 了解教师情感表达的载体，学会通过眼神、肢体和言语表达情感的基本规则和方法 | 1. 通过伦内尔、布里德等教师眼神影响学生成绩案例引入；视频案例：《微笑的力量》<br>2.《给我一个拥抱》：肢体动作表达情感方法介绍<br>3.《马卡连柯"你走过来"》：语气、语调表达情感练习 |
| | 爱的表达艺术 | 探讨并掌握关爱这种最常见的情感表达的原则和方法 | 1. 如何向学生表达关爱头脑风暴<br>2. 教师师之爱兼具父母之爱的体验活动 |
| 教师情感调适与师生关系 | 我的情绪我做主 | 理解教师情绪管理的重要意义，掌握情绪管理的基本方法 | 1. 社会学调查：学生的弱势地位容易导致教师在学生面前发泄自身情绪<br>2. 案例分析：教师情绪放任的后果<br>3. 学习处理自我负性情绪的基本方法及其练习：(1)治标的技巧：消除、淡化、运用、配合；(2)治本的技巧：改变本人信念、改善思维模式、提升身份层次 |
| | 成为情绪导师 | 1. 了解教师面对学生情绪问题的四类反应<br>2. 初步掌握调节学生负性情绪的路径与方法 | 1. 学生情绪处理的四类教师介绍：忽视型、压抑型、放任型与管理训练型<br>2. 需要对学生进行情绪调适的四种情况分析<br>3. 调适学生情绪的方法：(1)八种情感教育法；(2)三种问题解决导向法<br>4. 学生情绪调适的步骤：觉察情绪—抓住最佳时机—倾听与认可—说出你的情绪—解决问题 |

续表

| 模块 | 活动主题 | 活动目标 | 活动设计 |
|---|---|---|---|
| 教师情感调适与师生关系 | 哭吧哭吧不是罪 | 了解不适合对学生进行情绪调节的五种类型 | 1. 不适合情绪调节而调节的问题分析<br>2. 讨论学生原因导致不适合调节学生情绪的三种情况：情绪发泄反应、无即时伤害或影响、学生通过伪装情绪操控老师<br>3. 讨论教师原因导致不适合调节学生情绪的三种情况：教师赶时间、旁人在场、教师太累或太难过 |
| | 愤怒的替代物 | 探讨并掌握最常见的负向情感——愤怒的调节原则和方法 | 1. 交流探讨老师为什么会愤怒的重要原因——关注自己的业绩与面子<br>2. 分析愤怒表达的价值、危害及表达注意点<br>3. 使用"失望"或"担忧"代替"愤怒"的益处分析<br>4. 愤怒调适的方法练习 |
| 教师情感与师生关系综合运用 | 打破情感联结的阻碍 | 1. 了解与学生日常的情感联结对师生关系的影响<br>2. 了解干扰师生日常情感联结的语言类型，增强改善自身语言的意识 | 1.《张老师的烦恼》案例分析：教师与学生日常的情感联结影响学生即时的情绪状况及教育效果<br>2. 介绍师生交往中阻碍情感联结的7种教师语言：指挥、说教、羞辱、诊断、偏离、敷衍、表扬<br>3. 典型语言分析：视频《"表扬"和"鼓励"的巨大不同》 |
| | 积极倾听 | 了解积极倾听的价值，掌握积极倾听的方法 | 1. 案例分析——积极倾听的功能：帮助学生减少对负面情绪的恐惧，促进师生之间建立亲密关系，提升学生问题自决能力，会使学生更愿意倾听教师的想法和主意<br>2. 积极倾听的运用技巧练习：停、看、听<br>3. 积极倾听的6种态度分析 |

| 模块 | 活动主题 | 活动目标 | 活动设计 |
|---|---|---|---|
| 教师情感与师生关系综合运用 | 你信息 VS 我信息 | 了解师生交往中"你信息"的问题及"我信息"的优势，学习使用"我信息" | 1. 分析"你信息"的无效性与危害性<br>2. 分析"我信息"的优势：不含针对学生的负面评价，不损坏且增进师生关系，学生改变其行为的可能性增高<br>3."我信息"的运用技巧练习 |
| | 上善若水 | 总结本课程，学习水的智慧，提升自身情感素养 | 1.《水知道答案》：情绪情感与水的关联性分析<br>2. 运用《老子》第八章中的"居善地、心善渊、与善信，正善治、事善能、动善时"逐一对照，总结教师情感素养的基本要求 |
| 拓展活动 | 教师情感影视观赏 | 通过观赏影视片，感受学生对教师情感的期许，增强职业认同感 | 《凤凰琴》《一个都不能少》《放牛班的春天》等影视观赏与交流 |
| | 福利院体验活动 | 提升对学生的移情能力、关爱意识与关爱能力，增强职业使命感和责任心 | 安排教师到当地福利院、特教学校与孤儿、残障儿童，写交往日记、分享交流体验 |

## 三、课程特点

本课程与现行其他教师教育课程相比，具有体验性与操作性的特征，本课程与其他教师情感培养活动相比，具有系统性、科学性的特征。

### （一）体验性

"情感是情的感受方面，即情绪过程的主观体验。"[1]因此，教师情感素养的培养不能采用认知性说教和机械训练的方式，而只能通过体验性学习才能达成目标。本课程采用视频、互动活动等方式，激发在职教师产生相应的情感体验，丰富情感品质，提升情感能力。比如第9课《情绪变变变》，通过播放视频《妈妈的微笑是孩子勇气的源泉》，让老师们感受微笑对于孩子发展的

---

① 鱼霞：《情感教育》，北京，教育科学出版社，1999。

258

巨大影响力。（说明：尽管视频中展现的是妈妈的微笑，但教师的微笑同样能让学生感受到认可、力量和信心，教师微笑的教育力量巨大）

再如第 10 课《爱的表达艺术》，为了让老师们体验到教师之爱兼具母亲的感性温柔和父亲的理性力量，设计了如下的体验性活动：

邀请三位学员角色扮演：一个演爸爸，一个演妈妈，一个演孩子。活动分三种情境：孩子与父母共同牵手，让孩子说出即时感受——幸福；爸爸退场，让孩子说出与妈妈单独牵手的感觉——温暖但有点害怕；妈妈退场，让孩子说出与爸爸单独牵手感觉——有力量但不够温暖；父母通通退场，让孩子说出独自的感觉——孤单、恐惧。

活动结束后与在场所有学员分享体会，感受教师之爱的重要性，尤其是归纳出教师之爱的内质——既有母亲无条件积极关爱的温暖，又有父亲讲求规则的理性。

（二）系统性

当前职前或职后的教师培训中，"教师情感素养"主题的活动并非没有，但是一般只涉及"情感管理"，而即便是情感管理，当前的培训活动主要也只涉及教师对自身的情感管理，对于学生的情感管理如何系统有效展开则很少有说明。

事实上，"对自身的情感管理"只是教师情感素养的一小部分。教师情感素养至少包括情感品质与情感能力两个维度。其中情感品质主要包括道德情感、理智情感、审美情感、人际情感、生活情感等各种情感品类，情感能力主要包括情感觉察、情感表达与情感调适（情感管理）的能力。本课程主要围绕教师的能力，即情感觉察、情感表达和情感调适三个维度展开，每个维度又涉及教师自身和学生两类对象（参见下表）。同时，为了帮助教师丰富情感品质，还设计了教师情感影视观赏和福利院体验活动。因此通过本课程的学习，能够较为系统地提升教师的情感素养。

**教师情感能力的内容**

| 操作<br>对象 | 觉察（理解） | 表　达 | 调　适 |
|---|---|---|---|
| 自我 | 觉察与理解自我情感 | 表达自我情感 | 调节自我情感 |
| 学生 | 觉察与理解学生情感 | 与学生情感互动 | 调节学生情感 |

### （三）科学性

杜威提出，情感教育就是将理性植入情感的过程。教师情感素养培训活动，不只是教师情绪释放或心灵安顿的过程，更是教师情感品质丰富和情感能力提升的过程，这些过程需要以情绪生理学、情感心理学、情感社会学等理论成果来支撑。同时又进行了许多的实践调查和实验设计，掌握了丰富的一手资料，使得本课程实践的科学性大大增强。比如第14课《愤怒的替代物》中，授课者首先展示自己的情景模拟实验成果，然后分析为什么愤怒需要替代、如何替代。

研发者调查了学生对教师表达的三类负向情感（"担忧""失望"和"愤怒"）的情绪体验，结果如下：

学生对于教师负向情感表达的情绪体验

| 体验程度 | 担忧 | | 失望 | | 愤怒 | |
|---|---|---|---|---|---|---|
| | 人数 | 百分比/% | 人数 | 百分比/% | 人数 | 百分比/% |
| 非常愉快 | 15 | 6.8 | 0 | 0 | 0 | 0 |
| 有点愉快 | 28 | 12.6 | 6 | 2.7 | 0 | 0 |
| 没有感觉 | 51 | 23.0 | 32 | 14.4 | 12 | 5.4 |
| 有点不愉快 | 91 | 41.0 | 74 | 33.3 | 37 | 16.7 |
| 非常不愉快 | 37 | 16.7 | 110 | 49.5 | 173 | 77.9 |

分析：从上表中不难看出，在教师三类负向情感表达之中，教师"担忧"的表达引起学生的反感程度是最低的，学生对于教师担忧表现出较高的接纳。教师的担忧一方面包蕴着关爱，另一方面它是一种讯息，不具有攻击性，会引导学生站到教师的立场上认识自己的行为，体察教师的良苦用心。学生对教师的"失望"情感的表达接纳的程度要低于"担忧"的表达，尽管失望也是一种"我讯息"。与担忧不同，失望实质是一种"爱的回收"，这种心理惩罚使得学生感受到一种对自身安全的威胁和焦虑感，感到教师对自己的无奈与失望。[①] 对学生来说，教师对他表达的失望，意味着他被抛出了教师乃至于班级的关系之外，意味着对他存在价值的否定，带给学生的必将是痛苦。当然学

---

① 陈俊：《教育者管教言语行为的心理效应研究》，博士学位论文，华南师范大学，2006。

260

生最不愿意接受的是教师的愤怒。教师愤怒地批评学生，很容易让学生感受到一种威胁，从而引起学生惧怕、焦虑以及愤怒等情绪，因而学生不仅产生情感上的不满，也会导致行为上的不服从。因此我们建议教师如果要表达负性情绪，最好采用"担忧"来代替失望和愤怒。

## （四）操作性

尽管我们说教师情感培训课程对授课者情感教育能力要求较高，但是为了便于更多教师教育者使用本课程，本课程突出了可操作性。具体表现为：课程全程授课约为 18 课时，每节课都提供有相关文本案例、视频案例以及体验性活动设计，便于其他授课教师操作。比如第 4 课《明明白白我的心》，为了突出教师情感觉察的重要性，课程提供了两个经典的文本案例。

**案例一：**

一位享誉国际的科学家，在荣归故里后，专程返回山中的故乡，去探望他阔别三四十年的小学老师。

已经退休的老师非常高兴，因为自己教出来的学生对人类做出了伟大的贡献；但也有点心虚，因为学生所发表的创见太深奥了，不是他能够理解的。

师生两人在校内绕了一圈，坐到操场旁那棵高大的老凤凰树下。科学家看着满地的落花，一如童年时鲜艳，当年在此上课的情景历历在目，恍如昨日。

"老师，您知道我最怀念您的是什么吗？"科学家说。已经很老的老师慈祥地看着几乎不认识的学生，心里一片空白。"是您的眼神。"科学家像个腼腆的小学生，说："当年您也许对我说过很多指引我前程的话，但我都记不得了，或是当时根本难以领会，而只记得当时您说这些话的眼神。也许您见我当时年纪小，知道说太深奥的话我也不懂，所以只能用关爱的眼神来传达您对我的善意、爱心和期许。"然后，他目不转睛地望着老师苍老的眼睛，真情流露地说："我这个乡下小孩，就是从老师您当年望着我的眼神里，看到了您对我的期许，看到了我的梦想，我的潜能，还有我的未来。"

凤凰树上的夏蝉热切地鸣叫起来，老师的眼眶不禁湿润了，科学家的眼眶也有点发红。师生两个人就这样无言地互望着，彼此的心中充满温暖。①

分析：很多年之后，我们的确已经忘却了某个知识或者技能源自某位老师所授，而某位老师特定的表情、动作乃至语调却常常浮现于眼前，因为那里面有情感，某种情感联结着人物、时间、地点、情境、事件。案例中学生感受到的是教师信任的情感给予，进而获得了前进的动力。

但是请注意，这里教师表达信任感是无意识的。如果教师无意识的表达有助于学生成长的情感倒不是坏事，但是如何不自觉的情感表达伤害学生的呢？我们来看下一个案例。

案例二：

教室里的座位整齐地排列成八个小组，每一小组有七个同学，从第一排同学到第五排同学要走七步，而第五排之后便是班里公认的差生营。

被安排坐在后两排座位上的学生成绩差、表现差，在老师眼里，他们不可救药。

于是老师上课便形成了一个惯例，当他们一边讲课一边走下讲台时，最多走七步，走到第七步便停下来不再继续向前，而是扭过身来往回走，于是大家都习惯了老师标准的七步走。

直到有一天，一位新的英语老师来到这个班，她漂亮、温柔、和蔼可亲，又能讲一口流利的英语，她简直是最完美的老师，连差生们都不约而同地把目光投向她。

第一节课，英语老师开始领读课文，她一边用甜美的声音专心地读着，一边走下讲台，一步、两步、三步，老师迈开了步伐……四步、五步、六步，老师仍旧一边走，一边读。差生们也在读，好长时间以来，这是他们第一次开口读英语，可他们目光却没有离开老师，他们多么希望老师能来到他们中间，他们甚至在自己心里打赌，如果老师来到了这里，他们一定会认真地读书。第七步了，后面所有的同学都紧张起来，前面的同学也忍不住转过头来。

这时，老师稍微停顿了一下，把书翻了一页，接着，她迈出了第八步，是那么自然、平静，然而这一步犹如一束温暖的阳光射进了昏暗角落，角落

261

① 《老师的眼神》，载《世界教育信息》，2008(8)。

里有了生机，有了活力。①

分析：教师脚步的移动，形成了师生之间一定的空间距离，而一定的空间距离又折射出了心理距离。人们常说，"亲则近，疏则远"，人们往往被那些他们所喜欢的、评价很高的人或物所吸引；对于那些他们不喜欢的、评价不高的人或物则避开或离弃。② 因而师生之间的空间距离也成了学生感受教师对他们情感态度的线索。

案例中的前几位老师可能没有意识到，由于他们与那些"成绩差""表现差"的同学始终保持着一定的距离，全班的同学，尤其是这些所谓的差生，感受到的是教师对他们的冷漠和疏离，也就是说前几位教师通过始终保持的与学生之间的距离，表达出了对于这些"差生"的疏离感和冷漠感。尽管这位老师可能没有意识到或者不承认自己向这些学生传达了这些情感。但是，如果我们去追问这位老师，为什么他从来不接近那些"差生"，原因显然可以归结为不喜欢、不满意，进而对他们表示出了冷漠和疏离。

作为教师，无论是正向还是负向的情感展现，教师自身要能够觉察并有效监控，而不是听凭这些情感无意识的流淌，教师对自身情感具有觉察和监控的能力，这样才算是专业化的教师。

与文本案例相比，视频案例更受在职教师的喜爱，故本课程精心选择了较多的视频案例。比如第 2 课《师生关系：几多欢喜几多人忧》，研发者剪辑了两段视频，通过这两段视频展开教学。

首先播放男女学生之间发生群体冲突的视频片段，让学员讨论：任课教师面对这一冲突会产生什么情绪？教师该如何正确处理？师范生的普遍回答是：教师会产生愤怒情绪，处理的方法有：训斥、说理、分别谈话等。

学员们可能会提到一种方法——召开辩论会（若学员无法说出，授课者会给予说明），随后播放教师召开辩论会的视频，感受辩论会的效果。通过两段视频，引导学员体验教师面对生生冲突等问题情境时应该如何采取合理的行动。

---

① 黄苗等：《老师，请走出第八步》，载《作文通讯》，2009。
② 李中行、张利宾编：《非言语交流：人际交流的艺术》，上海，同济大学出版社，1991。

# 研究展望

　　自 2015 年江苏省南通田家炳中学成为朱小蔓教授领衔的"教师情感表达与师生关系建构"项目种子学校以来，尤其是成功申报了江苏省教育科学规划课题《普通中学校园情感场生态构建研究》，以及教育部重点课题《普通中学情感德育实践形态的探索》以来。我们在朱小蔓教授及其团队的指导下，围绕着课题，积极开展理论建构与实践探索，逐渐形成了情感文明学校的办学模式。本书从学校与班级情感环境建设、"情感—交往"型课堂、学校情感德育课程化、家校合作的情感之维及教师情感胜任素质提升这五个方面，初步展示了情感文明学校在我们学校的实践形态，同时在本书中，也呈现出我们对于情感文明学校的一些理论思考。

　　在此基础上，后续我们将围绕情感文明学校的五大架构，持续开展研究性工作，后续首先要完成以下的四项研究工作，厘清理论、梳理实践，并出版相应的著作。

## 1. 推进"情感—交往"型课堂的系统性操作策略研究

　　课堂教学是学校的中心工作，也是《普通中学情感德育实践形态的探索》的研究重点。我们认为，课堂教学中关注学生的情绪情感，关注师生的生命状态，处理好认知与情感的关系，以此来提升课堂教学质量，是今后课堂教学改革的必由之路。

　　从"情感生态课堂"到"情感—交往"型课堂，我们的探索之路是艰辛而漫长的。对于"情感—交往"型课堂，目前我们仅触及其边缘，仅是对"情感—交往"型课堂的价值、意涵及其实施做了一个初步的架构，对于实施路径与策略的研究才刚刚开始。

　　现阶段的中小学课堂教学，大家都在苦苦探索新的路径，也出现了 X 课堂、Y 课堂等多种课堂名称或者形态，但是我们发现，这些课堂的提法大多

263

区隔不大，若问 X 课堂与 Y 课堂有什么显著的区别，谁也说不清楚。好像这些课堂都差不多，只是名称不同而已。再问这些课堂怎么展开，更是大同小异。"情感—交往"型课堂则不一样，从名称看就是操作性的，即要抓住"情感"与"交往"两个关键，这种操作是有层次顺序的，首先是情绪维度，其次是认知维度，再次是情感维度，每个维度都有系统的策略及案例提供支持。

经过两年多的摸索，我们感觉到对"情感—交往"型课堂的整体架构有了一个大致把握。通过大量的案例搜索与思考，也提取了一些操作策略，但是尚达不到系统化。苦苦思索之际，刘贵华教授关于"敏感因子"的提法启发了我们。敏感因子是针对教学目标达成的障碍而提出的对应方法。"敏感因子既可是关键性的学习内容，也可是学生已有的知识、体验、思维能力、学习方法、情境或技术手段等。学生学习的最大障碍在哪里，敏感因子就在哪里。如果学习内容太抽象，学生难以理解，其敏感因子就可以确定为'优化情境'，在高质量的情境中引导学生步步深入，从具象到抽象；如果本节课的最大障碍是思考难以深入，其敏感因子则可确定为'优化问题框架'，将由浅入深的问题作为思维发展的支架，引导学生步步深入"①。

我们将"交往"以及"情感交往"视为课堂教学的关键操作要件，那么，我们的教学策略系统便是研究达成情感交往的障碍在哪里，寻找到突破这些交往障碍的敏感因子，于是，我们"情感—交往"型课堂的策略系统便提取出来了。

当然，目前此方面的研究仍然处于一个非常初始的阶段。下一步我们希冀借助这个研讨框架，开展下列几个方面的研究。①研究各学科学生无法达成与学习内容交往、与他人交往和与自我交往的原因，并找出促进三类交往的具体策略。②研究各学科学生无法达成情绪维度交往、认知（理性）维度交往和情感维度交往的原因，并找出促进三类交往的具体策略。③整合不同学科，找出对各学科具有普适性的，"情感—交往"型课堂共有的实施策略。④上述三个方面的策略研究，均以实践案例加理论阐释的写作思路展开，最后形成一本专著《"情感—交往"型课堂操作实务手册》。

---

① 刘贵华、张伟：《生态课堂的实践框架与创新策略》，载《课程·教材·教法》，2016(7)。

### 2. 开展中学情感德育活动的课程化探索

情感德育认为，情感是道德的守门人，学校德育应以培养学生的道德情感为出发点，经过师生互动、课堂教学、德育活动等多个环节，对学生进行情感关怀、情感陶冶，丰富学生的情感体验，进而促进其道德品质的生成和发展。

为了更有效地整合学校传统的德育活动、德育课程，以及情感教育的相关课程资源，使其更聚焦于情感德育，我们准备研发具有促进学生情感体验获得的各种道德教育活动，即是说，建构体系化的情感德育活动课程。

作为活动化的情感德育课程，主要目的不是传授与道德知识，教化道德规范，而是借由各种丰富的活动，扩展学生的情感体验，尤其是道德情感体验，帮助学生解决他们当前认为重要的道德困惑或情绪困扰，并且设法扩大和加深他们已有的情感品类和情感能力。

在此方面，我们的诚信教育系列课程，以及开展了多年的田家炳系列"共创成长路"课程，已经有一些经验累积，现在，我们需要根据中学生当前迫切需要解决的情绪困扰和情感道德发展目标，设计我们的活动课程体系，并采取符合中学教学特点的可行性时间安排和操作方法。

### 3. 尝试中学生情绪问题疗愈阅读的实践研究

近年来，媒体曝出中学生自伤或伤害他人事件，为了避免这些事件的发生，不少中学采购了相应的治疗器材，建立了心理咨询中心。但是笔者经过研究发现，当前各学校的心理治疗存在着不少有待改善之处，一是学生有心理问题，不像其有身体问题那样愿意主动寻求治疗，因此许多学生的心理问题是隐匿的，故而如何让学生主动接受咨询或者治疗是一个难点。二是目前各学校常备的心理治疗设备，对教师的要求相对比较高一些，即便不少拥有心理咨询师资格证的人，也未必能熟练操作。是否有一种学生乐于接受，教师容易操作的方法来帮助学生走出心理困境呢？我们发现，疗愈阅读可以实现。

所谓疗愈阅读，指的是让当事人透过阅读适当的图书数据或影音资源，令其沉郁不安的情绪转为平和淡定，同时借由阅读，学会以积极正向的态度面对人生困境，增强挫折复原力。

我们的阅读疗愈，主要是帮助学生走出情绪困境，故称之为情绪阅读疗愈。事实上，学生的各种心理问题，基本上都与情绪控制、情绪管理、如何正向面对逆境有关。因此该方法具有普遍的适切性，几乎可以覆盖心理健康教育的全部领域。

这里的阅读，是一个宽泛的概念，既包括纸质书籍，比如小说、绘本，也包括影视剧、音乐等。台湾大学的陈书梅教授认为，个人通过阅读与素材内容互动，从沉郁、无助的负面情绪状态，达致认同、净化和领悟的心理历程，最终恢复到恬然安适。认同，指读者看到阅读素材中角色的遭遇，认识到自己并非唯一遭此困境者，进而对角色的情绪、思想或行为产生共鸣。净化，指读者感受到素材中角色人物在不同遭遇时的心情变化，并与之一同经历情绪的起伏，从而将自己的负面情绪释放出来，并逐渐平和、稳定。领悟，指读者看到角色人物面对问题的态度与解决方式时，亦可从中思考角色人物的做法是否妥当，从而影响到读者对自己情绪困扰问题的看法与应对。[1]

阅读情绪疗愈解决了我们上述的关于目前学校心理咨询的两个问题，其一，阅读是学生在家庭等空间都可以进行的，不需要进入心理咨询中心，避免了学生感觉被贴上有心理问题标签顾虑；其二，这种方式每个教师都可以掌握。该方式的理论假设是，每个人都有心理自愈的能力，就如同手上被刀隔了口子之后，过一段时间，手就能自愈一样。当然手的自愈如果能够涂一些消毒液或者消炎药，作为辅助，更有助于其早日自愈。阅读情绪疗愈也类似。当中学生处于某种负性情绪之中，比如自我认同感缺失，或者感受到愤怒情绪，借由某些材料的阅读，感受作品中人物从情感困顿到走出困境的过程，通过认同、净化、领悟的过程，学生就可以自己走出这些情绪困境。因此，这种方式每个老师都可以掌握，并非心理治疗师的专利。当然阅读情绪疗愈也有着一套操作流程和注意事项，教师在使用时需要基本掌握，才能保障教育效果。

在此方面，台湾大学的陈书梅教授是该方式的主要推手，在她的努力下，台湾不少的中小学、图书馆都开展了系统化的实践。南通田中是大陆较早接

---

① 陈书梅：《儿童情绪疗愈绘本解题书目》，台北，台北大学出版中心，2009。

触并尝试采用阅读情绪疗愈的中学。2015年情感教育年会在我校举办，期间台湾大学的陈书梅教授曾介绍了她的研究成果，朱小蔓教授也就阅读情绪疗愈与陈书梅教授进行了专题对话。2018年课题组成员徐志刚到台湾大学跟随陈书梅教授专门学习阅读情绪疗愈半年，后续将借鉴台湾的经验，在课题中推展图书、音乐、影视等助力中学生情绪心理问题的治疗。

我们的基本思路是组建研究团队，通过学习培训，系统掌握阅读情绪疗愈的运行机理与操作策略，然后进行相关实践，最终出版相关专著。不仅帮助学校自身的学生增强心理健康，也为更多学校的心理健康教育提供有益参考。

**4. 实施中学教师情感素养培训课程开发**

情感文明学校的各种实践活动之成败，关键在于教师是否具有相应的情感素养，包括教师对情感德育、情感文明教育之重要性的认识，也包括教师具有丰富且内蕴理性的情感，更包括教师有实施情感教育的方式方法。而这些素养目前在师范学校基本上都没有专门性进行过教育，因而目前对本校而言，只能通过现时的培训实施。

教师情感素养的培养，其实有着多种路径，在第六章中已经有所说明。事实上，我们的情感文明学校建设五大架构中前四个建构内容之实施，都会助力教师提升情感素养或者情感胜任素质，即是说，教师通过卷入情感教育的活动实践，自觉不自觉地就受到情感教育的感染。不少教师表示，自从参加情感项目以来，发现自己在师生交流过程中，开始有意地觉察学生的情绪，调节自身的情感；再比如有老师表示，每次课堂教学设计时，总会基于情感维度去思考如何通过课堂增进学生情感发展，并发现这样的操作给了自己一个崭新的教育提升，看到了以前基于认知维度看不到的风景。因此，这是通过情感教育的行动促进教师提升情感素养的方式。

当然，如果能够有专门性的教师情感素养培养课程，给教师提供系统的引导，也是非常需要的。上文我们已初步展示了我们的课程框架。后续，我们将在原有研究的基础上，结合培训活动，最终形成国内中学教师情感素养培养的系统性课程，并出版一本相关专著。

上述提到的四项后续研究，若每个项目以一年为期开展研究，至少后续要研究四年，由于一些研究工作在实施过程中还会遇到各种想不到的困难，因此某项研究会由延展至两年甚至更多时间。追求质量的研究，是一项艰辛而漫长的过程，对此，我们要有清醒的认知。

围绕情感文明学校、情感德育，除了上述的三项后续研究外，还可以生发出更多的研究项目，比如引导家庭情感教育的课程开发、学校与班级情感环境建设实务等。而即便上述三项项目本身，也可以生发出子项目研究，比如"情感—交往"型课堂的研究，我们还可以围绕中学语文单独出一本《语文"情感—交往"型课堂实践探索》，各主要学科都可以单独研究，单独出书。当然我们首先还是从大处着眼，先完成上述的三项研究。太多求大，有违研究之道，是我们需要警惕的。

最后仍然想再次表达的是，我们非常幸运地进入到了情感德育、情感文明学校的研究领域。这是一片沃土，我们可以终生在其中开垦。此项工作，于自己于他人，于学校于家庭，都是一件善的事业，我们希望将这项善的事业进行到底！

# 附录　学校情感项目主要活动纪要

**2015.5　承办田家炳基金会"教师情感与师生关系"项目展示活动**

经朱小蔓教授"教师情感表达与师生关系构建"项目组研究，该项目"教师情感教育手册"编写第四次工作会议及相关研讨、交流活动定于 5 月 10 日至 11 日在南通召开。受项目组和香港田家炳基金会的委托，由我校负责落实具体承办。

5 月 11 日是我校的对外展示日。一早，香港田家炳中学创校校长、香港田家炳基金会董事、著名教育家陈建熊、香港田家炳基金会总干事戴大为和朱小蔓教授团队成员就来到校园，他们饶有兴趣地随处参观，他们对我校优美的物质环境、人文环境以及以诚信为鲜明特征的诚信超市、诚信图书馆、走廊实验室等赞叹不已。

上午，学校面向来宾展示了"三个一"活动，分别是金晓玲老师执教的一堂语文课《松鼠》、一场大型的德育现场活动——诚信宣誓仪式、葛晓周老师执教的一堂主题班会课《父母之命》。金晓玲老师的课轻松活泼、诚信宣誓仪式震撼心灵、葛晓周老师的课发人深思。许多教师都积极前来观摩。

下午，我校邀请来宾对上午的活动进行点评，我校校级领导、各主要部门负责人、"情感教育"项目团队成员、各学科"种子教师"及其他有兴趣的教师也一同参与研讨。徐志刚博士主持整个活动。陈永兵校长首先代表学校对来宾表示诚挚感谢，他阐述了我校承办此次活动的意义，并介绍了活动策划的主要背景和思路。而后，金晓玲老师和葛晓周老师分别介绍了各自所执教课的设计思路和教学反思。针对所开展的"三个一"活动，结合陈永兵校长、金晓玲老师、葛晓周老师的介绍，大家积极发表各自的观点。我校教科处吴国林主任、张弛副主任、吉萍老师、葛婷婷老师、汪吉老师、周润娣老师等与来宾们交替着先后发言，这其中，还不时有彼此提问与答复、对话等形式。

自始至终，研讨的氛围都十分浓厚，思想的火花相互碰撞。在此基础上，陈建熊董事对展示活动和大家的研讨进行了较为全面的点评，他以教育家独特的视野来阐释现代教育的要求和方向是什么、评课的意义在哪里、如何评课，他还对两位老师所执教的课提出了十分有建设性的建议。最后，朱小蔓教授发言，她对我校在素质教育、学生道德培养方面的工作给予充分肯定。她还对我校在南通教育中的地位、在中国基础教育界的代表性进行了分析。她语重心长地勉励我校同人深入学习和理解情感教育的内涵、要义，自觉提高情感教育能力，并有意识地将传统教育和现代教育的思想进行创造性地融合，她期待这个项目能为我校提升办学品位、提高教育教学质量起到有力的推动、引领作用，乃至再进一步向外辐射，造福更多层面的教师与学生，促进全人教育，实现教育的理想与价值。

## 2015.11　承办第六届情感教育全国年会暨中陶会
## 教育与情感文明专委会成立大会

2015 年 11 月 23—25 日，第六届情感教育年会暨中陶会教育与情感文明专委会成立大会在江苏南通召开。此次大会主题为"情感教育·生命教育·教师教育"，会议旨在推动情感教育、生命教育研究的进一步深入发展，邀请了来自相关领域的知名专家 15 名，开展了包括学术讲座、理论研讨、观课等在内的 10 多项活动，来自全国和南通的 600 多位学者、专家和各地代表参加了会议。

大会于 11 月 23 日上午在江苏省南通田家炳中学开幕。会议由南通市教育局局长郭毅浩主持，南通市政府朱晋副市长致开幕词。中国陶行知研究会副会长兼秘书长吕德雄宣读"教育与情感文明专委会"成立批复。

简短开幕式之后是专家的学术演讲。来自台湾大学的孙效智教授论述了生命教育核心素养与国民教育。中陶会会长、北师大教授、博士生导师朱小蔓进行了"学校与人的情感文明：信念与方法——以个人研究经历为线索的思考"的主题演讲。南通田家炳中学校长陈永兵汇报了在学校进行校园情感场生态的探索。另外还有来自台湾大学的陈书梅教授、来自香港浸会大学的马庆强教授进行了学术演讲。

下午与会者观摩了南通田家炳中学的大型主题活动"青春仪式"。活动分为"青春之迹""青春之星""青春之约"三个板块,凸显活动主题"作别难忘少年时代、相约美好青春年华"。仪式之后,王秉豪、李琼、林绮云、张淑美、纪洁芳、郑汉文等专家进行了学术讲座。下午的学术讲座从有情的生命教育谈起,分享了谁是学生心目中的好老师,介绍了 REACH 宽恕模式的理论与实务,探寻了生命与教育的灵魂,剖析了五伦社会与情感教育的关系,也汇报了 30 年情感教育的发展历程。

　　24 日上午与会者参观了江苏省南通师范第二附属小学,听取李吉林老师的情境教育报告。下午与会者前往南通大学分为理论、实践两个分会场继续进行研讨。

　　理论会场的参会代表主要为高校、科研院所代表进行情感教育相关理论的研究与探索;实践会场的参会代表主要为中小学、幼儿园代表,代表们从实践层面探索情感教育的具体操作方法。

　　25 日上午进行情感教育对话,对话由朱小蔓教授主持。来自台湾的陈书梅老师和参会代表以及南通市德育校长、骨干教师一起探讨了情绪疗愈的话题。

　　本次情感教育年会围绕情感教育主题,着重探讨了情感教育与生命教育的关联,探索了提高教师情感素养、构建良好师生关系、彰显教育教学情感要素的途径。本次大会隆重热烈、成果显著,取得了圆满成功,相信必将推动情感教育再攀新高!

## 2016.11　全国田中来本校参加"教师情感表达与师生关系构建"项目短期学习

　　作为朱小蔓教授"教师情感表达与师生关系构建"项目的种子学校,江苏省南通田家炳中学受委托,于 2016 年 11 月 21 日—25 日承办了面向全国田家炳中学的、为期五天的短期学习活动。此次活动的主办方为教育部普通高校人文社会科学重点研究基地北京师范大学教师教育研究中心和香港田家炳基金会,另外,南通市教育科学研究院也参与协助承办,《江苏教育》杂志社则是媒体支持方。

272

此次申请参加学习活动的教师包括了来自安徽省繁昌县田家炳中学、河南省新乡田家炳中学、广东省云浮市田家炳中学、贵州黔东南州田家炳中学的 18 位教师以及来自四川省巴中市第三中学的 6 位老师。其中，四川省巴中市第三中学非田家炳系列学校，但也申请全程参与培训，得到了主办方的批准。为便于来访教师深入了解江苏省南通田家炳中学在微观层面的实践，得到更有效的支持、帮助，江苏省南通田家炳中学从行政匹配和学科匹配两个角度遴选出 22 位教师与 24 位来访教师进行结对，作为他们在行政管理、学科教学方面的指导教师及"影子学习"的跟踪对象。

来自各兄弟学校的代表，对江苏省南通田家炳中学的精心组织与悉心安排以及团队成员的高水平给予了较高评价和赞许，并畅谈了本次学习的丰硕收获和难忘体验，还初步汇报了各自学校针对本项目的未来研究规划，为彼此继续投身"教师情感表达与师生关系构建"项目的研究与实践注入了前行的动力！

此外，此次活动的媒体支持方《江苏教育》杂志社也派两位记者亲自观摩和感受此次活动，他们对活动给予了很高评价，并为江苏省南通田家炳中学开设专栏"名校课改"，用 4 篇文章的篇幅来介绍学校的情感教育理念和实践操作的途径、案例等。今后，杂志社还可能进一步围绕情感教育主题联合开展其他系列活动。

## 2017.3 承办首届"情感—交往"型课堂培训活动

3 月 3 日—4 日，"教师情感表达与师生关系建构项目组"在江苏省南通田家炳中学举行 2017 年第一期"情感—交往"型课堂专题培训活动。南通及周边地区热衷于情感教育研究的相关教师共 100 多人参加了本次活动。本次培训邀请了南通大学情感教育研究所办公室主任徐志刚博士、南通市北城小学副校长、南通市学科带头人范峻瑱、海门市实验初级中学王辉老师、南通田家炳中学学生处副主任陈惠老师、教科处主任助理荣进老师为老师们作了专场报告。

徐博士从"情感—交往"型课堂提出的背景出发，对"情感—交往"型课堂进行了理论阐释和实践研讨，并对观察指标进行了详细解读，让教师们充分了解了课堂的系统策略，认识到教师"情感—人文"素质的提升势在必行；范峻瑱校长结合了她自身对"分享—让学"式课堂教学的研究实践，对"情感—交往"型课堂的手段和目的进行了个性化解读；王老师则从学生学习习惯的养成入手，为理科教学的情感教育探索了新的路径；陈主任精彩的案例分享使得老师们对"情感—交往"型课堂的理解更加透彻，引起了老师们的共鸣与思考；荣主任介绍南通田家炳中学"情感—交往"型课堂的研究，既体现了教师个体的参与热情，也展现了学校"情感场"构建的整体氛围，体现了种子学校的创新精神。

## 2017.3　承办首届全国"情感—交往"型课堂展示活动

继本月初成功举办全国"情感—交往"型课堂专题培训之后，由"全球化时代的'道德人'培养——教师情感表达与师生关系构建"项目组、香港田家炳基金会、教育部人文社科重点研究基地北京师范大学教师教育研究中心主办，我校承办的首届全国"情感—交往"型课堂课例展示与研讨活动于 3 月 21 日—22 日举行。

在 3 月 21 日的开幕式上，南通大学副教授徐志刚博士担任了主持人，全国情感文明教育联盟主席、我校陈永兵校长为本次活动致辞，他对远道而来的各地同人表示热烈的欢迎，希望大家在实践过程中学习、在案例分享中成长。香港田家炳基金会总干事戴大为专程来到活动现场，呼吁关注中国学生核心素养的培育，期盼朱小蔓教授的情感教育理论在教学一线的圆满实现。

随后来自全国各地的共 21 名教师代表分四个赛场同步进行了精彩、热烈的课例展示，全国相关学校的几十位教师代表和我校部分教师参加了听课。这些展示课充分体现了融情感教育、课程育人、情感育人的课堂教学新理念，展示了教师的情感人文素养，为构建"情感—交往"型课堂提供了鲜活范例。

3 月 22 日，首先由我校情感教育核心团队成员王丽老师展示了"情感—交往"型课堂示范课《架起沟通心桥》，受到与会者高度赞赏。随后举行了分组研讨，大家以昨天所上课例为载体，交流感受，畅谈思想，与专家们进行面对面的对话与探讨。

闭幕式由我校教科处张弛副主任主持，陈永兵校长宣读了此次展课活动

273

的获奖名单，徐志刚博士、我校陈永兵校长、刘晓红书记共同为获奖教师颁发证书并合影纪念。最后，徐志刚博士作总结发言，并对未来活动作出了展望。

课堂教学是学校教育活动的主要形式，它是一切教育理念的出发点和归宿，任何教育新观念最终都要落实在课堂上，体现在课堂教学方式和教师教学行为上。通过在全国范围内的首次尝试，我们期望更多的一线教师加入教师情感文明学习团队，更加深入地理解教师情感表达与师生关系构建理念，进一步提升自身人文素养，期待能辐射到更多的中小学的课堂教学实践，一起形成更大范围的师生生命共同体，实现我们的教育理想！

### 2017.5 承办全国初中语文"情感—交往"型课堂专题研修活动

为有效提升教师情感素养，助力"情感—交往"型课堂在学科教学的落地，5月18日—19日，由"全球化时代的'道德人'培养——教师情感表达与师生关系构建"项目组、香港田家炳基金会、教育部人文社科重点研究基地北京师范大学教师教育研究中心主办，我校承办的初中语文"情感—交往"型课堂专题研修活动如期举行。来自全国各地田家炳中学以及南通市兄弟学校在内的20多所学校的40多名初中语文教师参与了研修活动。

在活动中，中国陶行知研究会情感专委会副秘书长、南通大学副教授徐志刚开设了题为《"情感—交往"型课堂研究新进展》的专题讲座，他用全新的视角开启本期研修，让大家对"情感—交往"型课堂有了通识的了解。随后，语文国培专家、南通大学教科院副教授陆平作了语文《"情感—交往"的学科逻辑》的专题讲座，他从学科层面深入浅出地剖析了什么是语文学科所需要的"情感—交往"课堂，语文教学中如何实施立足学科本位的情感教育。

18日下午至19日上午，与会教师首先分成四组对《藤野先生》一课进行教学设计和研讨，活动由陆平副教授和上海师范大学语文课程与教学论高晶博士主持，他们首先提出活动的方案和要求，然后深入到各组当中去参与研讨，最后各组轮流进行展示、相互提问和答辩，并由陆平、高晶两位专家进行点评和指导。这种活动形式，受训者参与度高，便于相互间质疑和取长补短，效果非常好。19日下午，由徐志刚博士和北京师范大学博士王坤组织大家开展了"语文教师情感人文素养提升"主题工作坊活动。整个活动突出了体验性、参与性，研讨和互动的气氛热烈，大家在轻松愉快的氛围中深化了对课堂观察的认识，提升了专业能力，更好地发挥了高校专家作为专业指导者、发展服务者、质量促进者的职能。

香港田家炳基金会甄眉舒干事、"全球化时代的'道德人'培养——教师情感表达与师生关系构建"项目助理李洁妤也参与了此次活动并与教师们互动。

## 2017.11 承办家庭教育指导师培训活动

家庭教育是情感教育的重要途径和抓手，从当前来看，具有较高情感素养和专业水准的家庭教育指导人员很少，为此中国陶行知研究会教育与情感文明专业委员会决定，分批开展针对符合要求的家庭教育指导师的专项培训活动。11月17日，中国陶行知研究会教育与情感文明专业委员会的家庭教育指导师第一次培训活动在我校举行。

此次参加培训的学员共20人，是经中国陶行知研究会教育与情感文明专业委员会从南通各地中小学中认真考察、遴选出来的，都是在家庭教育方面具有相当热情和经验的一线优秀教师，我校参训学员包括教科处张弛副主任（兼工作团队成员）、党政办蒋洪钰副主任、荣进副主任、教务处张良金副主任、学生处周润娣副主任，是所有学校中参训学员最多的。培训专家有中国陶行知研究会教育与情感文明专业委员会副秘书长徐志刚博士、海安曲塘中学资深家庭教育专家卢军以及南通市"益心家庭教育"机构的培训师田红亚。

上午的活动在崇德楼第一会议室举行。首先由我校陈永兵校长讲话，他感谢专委会长期以来对我校情感教育研究和学校内涵建设的支持和帮助，进而与大家深入探讨了他对家庭教育的重要性和实施路径的理解，号召大家要有自己的责任担当和坚定的操守。接下来，所有学员进行了自我介绍并且阐述了参加家庭教育指导师培训的目的、期望。之后，徐志刚博士做了题为《家庭教育的责任担当》的专题讲座，他为大家分析了家庭教育与情感文明的关系，提出情感教育是家庭教育的主要职责，结合丰富的案例，徐博士为大家展现了家庭教育研究与培训的框架和技巧、方法，提供了一些学习参考资料。徐博士还现场为大家免费赠阅《正面管教》一书。

下午的活动安排在崇德楼四楼微格教室，大家采取类似学生分组活动围坐的方式参加培训，气氛比较轻松活跃。首先由"益心家庭教育"机构的培训师田红亚作专题指导，她利用视频、活动体验等方式，帮助大家理解"正面管教"的意义、方法。接下来，卢军老师作了"如何通过班级家长群持续开展家庭教育指导"的专题分享汇报，很有借鉴意义。

## 2017.11　教育部重点课题在京开题

2017年11月21日上午，由江苏省南通田家炳中学陈永兵校长主持的国家级课题"普通中学情感德育实践形态的探索"在北京成功开题。该课题为全国教育科学"十三五"规划2017年度教育部重点课题，课题批准号为DEA170399，立项时间为2017年7月。

为了更好地争取相关专家的指导与支持，此次开题论证会议特别安排在北京举行。专家组成员包括：我国著名情感教育专家朱小蔓教授、江苏省教育科学规划领导小组办公室主任彭钢、中国教育科学研究院培训中心副主任兼《教育文摘周报》社长王磊编审、《人民教育》杂志社副总编辑赖配根编审、《中国教育报》"环球周刊"和"教育科学"版主编杨桂青博士、南通大学教务处处长丁锦宏教授，一同与会的专家、学者还有：南通大学情感教育研究所办公室主任徐志刚博士、首都师范大学初等教育学院教师钟晓琳博士、朱小蔓教授的博士后王平、博士生王坤以及来自全国教育科学规划领导小组办公室和南通市教育科学研究院的领导、专家，南通田中的陈永兵校长、教科处张弛副主任、葛婷婷主任助理代表学校参加了此次会议。

会议由徐志刚博士主持，陈永兵校长作开题汇报，汇报分两个部分，一是介绍三年来学校在情感教育研究与实践方面的探索与思考，具体从建设具有情感温度的校园、关注生命成长的"三单"教学、滋养心灵的德育课程三个主要方面展开，辅以形象的图文，展现该校所实施情感教育研究工作的背景、历程和路径；二是汇报开题报告文本中的主要内容并对重点问题向专家作了必要解释。

朱小蔓教授担任课题论证专家组组长。专家们站在"情感文明"的高度来看待这项课题，认为在当前社会情境下，提出该课题命题具有非常重要的现实意义，本着强烈的使命感，南通田中承担了该项课题，试图在实践中探索出学校情感德育的路径、机制，产生示范性。专家们认为，南通田中作为南通市的德育窗口学校，有着良好的德育工作传统，学校近些年在德育和情感教育研究方面的探索与实践，已经为该课题奠定了良好的基础，要有信心和决心。他们还鼓励学校充分利用情绪、情感的机制引导孩子的发展，鼓励充分利用德育活动、课堂教学等平台促进师生关系的良好构建。专家们建议课题组进一步深化对情感德育的认识和理解，形成更具有结构化的研究体系，他们还特别建议课题组能够尝试把中国传统文化中的情感元素发掘出来，因为中国传统文化本就是情本体的。

南通市教育局高度重视该课题的研究，郭毅浩局长亲自关心，认为这项课题不仅是南通田中的课题，也是南通的一项区域性的课题，代表了学校的办学方向，希望学校据此办出特色，并在实践中加以推广、辐射，形成更多的实验学校，持之以恒、久久为功。市教育局会给予各种要素的充分保障，本次开题还安排南通市教育科学研究院相关负责人一同赴京参与指导服务。

### 2018.10 我校情感项目省级课题结题、国家级课题中期推进会在南京举行

乘着"全球化时代的'道德人'培养——教师情感表达与师生关系构建"项目《教师情感表达与师生关系构建——教师操作手册》(含初中卷、小学卷、幼儿园卷，总字数43万余字)新书发布的东风，10月20日下午，我校省级课题《普通中学校园情感场生态构建研究》结题论证会和国家级课题《普通中学情感德育实践形态的探索》推进会在南京举行。

会议由南通市教育科学研究院陈杰院长主持。参与评审和指导的专家有江苏省教育科学规划领导小组办公室主任彭钢研究员、江苏省教育厅师资处处长马斌教授、江苏省教科院基础教育研究所副所长倪娟教授、首都师范大学初等教育学院钟晓琳博士、南京师范大学教育科学学院讲师王坤博士，南通市教育局副局长金海清。陈永兵校长概要介绍了两课题开展情况，特别是项目推进过程中遇到的需要专家帮助解决的困难。听取陈校长汇报后，经反复质询、论证，专家团队认为，省级课题《普通中学校园情感场生态构建研究》符合结题条件，准予结题。彭钢指出，该课题对提升我校整体办学品质具

有重大作用，但结题是新研究的开始，只有做好后续研究才能将课题的推动作用最大化。金海清副局长认为，在多次参与我校围绕情感项目开展的活动过程中，我校认认真真在做课题，抓实践，特别是情感活动课程开展得非常深入而且具有示范性。马斌处长、倪娟副所长也针对该课题的结题和后续研究工作提出了中肯的意见和建议。对我校正在推进中的"情感—交往"型课堂研究活动，与会专家普遍认为具有较高价值，该课型为情感教育落地生根并开花提供了新路径。

国家级课题《普通中学情感德育实践形态的探索》立项已接近一年，围绕总课题开展的各项研究工作正在有条不紊地进行。会上，来自我校和北城中学 12 位情感项目团队研究骨干提交了国家级课题子课题。这些子课题涵盖环境建设、情感德育活动研究、学科教学（情感课堂）研究等多个方面，12 位研究骨干在面对高等级课题时暴露了不少弱点，与会专家洞若观火，在会上毫无保留地予以指正。陈永兵校长表示，请专家参加"会诊"，就是为了发现问题、解决问题，更好地促进课题深入开展，促进学校优质发展。

下一步我校将根据专家意见，进一步开展省级课题《普通中学校园情感场生态构建研究》的后续研究和国家级课题《普通中学情感德育实践形态的探索》的子课题研究。